Kohlhammer

Der Autor:

Prof. Dr. David Zimmermann leitet die Abteilung »Pädagogik bei psychosozialen Beeinträchtigungen« am Institut für Rehabilitationswissenschaften der Humboldt-Universität zu Berlin.

David Zimmermann

Psychosoziale Beeinträchtigungen bei Kindern und Jugendlichen

Erkennen, verstehen, Beziehung gestalten

Verlag W. Kohlhammer

Ich danke Lisette Spann, studentische Mitarbeiterin in der Abteilung Pädagogik bei psychosozialen Beeinträchtigungen, Humboldt-Universität, für die mehrfache Durchsicht des Manuskripts und überaus wertvolle fachliche und stilistische Anregungen.

Dieses Werk einschließlich aller seiner Teile ist urheberrechtlich geschützt. Jede Verwendung außerhalb der engen Grenzen des Urheberrechts ist ohne Zustimmung des Verlags unzulässig und strafbar. Das gilt insbesondere für Vervielfältigungen, Übersetzungen, Mikroverfilmungen und für die Einspeicherung und Verarbeitung in elektronischen Systemen.

Die Wiedergabe von Warenbezeichnungen, Handelsnamen und sonstigen Kennzeichen in diesem Buch berechtigt nicht zu der Annahme, dass diese von jedermann frei benutzt werden dürfen. Vielmehr kann es sich auch dann um eingetragene Warenzeichen oder sonstige geschützte Kennzeichen handeln, wenn sie nicht eigens als solche gekennzeichnet sind.

Es konnten nicht alle Rechtsinhaber von Abbildungen ermittelt werden. Sollte dem Verlag gegenüber der Nachweis der Rechtsinhaberschaft geführt werden, wird das branchenübliche Honorar nachträglich gezahlt.

Dieses Werk enthält Hinweise/Links zu externen Websites Dritter, auf deren Inhalt der Verlag keinen Einfluss hat und die der Haftung der jeweiligen Seitenanbieter oder -betreiber unterliegen. Zum Zeitpunkt der Verlinkung wurden die externen Websites auf mögliche Rechtsverstöße überprüft und dabei keine Rechtsverletzung festgestellt. Ohne konkrete Hinweise auf eine solche Rechtsverletzung ist eine permanente inhaltliche Kontrolle der verlinkten Seiten nicht zumutbar. Sollten jedoch Rechtsverletzungen bekannt werden, werden die betroffenen externen Links soweit möglich unverzüglich entfernt.

1. Auflage 2025

Alle Rechte vorbehalten
© W. Kohlhammer GmbH, Stuttgart
Gesamtherstellung: W. Kohlhammer GmbH, Heßbrühlstr. 69, 70565 Stuttgart
produktsicherheit@kohlhammer.de

Print:
ISBN 978-3-17-045328-9

E-Book-Formate:
pdf: ISBN 978-3-17-045329-6
epub: ISBN 978-3-17-045330-2

Inhaltsverzeichnis

Vorwort   **7**

1   **Disziplinäre Perspektiven auf psychosoziale Beeinträchtigungen**   **9**

1.1   Words matter oder Wer ist eigentlich gestört?   9
1.2   Bindungstheorie   13
1.3   Mentalisierungstheorie   21
1.4   Psychoanalytische Entwicklungstheorie   27
1.5   Traumatheorie   38
1.6   Rassismuskritische und intersektionale Perspektiven   44
1.7   Pädagogische Perspektiven   47
1.8   »Subjektlogik« als Scharnierbegriff der fachdisziplinären Perspektiven   52

2   **Trianguläre generative Beziehungen und Gruppendynamik bei psychosozialen Beeinträchtigungen**   **56**

2.1   Innere Welt und gemeinsame Reinszenierung   56
2.2   Generatives Beziehungsgeschehen als trianguläres Geschehen   63
2.3   Gruppendynamische Überlegungen   68
2.4   Das Wechselspiel von Relationalität und globalen Krisen   75

3   **Professionalität und Professionalisierung**   **82**

3.1   Einsichten und Leerstellen des gegenwärtigen Professionalisierungsdiskurses   82
3.2   Szenisches Verstehen und Selbstreflexion   89
3.3   Von der Selbstreflexion zum Fallverstehen   94

| 3.4 | Das Wechselspiel von Professionalisierung und Institutionsentwicklung | 98 |

4 Psycho- und soziodynamische Perspektiven auf Förderkonzepte — **106**

4.1	Wer stört?	106
4.2	Kontrolle und »Management« von Störungen und der Verlust des Sinns von Verhalten	110
4.3	Die (verleugnete) emotionale Seite von Interventionskonzepten	114

5 Pädagogik bei psychosozialen Beeinträchtigungen und Unterricht — **132**

5.1	Überlegungen zu einer Didaktik bei psychosozialen Beeinträchtigungen	132
5.2	Warum das Lernen aus gutem Grund gestört ist – und was dies für eine psychodynamisch orientierte Didaktik bedeutet	136
5.3	Entwürfe einer subjektlogisch orientierten Didaktik im Förderschwerpunkt emotionale und soziale Entwicklung	142
5.4	Schluss	166

Literaturverzeichnis — **168**

Vorwort

Das pädagogische Miteinander mit psychosozial beeinträchtigten Kindern und Jugendlichen wird sehr häufig als große Herausforderung für Fachkräfte und Peers beschrieben. Dies zeigen nicht nur nahezu alle Studien zu schulischer Inklusion der letzten Jahrzehnte; gleichsam reflektieren auch zahlreiche Praktiker:innen, wie barrierenreich die kontinuierliche Beziehungsgestaltung und Unterrichtstätigkeit mit jener Gruppe für sie ist.

Einfache Erklärungen für diese weithin geteilte Beobachtung greifen jedoch deutlich zu kurz. Vielmehr sind es komplexe Bedingungsfelder, die im Individuum, seinen sozialen Erfahrungen und in institutionellen Gegebenheiten zu suchen sind, welche in ihrer Gesamtheit die pädagogische Herausforderung kennzeichnen. Das vorliegende Buch verfolgt deshalb das Anliegen, dieser Komplexität im Sinne eines differenzierten, interdisziplinären Blicks auf die Genese, die Formen und Auswirkungen psychosozialer Beeinträchtigungen gerecht zu werden.

Ebenso, wie monokausale Erklärungen zu kurz greifen, gibt es auch für die Gestaltung von pädagogischen Beziehungen keine einfachen Lösungen für eine vielschichtige Herausforderung. Vielmehr bedarf es einer behutsamen Annäherung an das Verstehen der Beziehungsdynamik und die Gestaltung des Miteinanders im generativen Kontakt und in der Gruppe. Diesem Ansatz zugrunde liegen teils vernachlässigte Theorieperspektiven, die sowohl genuin pädagogischen als auch psychoanalytischen Ursprungs sind. Insbesondere müssen die populären Förderkonzepte, die sowohl die schulische als auch die außerschulische Pädagogik prägen, einer kritischen, mithin auf emotionale Bedeutung fokussierten Analyse unterzogen werden.

Während sich zahlreiche Veröffentlichungen und Konzepte der Fachdisziplin mit dem Erziehungsgeschehen befassen, liegt ein Diskurs über spezifische Formen des Unterrichts für Schüler:innen mit psychosozialen Beeinträchtigungen nur sehr fragmentarisch vor. Besonders die Frage der emotionalen Bedeutung von Unterrichtsgegenständen und Sozialformen des Lernens muss als stark vernachlässigtes Thema des schulischen Förderschwerpunkts der emotionalen und sozialen Entwicklung gelten. Im letzten Kapitel knüpft dieses Buch deshalb an ausgewählte Zugriffe eines subjektorientierten Unterrichts unter besonderer Beachtung psychoanalytisch-pädagogischer Perspektiven an und stellt Impulse für ein Miteinander fachdidaktischer und sonder- bzw. inklusionspädagogischer Diskursstränge zur Diskussion.

Dieses Buch soll dazu anregen, Leitgedanken und Theoriestränge der Fachdisziplin neu zu denken und mit diesen an die pädagogischen Herausforderungen des 21. Jahrhunderts anzuknüpfen. Es richtet sich an Forschende, Lehrende und Studierende in den Hochschulen ebenso wie an pädagogische Fachkräfte, die mit großem Engagement versuchen, den oft schwer entschlüsselbaren subjektiven Sinn hinter dem Verhalten psychosozial beeinträchtigter Kinder und Jugendlicher zu entdecken. Und die zugleich die Unsicherheit in der pädagogischen Beziehung aushalten. Das Buch fordert auf, in pädagogischer Praxis, in hochschulischer Lehre und in der Forschung die Selbstreflexion als Paradigma der Disziplin und zugleich der Arbeit mit hoch belasteten Kindern und Jugendlichen ernst zu nehmen.

1 Disziplinäre Perspektiven auf psychosoziale Beeinträchtigungen

1.1 Words matter oder Wer ist eigentlich gestört?

»Früher waren also die Kinder ›sittlich verwildert‹ oder ›psychopathisch‹ oder ›schwererziehbar‹ und heute sind sie eben ›verhaltensgestört‹, ›psychosozial deformiert‹ oder ›hyperaktiv‹« (Göppel, 2010, S. 14).

Die Termini zur Beschreibung einer Zielgruppe, so unpräzise sie sich bestimmen lässt, ändern sich. Und es sind in den letzten 15 Jahren noch viele neue, häufig vermeintlich wertschätzende Begrifflichkeiten wie »verhaltensoriginell« oder »-kreativ« hinzugekommen. Am häufigsten lassen sich, auch in Einführungsbüchern, Termini wie jener der Verhaltensstörungen (Müller, 2021; Stein, 2017) oder des Förderschwerpunkts der emotionalen und sozialen Entwicklung (Hillenbrand, 2024) finden. Sieht man von letzterem, schulorganisatorischen Begriff ab, herrscht, so auch Willmann (2019, S. 87), weiter die Theoriefigur der »Verhaltensstörungen« vor, wenngleich teilweise ergänzt durch einen Bezug zur Innenwelt, weshalb dann von »Gefühls- und Verhaltensstörungen« die Rede ist. Psychoanalytische Zugriffe zur Beschreibung der individuellen Problemlagen lassen sich zwar in vielen Handbüchern der Subdisziplin ausmachen. Gleichwohl findet sich wenig Substantielles zum Nutzen psychoanalytischer Sozialisationsverständnisse, die explizit auf soziale Erfahrungen und sozioökonomische Verhältnisse sowie deren Widerspiegelung im un-, vor- und bewussten Erleben rekurrieren, in der fachdisziplinären Literatur (als Ausnahme Herz, 2013). Vielfach wird stattdessen auf klassische psychoanalytische Modelle Bezug genommen, die stark auf Innenwelt und/oder frühe Erfahrung fokussieren und die für die pädagogische Praxis und deren Handlungsprobleme häufig eine erschwerte Anschlussfähigkeit mit sich bringen.

Für ein Grundverständnis dessen, um wen es eigentlich geht und welche pädagogischen Kernaufgaben sich daraus ergeben, erscheint das genaue Erfassen des Wechselspiels von »Innen« und »Außen«, von Individuum, Beziehung und Gesellschaft als zwingend. Der Begriff der »psychosozialen Beeinträchtigungen« steht für einen solchen Versuch. Er ist im pädagogischen Fachdiskurs gleichwohl noch immer vergleichsweise neu. Die unhintergehbare Wechselwirkung von Psyche und Sozialem bildet den inhaltlichen Kern dieses Terminus, wobei das Soziale sich noch einmal in unmittelbare Beziehungserfahrungen und gesellschaftliche Zustände unterteilen lässt.

Unabhängig von der Benennung als »Beeinträchtigung«, »Störung« oder »Förderbedarf« verweisen all jene Termini auf Bezugsnormen, ohne die die Begriffe gänzlich unspezifisch bleiben. Göppel (2010, S. 14) weist darauf hin, dass sowohl die realen Problemlagen von Kindern und Jugendlichen als auch deren Benennungen und Deutungen jeweils zeit- und kulturspezifisch sind und deshalb keinen Objektivitätsanspruch haben können und sollten. Stein (2017, S. 9) formuliert vier Kategorien, mit deren Hilfe die Komplexität des Phänomens sortiert und analysiert werden kann (die Ebenen sind hier etwas anders gereiht und ausbuchstabiert als beim Autor):

- Ätiologische Aspekte – relationale und soziale Erfahrungen, die zu beeinträchtigter Entwicklung beitragen (können).
- Auswirkungen der relationalen und sozialen Entwicklungsbedingungen für das individuelle Erleben, das soziale Miteinander und die kognitive Entwicklung.
- Kulturelle und institutionelle Rahmung, vor deren Hintergrund Erlebens- und Verhaltensweisen als auffällig, beeinträchtigt oder gestört klassifiziert werden.
- Die dimensionale Ebene beeinträchtigter Entwicklung, d. h. die Frage nach dem Leidensdruck für die betroffenen Menschen selbst und für ihre Bezugspersonen sowie der damit verbundenen besonderen Unterstützungsnotwendigkeit.

Es lassen sich aufgrund dieser Komplexität keine einfachen Schlussfolgerungen dazu ziehen, welche Erfahrungen, Erlebens- und Verhaltensweisen als beeinträchtigt katalogisiert werden müssen. Gleichwohl muss sich die Fachrichtung und müssen sich auch Praktiker:innen vor einer allzu umfänglichen Relativierung schützen. Im Sinne einer advokatorischen Funktion für Kinder und Jugendliche darf und sollte sich die Disziplin durchaus als wertegeleitet verstehen: für das Recht auf gewaltfreie Erziehung, für das Recht auf psychische Autonomie von Kindern von Jugendlichen, für das Recht auf größtmögliche Diskriminierungsfreiheit, gegen die Normalisierung von Kinderarmut und der damit verbundenen Demütigung, gegen Beschämungs- und Disziplinierungserfahrungen in pädagogischen Kontexten. Verletzungen dieser Grundrechte dürfen bei aller Berechtigung der kritischen

Reflexion kultureller und struktureller Macht als Bedingungsfelder psychosozialer Beeinträchtigungen benannt werden.

Ätiologische Verständnisse und der Blick darauf, wie sich die Erfahrungen in der Entwicklung niederschlagen, haben erhebliche Folgen für alle weiteren fachlichen Fragestellungen: Dies gilt für grundlegende Professionalisierungszugriffe, für Förderprogramme bis hin zu didaktischen Leitgedanken. Die kontinuierliche Diskussion um eine angemessene Terminologie in der Fachdisziplin ist deshalb nicht irrelevant. Mit Blick auf die dominanten Sprachfiguren »Gefühls- und Verhaltensstörungen« und »Förderbedarf der emotionalen und sozialen Entwicklung« lässt sich ein nicht unerhebliches Spannungsfeld ausmachen: Einerseits ist bei genauerer Sichtung der maßgeblichen Publikationen (exempl. Hillenbrand, 2011; Müller, 2021; Myschker & Stein, 2014) nun wahrlich keine rein individualisierende Perspektive der Autor:innen zu erkennen. Willmann (2019, S. 88) kommt mit Blick auf den Terminus »Verhaltensstörungen« gleichwohl zur Einschätzung, dass dieser die Problematik »ätiologisch-kausal in das Subjekt [verlagere, D.Z.] und in der Folge sind auch die Interventionsmodelle in der Regel vorrangig auf das Subjekt ausgerichtet« (Willmann, 2019, S. 88). Es lässt sich gut begründen, dass nicht nur der Begriff »Förderbedarf«, sondern ebenfalls das der Vergabe desselben zugrundeliegende Ettikettierungs-Ressourcen-Dilemma dazu beitragen, dass Problemlagen als im Subjekt liegend, nicht hingegen in der pädagogischen Beziehung, der Institution oder in gesellschaftlichen Zuständen gesehen werden.

Warum nun aber »psychosoziale Beeinträchtigungen«? Zunächst: Erleben und Verhalten von Kindern, Jugendlichen und Erwachsenen stehen in einer engen, wenngleich nicht-linearen Verbindung zu Erfahrungen mit anderen Menschen und – damit eng assoziiert – mit sich selbst. Eine besondere Bedeutung für die Ausbildung von Vorstellungen von sich selbst und anderen haben frühkindliche Erfahrungen, nicht nur, aber ganz spezifisch in der vorsprachlichen Entwicklung. Dass also Probleme im Verhalten »Hintergrundgegebenheiten« (Bittner, 2019, S. 29) im (teils unbewussten) Erleben haben und sich dieses Erleben ganz wesentlich aus zwischenmenschlichen Erfahrungen speist, kann als Allgemeinplatz der fachrichtungsspezifischen Theoriebildung seit ihren akademischen Anfängen in den 1960er Jahren gelten. Hierbei ist es zunächst einmal irrelevant, ob beispielsweise humanistisch-psychologisch (Rogers, 1982), sozial-kognitiv (Bandura, 1976) oder subjektivationstheoretisch (Butler, 1997) argumentiert wird. Stets sind es relevante Andere, die maßgeblich auf affektive und kognitive Entwicklungsprozesse einwirken.

1 Disziplinäre Perspektiven auf psychosoziale Beeinträchtigungen

Etwas konkreter lassen sich psychosoziale Beeinträchtigungen über das Wechselspiel dreier Ebenen definieren:

- Jede beeinträchtigte Entwicklung hat einen innerpsychischen Anteil im Sinne eines Selbst- und Weltverständnisses. Und jene inneren Konflikte, zerstörerischen Selbstvorstellungen und massiven Ängste vor Anderen bedingen eine stark eingeschränkte Bewältigbarkeit des Alltags (Ahrbeck, 2006, S. 28).
- Im Wechselspiel damit stehen teils erheblich belastende soziale Erfahrungen der Kinder, Jugendlichen und Erwachsenen. Sie reichen, hier nur kursorisch dargestellt, von schwer traumatisierenden frühkindlichen Gewalt- und Vernachlässigungserfahrungen bis hin zu sozialen Stigmatisierungen und prägen ihrerseits die Innenwelt der betroffenen Menschen mit (Herz, 2013).
- Die psychoanalytische Perspektive verweist darauf, dass jenem Wechselspiel aus Innen und Außen (oder Außen und Innen) in wesentlichen Aspekten keine bewussten Repräsentanzen zur Seite stehen, sondern diese unbewusst bleiben (müssen). Dieser in Kapitel 1.4 (▶ Kap. 1.4) genauer entfaltete Gedankengang ist zentral für alle pädagogischen Konzeptualisierungen. Wird nur an Bewusstes, Sprachfähiges angeknüpft, laufen die erzieherischen, rehabilitativen Bemühungen absehbar in weiten Teilen ins Leere. Der Begriff »psychosozial« ist zwar nicht ausschließlich in psychoanalytischer Terminologie verhaftet; er ist über das Wechselspiel aus *unbewussten* Erlebensanteilen, gesellschaftlicher Struktur und darin eingewobener zwischenmenschlicher Erfahrung jedoch am präzisesten ausbuchstabiert (Richter, 1998).

Noch einmal zurück zum Anfang: Zwar wandeln sich Termini im historischen Verlauf, dennoch haben einige der damit verbundenen Grundideen eine erstaunliche Beständigkeit. Und häufig ist dies nicht im Sinne der Pädagogik: Heuer und Kessl (2014) sprechen von »Umformatierung« als Trend der Pädagogik, Lutz (2019) von autoritär durchgesetzter Verhaltensanpassung. Die dahinterstehenden Verständnisse hoch erschwerter Entwicklung replizieren fast durchgängig klassische Ideen der Verhaltenskonditionierung. Jene Ideen – unter kompletter Ignoranz von menschlichen Erlebensanteilen – hatten ihre weiteste Verbreitung im Stalinismus. Wenn aus der Geschichte gelernt werden darf, dann sollte es nachdenklich machen, dass entsprechende Leitgedanken des so genannten Fehl-Lernens und der damit verbundenen vermeintlich notwendigen Disziplinierung den Diskurs um hoch erschwerte Entwicklung noch derart wirkmächtig prägen.

Jenseits der terminologischen Fragen und gleichsam damit verbunden prägen zahlreiche genuin pädagogische und Bezugstheorien die disziplinären Perspektiven auf erschwerte Entwicklung. Durch ihre Diskussion lassen sich das Selbstverständnis der Fachrichtung und damit verbundene Fragen der Professionalisierung und Förderung präzisieren, gleichzeitig erweitern und fortlaufend entwickeln. Einige besonders wichtige dieser Theorien sollen im weiteren Verlauf des Kapitels vorgestellt werden.

1.2 Bindungstheorie

Eine theoretische Perspektive, die die Bedeutung früher relationaler Erfahrungen fokussiert, ist die Bindungstheorie. Müller (2021, S. 83) schreibt:

> »Die Bindungstheorie beschäftigt sich mit verschiedenen Formen auffälligen Verhaltens in Zusammenhang mit *frühkindlichen Erfahrungen* und widmet sich damit stärker dem *inneren Erleben* und weniger dem beobachtbaren Verhalten. (...) Die seelische Bindung wird als grundlegender emotionaler Bezug zwischen Menschen und zwischen Mensch und Umwelt angesehen« (Hervorh. i.O.).

Die ursprüngliche Bindungstheorie hat »viel psychoanalytisches Gedankengut übernommen« (Bowlby, 2011a, S. 23), versteht sich jedoch zugleich in der kognitiven Psychologie, der Ethnologie und der Kontrolltheorie verortet (ebd.). Ein entscheidender Gedanke der Bindungstheorie besteht darin, dass das als angeboren angesehene Bedürfnis der Bindung (zunächst) auf das erste sich dem Baby widmende Individuum, die primäre Bindungsperson, konzentriert wird. Da das Bindungsverhalten insbesondere in den ersten drei Lebensjahren aktiviert werde (und dabei ganz besonders in den ersten neun Lebensmonaten), werde jede Figur, die besonders viel mit einem Kind interagiere, zur Hauptbindungsperson (Bowlby, 2011b, S. 41). Mit klar absteigender Präferenz können im Laufe der Zeit einige wenige weitere Bindungspersonen hinzukommen. Die bindungsbezogenen Verhaltenssysteme haben jener Theorie zufolge nicht nur Überlebensfunktion, sondern auch weitreichenden Einfluss auf Denken, Fühlen und Wahrnehmung (Langer, 2019, S. 15). Während das Bindungsbedürfnis als solches unabhängig von anderen primären Bedürfnissen (z.B. nach Nahrung) postuliert wird, entwickelt sich die konkrete Ausformung eines Bindungs-, Explorations- und Fürsorgeverhaltens in der Interaktion mit konkreten Bindungspersonen, wobei auch dabei der primären Bindungsperson eine besondere Bedeutung zugesprochen wird. Hierbei wird evolutionsbiologisch argumentiert, da durch die frühe Bindung die Überlebenschancen des Nachwuchses bei Gefahr höher seien (Bowlby, 2011a, S. 24 f.). In der bindungstheoretischen Konzeptualisierung menschlichen Erlebens kommt der Orientierung an Tier-Experimenten eine wesentliche Bedeutung zu, wobei vielfach eine bruchlose Übersetzung dieser Experimente in zwischenmenschliches Miteinander als selbstverständlich angenommen wird. Bowlby (2011b, S. 41) orientierte sich dabei unter anderem an den Studien zu »Nachfolge-Reaktionen bei Enten- und Gänseküken« von Konrad Lorenz. Der starke Fokus der Bindungstheorie auf eine erste Bindungsperson wird nicht zuletzt aus diesen Experimenten hergeleitet. Unterschiedliche, u. a. entwicklungspsychologisch und psychoanalytisch orientierte Zugriffe setzen sich kritisch mit dieser relativ einseitigen Orientierung sowie der damit unterstellten Abhängigkeit des Säuglings und Kleinkinds auseinander (Dorness, 1999; Vanoncini, Boll-Avetisyan, Elsner, Hoehl & Kayhan, 2022) und konstruieren den Entwicklungsprozess viel stärker triangulär sowie ko-konstruktiv. Dass Konrad Lorenz massiv in nationalsozialistische Ideologie und dabei insbesondere in die Propagierung der Vernichtung von behinderten und psychisch beeinträchtigten Menschen verstrickt war (Föger & Taschwer, 2001), lässt die bruchlose Übertragung dieser Tierversuche auf menschliches Erleben noch einmal in einem kritischen Licht erscheinen.

Angenommen wird nun, dass gute Erfahrungen mit der primären, später auch mit den sekundären Bindungspersonen positive Auswirkungen in den Bereichen des Fühlens, des Denkens und der Wahrnehmung haben.

Brisch (2015, S. 105 f.) fasst die Haupterkenntnisse der Bindungstheorie folgendermaßen zusammen (die zentralen Termini der Bindungstheorie werden hier kursiv gesetzt):

- Eltern, die selbst sichere Bindungsrepräsentationen haben, können sich *feinfühlig* auf das Verhalten ihres Kindes einstellen. Sie interpretieren dieses richtig und reagieren *angemessen*.
- Sie versehen das Handeln, Denken und Fühlen des Kindes über *angemessene* (häufig als Ammensprache bezeichnete) verbale Äußerungen mit Worten.
- Das Kind entwickelt unter diesen Bedingungen innere Sicherheit und wird seine Eltern bei drohender Gefahr aufsuchen, zugleich aber auch zu *explorieren* wagen.
- Reagieren die Eltern gleichwohl nicht *feinfühlig, prompt* und *angemessen* auf das Kind, entwickelt das Kind selbst distanziertere oder ambivalente Verhaltensweisen gegenüber den Eltern und überträgt diese später auf weitere Beziehungsgestaltungen. Ein solches »*inneres Arbeitsmodell* von

Bindung« (ebd., S. 106) wird als *überdauernd* und zumindest in weiten Teilen lebenslange Beeinflussung aller Entwicklungsdimensionen angesehen.

Ob die primäre Bindungsperson entsprechend feinfühlig agiert, das heißt, das Verhalten des Kindes hinsichtlich des Bindungsbedürfnisses »lesen« und in Worte überführen kann, wird einerseits an den eigenen Kindheitserfahrungen der Bindungsperson festgemacht, andererseits als ein »Epiphänomen von genetisch assoziierten Persönlichkeitsmerkmalen« (Spangler, 2017, S. 21) interpretiert. Dies legt eine sehr stabile, das heißt unveränderliche Verfügbarkeit oder Unverfügbarkeit jener Kompetenz nahe. Zugleich verweist die Orientierung rezenter Bindungstheorie an der bio-psycho-sozialen Perspektive auf ein dynamisches »Zusammenspiel biologischer, psychologischer und sozialer Prozesse« (ebd., S. 37) in der Entwicklung der Feinfühligkeit; organische Prädiktoren für Feinfühligkeit könnten demnach auch Folgen z.B. hoch belasteter lebensgeschichtlicher Erfahrungen der Eltern respektive im transgenerationalen Sinn auch der Großeltern sein.

Zwischen innerem Erleben und Verhalten des Kindes werden im Wesentlichen lineare Zusammenhänge gesehen: »Da es vor allem in der frühen Kindheit eine weitgehende Parallelität zwischen den inneren Vorgängen und dem Verhalten des Menschen gibt, erweist sich vielfach die systematische Dokumentation von Verhaltensweisen als ein ›Leitfaden‹, mit dem man geistige Prozesse, die sich gleichzeitig vollziehen, erkennen kann. Später in der individuellen Entwicklung des Kindes, wenn die Sprache gut beherrscht wird, müssen die geistigen Prozesse als sprachliche Repräsentationen erfaßt werden« (Grossmann & Grossmann, 2011, S. 31). Für das Verständnis dessen, wie die Bindungstheorie zu empirischen Erkenntnissen kommt (mit sehr weitreichendem Einfluss auf die rezente Pädagogik), und zugleich für die Kritik an der Bindungstheorie sind diese Aussagen von herausragender Bedeutung und sollen deshalb noch einmal wiederholt werden: Es wird postuliert, dass das Erleben des Säuglings und Kleinkinds weitgehend identisch mit dem sichtbaren Verhalten ist und dieses über spezifische Parameter entsprechend bestimmten Bindungskategorien zugeordnet werden kann (s. u.). Nach Erwerb der Sprache stehen die sprachlichen Symbole weitgehend bruchlos für die »mentalen Repräsentationen« (Brisch, 2015, S. 105) des Kindes oder der erwachsenen Person.

Auf der Basis zahlreicher, hier komprimiert zusammengefasster Leitgedanken, die im Wesentlichen aus Beobachtungen und Grundannahmen bestanden, jedoch empirisch nicht ausreichend abgesichert waren, entwickelte Mary Ainsworth das Laborexperiment der Fremden Situation (Ainsworth,

2011, S. 321–324). In dieser Laborsituation werden Kleinkinder Trennungen ausgesetzt, um ihr Bindungs- und Explorationsverhalten zu untersuchen. Ainsworth (ebd., S. 322) formulierte als Ergebnis zunächst drei Bindungstypen, ein vierter Typus wurde später aufgenommen:

- Im Bindungsmuster A (unsicher-vermeidende Bindung) explorieren die Babys über alle Phasen hinweg und meiden die Mutter auch beim Wiedereintritt dieser in den Raum.
- Im Bindungsmuster B (sichere Bindung) explorieren die Babys deutlich mehr in Anwesenheit der Mutter, weniger in deren Abwesenheit. Sie suchen Nähe, wenn die Mutter den Raum wieder betritt, und bleiben mit ihr auch während nachfolgender Explorationsphasen in Kontakt.
- Im Bindungsmuster C (unsicher-ambivalente Bindung) sind die Kinder besonders erschüttert von der Trennung von der Mutter, wollen ihr bei Wiederkehr nahe sein, zeigen sich aber gleichzeitig zornig auf sie. Die Kinder sind besonders misstrauisch gegenüber Fremden.
- Das Bindungsmuster D (unsicher-desorganisiert) hingegen zeigen Kinder, deren Eltern selbst inkohärentes, hoch irritierendes, nicht selten auch gewalttätiges Verhalten zeigen. Das Aufwachsen mit selbst hoch belasteten primären Beziehungspersonen, vielfache Trennungen, potenziell traumatische Erfahrungen wie sexualisierte Gewalt und Vernachlässigung sind insofern die Hauptbedingungsfelder dieses Musters. Die Kinder haben insbesondere auf der Ebene der Beziehungen zu sich selbst, zu Peers und auch zu Fachkräften erhebliche Probleme. Nicht selten zeigt sich die innere Zerstörtheit in Gestalt von Gewalt, aber auch in Versuchen, Beziehungen zu kontrollieren und zu manipulieren (Zulauf-Logoz, 2012, S. 790 f.). Als nahezu sicher kann ebenso gelten, dass desorganisierte Bindungsmuster mit massiven Ängsten, nicht selten in Form von Vernichtungsängsten einhergehen, die aber in Kombination mit vermeidendem Bindungsverhalten leicht übersehen werden können oder sich sogar in vermeintlichem Dominanz- und Autonomieverhalten zeigen. Brisch (2015, S. 107) fasst zusammen: »Das innere Arbeitsmodell von Bindung solcher Eltern, das durch Traumata erschüttert wurde, weil etwa eine bedeutende Bindungsperson, wie der eigene Vater, die Bindungssicherheit durch sexuelle und/oder körperliche Gewalt zerstört hatte, ist nicht integriert und kohärent, sondern besteht aus widersprüchlichen Anteilen. Wenn die Bindungsperson selbst durch ihre Bedrohung die Bindungssicherheit des Kindes zerstörte, bleibt ein irritierbares, desorganisiertes Bindungsarbeitsmodell zurück, so daß sich das Kind auf kein sicheres Bindungsgefühl verlassen kann.«

Während in den Arbeiten von Bowlby noch eher offen von den primären Bindungspersonen die Rede ist und Grossmann (2022) die unterschiedlichen Rollen von Müttern und Vätern als Bindungspersonen aufgreift, findet sich in den empirischen Studien von Ainsworth (2011a; 2011b) weder in frühen noch in späteren Arbeiten eine Bezugnahme auf Väter, frühe Bindungspersonen, die nicht die leiblichen Eltern sind oder gar alternative Formen der Lebens- und emotionalen Gemeinschaft. Solche generativen Beziehungen werden vielmehr im wahrsten Sinne des Wortes als sekundär klassifiziert, wenn die neben Bowlby zentrale Referenzautorin der Bindungstheorie schreibt, dass »die generelle Fähigkeit zur Bindung umfassender« (Ainsworth, 2011a, S. 110) würde, wenn die Bindung zur Mutter an Tiefe und Intensität gewönne. Ainsworth (2011a, S. 109–111) verweist zwar darauf, dass die Bindungsinteraktion nicht allein von der Mutter gestaltet würde, sondern vielmehr bereits dem Kleinkind eine aktive Rolle im Bindungsgeschehen zuzuweisen wäre. Im empirischen Entwurf der Bindungstheorie aber bleibt das Konzept der feinfühligen Fürsorge eine spezifische Kompetenz der Mutter, die als stark biologisch angelegt gelesen wird (Ahnert, 2022, S. 66 f.) und die weitgehend linear zur Herausbildung eines inneren Arbeitsmodells beim Kind führt (ebd., S. 71).

Die Annahmen der Bindungstheorie haben in der Entwicklungspsychologie und in der Pädagogik bis in die Jetztzeit eine enorme Reichweite. Möglicherweise genau deshalb ist Kritik vergleichsweise schwer auffindbar. Die empirisch am eindrücklichsten belegten Widersprüche gegen Kernaussagen der Bindungstheorie stammen von Keller (2022). Insbesondere stellt die Autorin die universelle Gültigkeit der Bindungstheorie infrage. Sie problematisiert, dass »Sensitivität als ein pankulturelles Konstrukt betrachtet wird« (ebd., S. 115), wodurch sozial und kulturell andere Bedeutungsgebungen ausgeblendet und abgewertet werden. Dieser Gedanke lässt sich noch schärfen: Obwohl das Konzept so stark in einer euro-amerikanischen (und materiell privilegierten) Sozialisation verortet ist, entstammen die ursprünglichen Annahmen Bowlbys der Beobachtung »des afrikanischen Stammes der !Kung« (Ahnert, 2022, S. 76). Dass hierbei also stereotypisierende, durch zahlreiche Formen des Nicht-Verstehens und womöglich auch rassistisch geprägte Wahrnehmungen eines englischen Wissenschaftlers in einem für ihn gänzlich fremden sozialen Miteinander vorliegen könnten, die aus diesen Beobachtungen hervorgehenden Grundannahmen dennoch zur Basis eines ganzen Theoriegebäudes kindlicher Entwicklung gemacht werden, wird auffällig wenig problematisiert.

Auch einige wenige populärwissenschaftliche Publikationen hinterfragen die oft als starr wahrgenommenen (Mutter-) Bilder der Bindungstheorie. Die

Autorin Nora Imlau (2024), nach eigener Aussage Verfechterin eines bedürfnisorientierten Familienlebens, fragt, ob die leitenden Ideen permanenter Feinfühligkeit und Verfügbarkeit nicht ins Burn-Out führten und somit zur allgemeinen Ermüdung beitrügen. Obwohl neuere Studien deutlich belegen, dass das »Optimalitätstheorem [einer primären Bindungsperson, D.Z.] aufgegeben werden« (Ahnert, 2022, S. 79) muss, da verschiedene Beziehungen des Kindes eben gerade nicht auf negative Folgen verweisen, hält sich die alte Grundannahme der Notwendigkeit ständiger Verfügbarkeit der Mutter hartnäckig. Dies hat auch eine hohe Relevanz für pädagogische Arbeitsfelder. Da die Bindungstheorie von Fachkräften häufig als maßgebliche (und oft einzige) theoretische Bezugsgröße ihres Professionalisierungsverständnisses artikuliert (und zugleich eine Familialisierung des Settings propagiert) wird, hinterfragen sich insbesondere engagierte Fachkräfte nicht selten permanent, ob ihre jeweilige Beziehungsarbeit denn nun den bindungstheoretisch formulierten Ansprüchen an Mütterlichkeit entspricht. Schaut man sich dabei die Skalen insbesondere für »unfeinfühlige« und »hochgradig unfeinfühlige« Mütter von Ainsworth an, so zeigt sich eine deutliche Entwertung und Beschämung insbesondere von Eltern respektive Fachkräften, die nicht all ihre Kräfte auf das Kind fokussieren (können). Dabei wird zudem bewusst oder fahrlässig vergessen, dass omnipräsente Bindung auch eine erhebliche Abhängigkeit der Kinder mit sich bringt. Ulmann (2014, S. 17) betont, dass Kinder den Erwachsenen auch ausgeliefert seien – und begründeterweise kann angenommen werden, dass das Risiko für nur vermeintlich feinfühliges Verhalten bei dominanter emotionaler Überforderung oder seelischem Missbrauch des Kindes bei Fokussierung auf eine Bindungsperson sehr viel größer ist, als wenn die Beziehung zu mehreren Menschen als Ideal angenommen wird.

Denkt man diese abwägend-kritische Perspektive gegenüber der Bindungstheorie zu Ende, ist es wenig überraschend, dass auch die Perspektiven rechtspopulistischer Parteien auf vermeintliche oder reale Mängel der Kita-Erziehung und der Schule nicht selten bindungstheoretisch gerahmt werden. Jene Thesen finden sich dann laut Imlau (2024) auch in bindungsorientierten sozialen »Eltern-Bubbles« wieder: »Die Botschaften dagegen, erzählt Nora Imlau, verbreiten Skepsis gegenüber Kitas, Impfungen und Schulsystem. Und gerade junge Mütter können dafür sehr anfällig sein, glaubt die Autorin« (Kogel, 2020, online). Die Idee des »attachment parenting« ist in Nordamerika eng mit fundamentalistisch-christlichen Lesarten der Bibel inklusive der Rechtfertigung von Gewalt verbunden. Wie widersprüchlich die Bindungsorientierung gerade in Ratgeberliteratur ist, lässt sich an populärwissenschaftlichen Publikationen nordamerikanischer Herkunft deutlich machen:

So wenden sich beispielsweise Neufeld und Maté (2019) einerseits gegen disziplinierende und strafende Erziehungsmethoden, begründen jedoch mit ihrer Bindungsorientierung gleichzeitig, dass selbst bei Teenagern die Peers eine untergeordnete Rolle für die Entwicklung spielen sollten. Sie propagieren somit Leitgedanken kindlicher und jugendlicher Entwicklung, die als problematisch, wenn nicht gar übergriffig interpretiert werden können. Es muss also kritisch nachgefragt werden, ob die Bindungstheorie mit ihren hohen Ansprüchen insbesondere an Mütter, der Idealisierung von entgrenzter Mütterlichkeit und der biologistischen Lesart mütterlicher Liebe nicht dazu beiträgt, erhebliche Schuldgefühle geradezu zu provozieren. Diese Schuldgefühle können dann wiederum den Rückzug auf mindestens sehr klar definierte Rollenmuster und die Entwertung anderer Lebensentwürfe und erzieherischer Institutionen hervorrufen.

Psychosoziale Entwicklung zeigt sich aus Perspektive der Bindungstheorie weitgehend linear als Folge von frühen Bindungserfahrungen in den ersten Lebensjahren. In der schematischen und auf einem Laborexperiment beruhenden Vorstellung von »Mustern« fehlt unsicher-vermeidend gebundenen Kindern und Jugendlichen die Vorstellung, dass von Erwachsenen Sicherheit ausgehen könnte. Bei ambivalent gebundenen Kindern ist diese Vorstellung so fragil, dass sie ständig hinterfragen müssen, ob eine Beziehung noch tragfähig ist und ob sie sich auf Erwachsene verlassen können. Desorganisiert gebundene Kinder und Jugendliche müssen mit derart unvereinbaren Bindungsrepräsentationen leben, dass sie nicht in ein übergreifendes Arbeitsmodell integriert werden können. »Unter solchen Umständen werden ebenfalls bindungsrelevante Erinnerungen, Gefühle, Kognitionen und Verhaltensweisen aus dem Bewusstsein ausgeschlossen« (Langer, 2019, S. 31).

Es ist also davon auszugehen, dass Kinder und Jugendliche mit unsicheren und desorganisierten Bindungsmustern die damit verbundenen Verhaltensweisen auch im pädagogischen Kontext zeigen. Deshalb ist, trotz aller Kritik, die Bindungstheorie eine wichtige Bezugstheorie der Pädagogik bei psychosozialen Beeinträchtigungen. Geddes (2003, S. 235) nennt für ambivalent gebundene Kinder beispielhaft ein hoch ängstliches Verhalten mit permanentem Nähewunsch zur Lehrkraft. Für vermeidend gebundene Kinder lasse sich häufig, so die Autorin (2005, S. 81) eine fragile Unabhängigkeit feststellen, wobei jede Form der benötigten Hilfe angstauslösend sei. Als pädagogische Beziehungsperson fühle man sich in der Interaktion mit diesen Kindern häufig nutzlos. Müller (2021, S. 85 f.) ordnet dem desorganisierten Typus typische Verhaltensweisen in der Schule zu. Der Autor (ebd., S. 84) verweist darauf, dass sich die desorganisierten Muster nochmals in »vermeidend-desorganisiert« und »ambivalent-desorganisiert« unterscheiden ließen. Ersteres Muster zeige sich durch äußerlich kaum sichtbare Angst, häufig aggressive Reaktion auf Arbeitsanweisungen und kaum exploratives Verhalten. Währenddessen sei die Angst bei ambivalent-desorganisiert gebundenen Kindern und Jugendlichen deutlich sichtbar, Nähe werde auch auf Wegen gesucht, die Strafen nach sich ziehen, während die jungen Menschen kaum kontinuierliches Arbeitsverhalten zeigten.

Ob und wie unsicher oder desorganisiert gebunden klassifizierte Kinder die früh eingeschriebenen Muster auf Beziehungen zu pädagogischen Fachkräften übertragen, ist empirisch nicht abschließend zu beantworten. Langers (2019) Untersuchung zufolge muss dies zumindest differenziert werden. Zwar zeigen die beobachteten Schüler:innen erhebliche als desorganisiert klassifizierte Verhaltensweisen, erleben ihre Lehrkräfte (bewusst) aber anders als frühe Beziehungspersonen. »Auch wenn sich Zusammenhänge zwischen dem Bindungsmuster der Eltern-Kind-Beziehung und der Repräsentation der Lehrer*in-Schüler*in-Beziehung vorsichtig vermuten lassen, haben die Kinder ihre Lehrpersonen im Mittel als eher unterstützend repräsentiert« (ebd., S. 203). Auch die Lehrkräfte selbst wiesen sich selbst den Status einer sicheren Bindungsperson zu, was sich gleichwohl nicht in den Beobachtungen ihres Verhaltens widerspiegelte. Dabei zeigten die Lehrkräfte überwiegend ein als nicht-feinfühlig und häufig komplementär zu den Bindungsmustern der Kinder interpretiertes Verhalten. »In Unterrichtsstunden, in denen die Studienkinder vorrangig unsicher-desorganisiertes Bindungsverhalten zeigten, reagierten die Lehrpersonen hingegen kein einziges Mal bindungsbezogen feinfühlig. Stattdessen überwogen neutrale (weder feinfühlige noch nicht feinfühlige) Reaktionen (94.4 %) bzw. nicht feinfühlige Reaktionen (87.5 %)« (ebd., S. 185).

Eine erste vorsichtige Interpretation könnte also lauten: Auf der Ebene kognitiver Reflexion wünschen sich beide Interaktionspersonen eine gute Beziehung; auf der Ebene des Agierens jedoch dominieren emotionale Verwicklungen, die eng mit dem früh erworbenen Bindungsmuster zu tun haben. Dabei kommt es also offenbar zu Widersprüchen zwischen »Denkbarem« und »Agiertem« auf beiden Seiten, was der Idee einer linearen Verbindung von Erleben, Sprache und Verhalten deutlich widerspricht (siehe oben).

Inwieweit die Verhaltensweisen der Lehrpersonen nicht nur als komplementäre Reaktion zu lesen ist, sondern eng mit dem Bindungsmuster der Erwachsenen zusammenhängen, benötigt sicher differenzierterer Prüfung. Langer (2019) kommt auf der Basis von vier Erwachsenenbindungsinterviews zum Ergebnis, dass die Verhaltensweisen bei den drei sicher gebundenen Erwachsenen sich nicht vom Verhalten der unsicher gebundenen Fachkraft unterschieden. Im Sinne einer hoch relevanten pädagogischen Frage, des

Einflusses eigener biografischer Erfahrungen auf das pädagogische Handeln, sind weitere multimethodische und interdisziplinär angelegte Forschungen überaus wünschenswert.

1.3 Mentalisierungstheorie

Die Entwicklung der Mentalisierungstheorie ist eng mit der Arbeitsgruppe um Fonagy, Gergely, Jurist und Target (2002) verbunden. Mit jener Theorie werden psychoanalytische, bindungstheoretische und kognitionspsychologische Perspektiven aufgegriffen und anschlussfähig u. a. für pädagogische Theoriebildung gemacht. »Mentalisierung« beschreibt die »intentionale Fähigkeit, das Handeln anderer und das eigene in Begriffen von Gedanken, Gefühlen, Wünschen und Sehnsüchten zu verstehen« (Schultz-Venrath & Felsberger, 2016, S. 47). Voraussetzung für die Entwicklung einer Mentalisierungsfähigkeit ist das Erleben von Mentalisierung durch relevante Andere. »Mentalisieren erzeugt Mentalisieren – Nichtmentalisieren erzeugt Nichtmentalisieren« (Diez Grieser & Müller, 2021, S. 10). Mentalisierungsfähigkeit ist demnach das Ergebnis konkreter Beziehungserfahrungen, welche durch die Vertreter:innen der Theorie differenziert konzeptualisiert wurden.

Im Anschluss an psychoanalytische Theoriefiguren lassen sich »die emotionalen Objektbesetzungen sowie die Affektregulierung« (Taubner, 2015, S. 15) sowohl als Bedingung als auch als Ziel von Mentalisierung verstehen. Denn einerseits müssen die wichtigsten Beziehungspersonen (z. B. die Eltern) eines Kinds über zumindest mehr oder minder stabile und emotional haltende innere Vorstellungen (Objekte) von anderen Menschen verfügen und eigene Affekte somit regulieren können. Nur auf dieser Basis können sie das Kind angemessen spiegeln, sind nicht sprunghaft und setzen das eigene Erleben nicht mit dem des Kindes gleich. Andererseits ist die sich entwickelnde Mentalisierungsfähigkeit beim Kind zumindest anteilig gleichzusetzen mit der Ausbildung überwiegend guter innerer Objektrepräsentanzen, was wiederum zur Affektregulationsfähigkeit beiträgt und das Einfühlen in Andere und die Wahrnehmung der eigenen inneren Welt ermöglicht.

Damit ist also auch ausgedrückt, dass Mentalisierungsfähigkeit von primären Beziehungspersonen eng mit deren eigenen Erfahrungen und damit verbundenen inneren Repräsentanzen zusammenhängt. Sie ist deshalb auch nicht im Sinne eines kognitivistischen Modells »erlernbar«, kann demnach beispielsweise werdenden Eltern nicht »antrainiert« werden. Der Versuch,

Mentalisierungsfähigkeit zu *lernen* (ohne eigene korrigierende relationale Erfahrungen zu machen), läuft stets Gefahr, das beobachtbare Verhalten des Gegenübers mit dessen innerer Welt gleichzusetzen und dabei nicht unmittelbar im Verhalten sichtbare Bedürfnisse und Ängste zu übersehen. Der Unterschied einer reinen Verhaltensinterpretation zur Mentalisierungsfähigkeit wird über die »metakognitiven Fähigkeiten« konzipiert. Jenes Konzept weist eine Nähe zur bindungstheoretischen Leitidee der »Feinfühligkeit« auf. Während sich »Feinfühligkeit« zunächst einmal über das Handeln (der primären Beziehungsperson) definiert und konzeptionell unklar bleibt, ob dem auch ein verstehendes Erleben des Kindes durch die erwachsene Person zur Seite steht, beschreibt Metakognition differenzierter die Fähigkeit, das hinter dem Verhalten stehende mentale Befinden des Kindes wahrzunehmen und somit subjektlogischen Sinn hinter dem Verhalten zu rekonstruieren (Fonagy, 2005, S. 55 f.). Zur metakognitiven Kompetenz gehört auch die »Anerkennung der Möglichkeit, ein und dasselbe Ereignis aus unterschiedlichen Perspektiven zu betrachten und unterschiedliche Standpunkte dazu einzunehmen« (ebd., S. 57). Solche Perspektivwechsel werden besonders in der Beziehung zu größeren Kindern und Jugendlichen, in denen das Ringen um Autonomie immer bedeutsamer wird, wichtig. Während es die Orientierung an bindungsgeleiteter Pädagogik durchaus möglich macht, ein psychisch einengendes, letztlich übergriffiges Verhalten als »feinfühlig« zu charakterisieren (weil eben vermeintlich richtig auf das Verhalten des/der Jugendlichen reagiert wird), betont die Fähigkeit zur Metakognition die notwendige Flexibilität im Verstehen der inneren Bedeutung von Verhalten. Liegt keine solche metakognitive Kompetenz vor, erscheint das Erleben des Kindes nur noch als Spiegel der eigenen inneren Welt der primären Beziehungsperson, was wesentliches Bedingungsfeld für die Herausbildung eines »falschen Selbst« (Winnicott, 2006) sein kann.

Somit lässt sich fundiert begründen, dass Mentalisieren keine Technik, keine spezifische Art, Rückmeldungen zu geben oder Verhaltensdeutung sein kann. Fonagy et al. (2002) konzipieren das Erleben von Mentalisierung vielmehr als intersubjektiven Prozess gemeinsamer und langfristiger Erfahrung, die sich insbesondere (wenn auch nicht ausschließlich) zwischen den wichtigsten Beziehungspersonen und dem Kind entfaltet. Diese gemeinsame Erfahrung bildet einen Rahmen, in dem potenziell beängstigende, sogar überflutende Affekte des Kindes von der erwachsenen Bezugsperson genauso wahrgenommen werden wie erfreuende oder aufregende. In jenem intersubjektiven Prozess ist die Verbalisierung des Wahrgenommenen in gut aushaltbarer und kindgerechter Sprache dann ein wesentlicher Teil von gelingender Mentalisierung.

Um eben jenen relationalen Prozess der Mentalisierung nachvollziehen zu können, haben zwei Termini besondere Bedeutung:

- Markierung: »Die Markierung im ersten Schritt erfolgt durch übertriebenes oder verlangsamtes Sprechen, durch Ammensprache, partielle Affektausdrücke bzw. durch gemischte Affekte, die simultan oder sequenziell gezeigt werden, aber auch Verhaltenssignale wie eine hochgezogene Augenbraue. Durch die Markierung des Affekts wird dem Säugling signalisiert, dass die Bezugsperson den emotionalen Zustand in einem Als-Ob-Sinne repräsentiert und dass die Äußerung nicht ihrem eigenen Affekt entspricht.« (Behringer, 2021, S. 26). Die Markierung des Emotionsausdrucks ergänzt somit dessen Kongruenz (die Tatsache, dass er grundsätzlich zum Erleben des Kindes passt).

  Durch kongruente, markierte Spiegelungen wird somit eine Trennung von Erlebensanteilen des Kindes und der Bezugsperson erzeugt, was die Mentalisierungstheorie als »referentielles Entkoppeln« bezeichnet. Das Kleinkind verinnerlicht so in einem angstreduzierten Raum, dass es eigene innere Repräsentanzen haben und diese über Verhalten ausdrücken darf.
- Epistemisches Vertrauen: Jene Theoriefigur beschreibt die Überzeugung des Kindes, »neues Wissen von Seiten einer anderen Person als vertrauenswürdig, generalisierbar und relevant für das eigene Selbst einzustufen« (Diez Grieser & Müller, 2021, S. 53). Werden ausreichend gute, mentalisierende Beziehungserfahrungen gemacht, können sich Vertrauen und damit gute Selbst- und Fremdrepräsentanzen entwickeln. Im Falle gewaltförmiger oder emotional überwältigender Beziehungserfahrungen hingegen kann kein epistemisches Vertrauen ausgebildet werden. In solchen Fällen bleibt jede Information (nicht nur, aber besonders über das eigene Erleben) von relevanten Anderen bedrohlich, unklar und beängstigend.

Die Entwicklung hin zu tatsächlicher Mentalisierungsfähigkeit wird über so genannte prämentalisierende Zustände ausbuchstabiert: Im »teleologischen Modus« (etwa ab dem 9. Lebensmonat) dominiert das Handeln, durch das innere, affektive Zustände zum Ausdruck gebracht werden. Zwar fasst Taubner (2015, S. 44) dies als »Repräsentation einer zielgerichteten Verhaltensorganisation«, diese ist jedoch präsymbolisch, es gibt also noch keine Vorstellung vom eigenen Erleben im engeren Sinne. Vielmehr werden beispielsweise Spannungszustände über Schreien oder Weinen zum Ausdruck gebracht, die ein Handeln der Beziehungsperson erforderlich machen. Wenn die Beziehungsperson gleichwohl nicht »nur« agiert (beispielsweise den vermeintlichen Hunger stillt), sondern die Interaktion durch Mimik, Gesten und Worte adäquat zu begleiten versucht, so erlangt das Kleinkind bereits in diesem Alter erste Vorstellungen von seinem eigenen inneren Erleben. Gelingt es auf diesem Weg, den teleologischen Modus anteilig und sukzessive durch mentalisierendes Erleben gemeinsamer Erfahrung zu ergänzen, geht der teleologische Modus in einen Als-ob-Modus über. Dies geschieht etwa ab dem zweiten Lebensjahr. Äußere und innere Realität sind in diesem Modus nicht konsequent getrennt. Vielmehr benötigt das Kind einen sicheren Raum (des Spiels, des Ausprobierens), um innere Welt auszudrücken. Damit dies gelingen kann, muss das Beziehungsgeschehen ausreichend sicher sein und das Kind benötigt eine grundlegende Gewissheit, mit einem Ausprobieren unterschiedlicher innerer Zustände die Erwachsenen nicht zu überfordern. Mentalisierend wirkt gleichwohl nicht das Spiel an sich: Vielmehr werden wiederum mentalisierende Erwachsene benötigt, die die im Spiel ausgedrückten inneren Modi zu spiegeln und ihnen das gefährdende Potential zu nehmen wissen. Das innere Erleben wird also zunächst im Kontext des Spiels agierend nach außen verlagert. Durch die mentalisierende Rückmeldung der wichtigsten Beziehungspersonen kann das Erleben in gut »verdaulicher« Art und Weise wieder aufgenommen und so innerlich repräsentiert werden (Ramberg & Nolte, 2020, S. 40).

Etwa zeitgleich mit dem Als-ob-Modus entwickelt sich der Äquivalenzmodus. Ähnlich wie beim Als-ob-Modus sind inneres Erleben und äußere Welt noch nicht klar voneinander getrennt: »Im Äquivalenzmodus können Affekte und Phantasien bzw. deren Vorläufer und die äußere Realität nicht voneinander unterschieden werden« (Diez Grieser & Müller, 2021, S. 31). Das Kind hat also eine Vorstellung des eigenen Erlebens (im Unterschied zum teleologischen Modus). Jede Angst, jedes Unwohlsein usw. wird dabei aber ebenso im Außen wie im Innen wahrgenommen; es besteht also keine Reflexionsmöglichkeit dahingehend, dass die innere Welt womöglich nicht in völliger Übereinstimmung mit der äußeren ist.

Allen prämentalisierenden Modi ist gemeinsam, dass die wichtigsten erwachsenen Bezugspersonen in der Lage sein müssen, das Erleben des Kindes wahrzunehmen, in Worte zu fassen und ihm diese Wahrnehmung auf eine Art und Weise zu spiegeln, dass das Kind Stück für Stück eigenes Erleben getrennt von dem der Beziehungspersonen internalisieren kann.

Gelingt es, die hier skizzierten Modi zu integrieren, kann sich ein reflexiver Erlebensmodus entwickeln: »Nach der Entwicklung innerhalb dieser Prämodi hat das Kind zumeist eine repräsentationale Theorie des Geistes entwickelt und kann damit erkennen und erleben, dass seine Gedanken und Gefühle *Einstellungen* zur Realität sind und nie die Realität selbst« (Ramberg & Nolte,

2020, S. 41). Behringer (2021, S. 27f.) weist nachvollziehbarer Weise darauf hin, dass eine vollumfängliche Affektabstimmung zwischen wichtigen Beziehungspersonen und Kind gerade nicht zur gelingenden Mentalisierung und damit zur Fähigkeit, sich selbst und andere emotional zu verstehen, beiträgt. Vielmehr ist von einem notwendigen Wechselspiel von Abstimmung und Nicht-Abstimmung auszugehen, um eine gelingende Mentalisierung zu gewährleisten. Es bedarf also auch immer des Trennenden, des Nicht-Verstanden-Werdens, um eigene und fremde innere Welt voneinander unterscheiden zu lernen. Dies kann auch übersetzt werden in Kategorien von notwendiger Nähe und Distanz, von Halten und Zumuten, von denen an späterer Stelle noch die Rede sein wird.

Die Schnittmengen des reflexiven Erlebensmodus zur Entwicklung von Symbolisierungsfähigkeit und zur Verinnerlichung von Selbst- und Fremdrepräsentanzen in der psychoanalytischen Theoriebildung (▶ Kap. 1.4) sind leicht zu erkennen. Die wesentliche Unterscheidung zwischen psychoanalytischen Theoriefiguren und Mentalisierungstheorie liegt darin, dass es sich bei den inneren Erlebensmustern der Beziehungspersonen um meta*kognitive* Kompetenzen handelt, während ein Begriff von einem dynamisch Unbewussten im Rahmen der Theorie nicht fundiert ausgearbeitet ist (Taubner, 2015, S. 58). Einige Aussagen der Hauptvertreter:innen der Theorie weisen darüber hinausgehend darauf hin, dass der größere soziale Kontext für die Konzeptbildung zur Entstehung von Mentalisierungsfähigkeit teils geringe Beachtung gefunden hat: »Wir nehmen nicht an, daß Traumatisierungen außerhalb des Bindungskontextes sich anhaltend hemmend auf Mentalisierungsprozesse auswirken« (Fonagy, 2005, S. 68). Es bleibt aber zu beachten, dass sich die mentalisierungsorientierte Forschung schnell weiterentwickelt und nicht alle Entwicklungen in die gleiche Richtung weisen. So beziehen sich beispielsweise Campbell und Allison (2022) auf die Wechselwirkungen von sozialer Umwelt, sozioökonomischer Ungleichheit einerseits und der Entwicklung epistemischen Vertrauens andererseits. Der Terminus »epistemic vigilance« (Campbell & Allison, 2022, S. 212) verweist darauf, dass sozial gewaltförmige und durch existentielle Not gekennzeichnete Lebenssituationen dazu führen können, dass die im Sinne der Lebenssituation durchaus adaptiven Spiegelungen von primären Beziehungspersonen eben eine hohe Wachsamkeit statt eines grundlegenden Vertrauens in andere Menschen erzeugen können.

Wie bereits deutlich geworden ist, hat die Mentalisierungstheorie zur Erklärung von psychosozialen Beeinträchtigungen einen wichtigen Beitrag geleistet. Der Zuwachs an Mentalisierungsfähigkeit ist im Sinne der Theorie keinesfalls als linear zu betrachten; Rückschritte und Einbrüche in der emotionalen Erlebensfähigkeit sind eng mit relationalen Katastrophenerfahrungen verbunden. Erhebliche Anspannung, Angst sowie das Gefühl des Überwältigtseins sind sowohl punktuell als auch chronisch Bedingungsfelder für ein Zurückfallen in vorherige Mentalisierungsmodi (Ramberg & Nolte 2020, S. 39).

Massive Störungen von Affektabstimmungen und damit verbundene erhebliche Beeinträchtigungen der Mentalisierungsfähigkeit liegen u. a. in folgenden Fällen vor:

- Scheiternde Wahrnehmung des Kindes und gewaltvolle Beziehungsdynamik:
  Die wichtigsten Beziehungspersonen sind aufgrund langfristiger traumatischer Prozesse (▶ Kap. 1.5) oder akuter Stressoren nicht ausreichend gut dazu in der Lage, die zentralen affektiven Erlebensanteile des Kinds zu erkennen. Vielmehr lösen die Verhaltensweisen des Kinds in diesen Fällen eine überwältigende Angst bei den erwachsenen Beziehungspersonen aus, mit sehr unterschiedlichen Folgen: Gewalt, Demütigung des Kinds oder auch Rückzug aus der Beziehung seitens der erwachsenen Person (Diez Grieser & Müller, 2021, S. 60 f.). Daraus entwickeln sich meist hoch ambivalente Beziehungsmuster, die einerseits durch einen (beidseitigen) Nähewunsch, andererseits durch psychische Überwältigung sowie Schuld- und Schamgefühle geprägt sind.
- Enteignung der autonomen Erlebenswelt des Kindes:
  Die erwachsenen Beziehungspersonen sind aufgrund selbst kaum gelöster, wenig autonomer Beziehungsmuster zu den eigenen primären Beziehungspersonen nicht in der Lage, das Kind im Hier und Jetzt als getrennt von sich selbst wahrzunehmen. Anders gesagt: Der Wunsch nach psychischer Verschmelzung bei den Erwachsenen ist stark ausgeprägt, sie benötigen ihre Kinder zur eigenen Stabilisierung. Ein hohes affektives Erregungsniveau des Kinds führt in diesen Konstellationen zu Anspannung und ebenfalls einem hohen Arousalniveau bei den erwachsenen Beziehungspersonen. Dabei werden die emotionalen Zustände zwar womöglich verbalisiert (wenngleich häufig verfälscht), es fehlt aber die Markierung oder die Spiegelung ist inkongruent, d. h. nicht wirklich auf das Erleben des Kinds bezogen. Das Kind kann dann nicht zwischen eigenem und fremdem Erleben unterscheiden. Es könnte von einer Pseudo-Affektabstimmung gesprochen werden, in der es eben gerade keine Trennung der Individuen gibt. In der Folge kommt es nicht selten zu großen Abhängigkeitsgefühlen, kombiniert mit der kaum aushaltbaren Angst, verlassen zu werden.

- Sozialer Kontext misslingender Mentalisierung:
  Beide hier genannten Varianten sind nicht unabhängig von sozialen Bedingungen, in die jede generative Beziehung eingebettet ist. Kinder und Erwachsene erleben Affekte (die eigenen und die der Beziehungspersonen) im Kontext sozialer Katastrophen als sehr bedrohlich. Besondere Bedeutung haben im Kapitalismus legitimierte sozioökonomische Deprivation, rassistische Demütigungen und sexistische Übergriffigkeiten. Einerseits reagieren die Kinder direkt auf solche sozialen Erfahrungen, andererseits spiegeln sich jene Demütigungen und Beschämungen auch in der familiären Interaktion. In der Folge »haben [sie] zumeist keine geeigneten oder nicht ausreichend Worte für das, was sie nötigt, und die als Ausdruck des inneren Erlebens gezeigten Verhaltensweisen verleihen ihren Nöten einen überoffensichtlichen Charakter« (Müller, 2023, S. 107). Das heißt: Leben Kinder in sozial deprivierenden, in bedrohlichen und/oder marginalisierten Umständen, behindert dies die Entwicklung der Mentalisierungsfähigkeit nachhaltig. Das Verhalten spiegelt dann ähnlich wie für den teleologischen Modus beschrieben unmittelbar die Affektzustände.

Es ist demnach auch pädagogisch entscheidend, die Belastungen von Kindern und damit häufig verbundene geringe Mentalisierungsfähigkeiten nicht zu familialisieren, sondern vielmehr den sozialen Kontext als Analysefolie einzubeziehen. Nicht nur Behringer (2021, S. 352) weist für den professionellen Kontext darauf hin, dass ungeklärte Konflikte und Tabus in pädagogischen Teams ebenfalls mit einer Einschränkung der Mentalisierungsfähigkeit verbunden sind. Auch in diesen Fällen sollten die Schwierigkeiten bei der Mentalisierung nicht vorschnell individualisiert respektive familialisiert werden.

1.4 Psychoanalytische Entwicklungstheorie

Die Komplexität der psychoanalytischen Entwicklungstheorie macht es zweifelsohne schwer, einen gemeinsamen Rahmen hinsichtlich ihrer Bedeutung zur Erklärung von psychosozialen Beeinträchtigungen zu umreißen. In viel zitierten Einführungswerken der Fachdisziplin wird zumeist auf klassische Theoriefiguren der Psychoanalyse rekurriert, v.a. auf das Instanzenmodell der Persönlichkeit, die Neurosenlehre und Abwehrmechanismen sowie anteilig auf eine triebtheoretische Traumakonzeption (vgl. beispielhaft

Ahrbeck, 2006, S. 26–31; Müller, 2021, S. 79 f.; Myschker & Stein, 2014, S. 113–125). Dies wird dann meist noch einmal abgegrenzt von individualpsychologischen Erklärungsansätzen nach Alfred Adler. Stein (2010, S. 78 f.) fasst diese Perspektiven folgendermaßen zusammen:

> »Diese Position geht letztlich zurück auf das Störungsmodell Freuds, der im Rahmen seiner Instanzenlehre Konflikte zwischen im Es verorteten basalen Bedürfnissen einerseits und den im Über-Ich angesiedelten internalisierten Werten beschreibt, deren Regulierung (unter Einbeziehung von Anforderungen der Realität) Aufgabe der Ich-Instanz ist. Nicht bewältigbare Konflikte können mit Hilfe von Abwehrmechanismen (wie etwa Verdrängung, Regression, Projektion) ›in Schach‹ gehalten werden; wenn dies nicht mehr gelingt, kommt es zur Entwicklung von Symptomen. (…) Entwicklungspsychologisch ist die Verortung früher Problematiken in einzelnen Phasen (orale, anale, genitale Phase) von Bedeutung, da es durch Unter- und Überbefriedigung von Bedürfnissen und den daraus folgenden Fixierungen zu bestimmten Problemstellungen und Symptomkomplexen kommen kann.«

Es liegen also mit dem Instanzenmodell sowie dem Modell der psychosexuellen Entwicklung zwei bereits sehr alte und weiterhin bedeutsame Entwicklungsmodelle der Psychoanalyse vor, die ein gewisses Erklärungspotential für psychosoziale Beeinträchtigungen aufweisen. Dies kann exemplarisch verdeutlicht werden:

- Wird dem Bedürfnis des Kindes nach früher Autonomie (verortet in der analen Phase) überstreng und einengend begegnet (dies entspricht dann der Verinnerlichung eines strafenden Über-Ichs), gegebenenfalls sogar gewaltförmig, so kann der innere Konflikt aus Abhängigkeit und Autonomiebedürfnis nicht austariert werden. Das Kind wird dann – hier etwas vereinfacht abgeleitet – entweder dieses strafende Über-Ich verinnerlichen und keinen Raum mehr für eigene Bedürfnisse haben oder aber die eigentlichen Bedürfnisse nach Autonomie in verfremdeter Form durch Bestrafen anderer (Schwächerer) aggressiv ausagieren.
- In der Literatur weniger beachtet, aber pädagogisch hoch bedeutsam ist die psychosexuelle Entwicklungsphase der Latenz (also in etwa das Alter des Grundschulbesuchs). Zentrale Aufgabe des Kindes in der Latenz ist es, den Beziehungskreis auf außerfamiliäre Objekte auszuweiten (Datler & Wininger, 2016, S. 288). Haben die primären Beziehungspersonen keinen inneren Raum, um das Kind soweit aus dem eigenen Einfluss zu entlassen, dass dieses sich anderen Menschen zuwenden darf, sind kognitive und emotionale Entwicklung womöglich nachhaltig beeinträchtigt.

Solche Ableitungen sind jedoch stets nur als exemplarische Möglichkeiten zu verstehen, denn das Symptom verrät aus psychoanalytischer Sicht nie, welche innere Problematik dem genau zugrunde liegt. Vielmehr ist stets von einer Multikausalität spezifischer Entwicklungsprobleme sowie einer Multifinalität gegenüber einer auslösenden Bedingung auszugehen.

Ahrbeck (2006, S. 27 f.) unterscheidet in klinisch-psychoanalytischer Perspektive drei Ebenen von Entwicklungsproblemen, die sich aus besonderen Herausforderungen in der psychosexuellen Entwicklung sowie der scheiternden Ausbildung einer ausgleichenden Ich-Instanz ergeben. Dies sind:

- Die Ebene der Neurosen, d.h. der Probleme im Erleben und Verhalten, die den Menschen bewusst sind, durchaus einen hohen Leidensdruck auslösen können (aber nicht immer müssen) und meist auf bestimmte Lebensbereiche begrenzt sind.
- Die Ebene der Persönlichkeitsstörungen und Ich-strukturellen Defizite, wobei sowohl die Wahrnehmung der Außen- als auch der Innenwelt erheblich beeinträchtigt ist. Beziehungspersonen werden im Kontext von Persönlichkeitsstörungen nahezu regelhaft heftig verwickelt, z.B. idealisiert oder entwertet und die von der tiefgreifenden Problematik betroffene Person erkennt nur unzureichend den eigenen Leidensdruck. Auch aggressives Ausagieren dieser Erlebensproblematiken gehören zu den möglichen Folgen solcher nachhaltigen Beeinträchtigungen des Erlebens.
- Die Ebene der Traumatisierungen (▶ Kap. 1.5), bei denen aufgrund des überwältigenden Charakters der Extremerfahrungen die Verhaltensweisen einerseits stark als Reinszenierung des Traumatischen, andererseits häufig als verzweifelte Hoffnung auf eine korrigierende Beziehungserfahrung zu verstehen sind. Da traumatische Erfahrungen nicht symbolisierbar sind, ist es für Beziehungspersonen häufig schwer, zu rekonstruieren, wie äußere Erfahrungen, Erleben und Verhalten zusammenhängen könnten.

Eine spezifisch auf Entwicklung bezogene und viel zitierte Theorie ist das Stufenmodell nach Erikson (1973), demzufolge aufeinander aufbauend Krisen der Entwicklung bewältigt werden müssen. Jene Bewältigung kann stets nur intersubjektiv gedacht werden, es ist also keine ausschließliche Aufgabe des Kindes respektive Jugendlichen – nicht umsonst taucht der Begriff der »psychosozialen« Entwicklung bei Erikson auf. Im Unterschied zu stark auf die frühe Entwicklung fokussierenden theoretischen Zugriffen innerhalb des psychoanalytischen Theoriegebäudes nimmt Erikson die gesamte Lebensspanne in den Blick, was die Bedeutung von pädagogischen Bezugspersonen und Peers zur Entwicklung eines Kompetenzgefühls stärker in den Fokus rückt. Es zeigt sich, dass beispielsweise schulische Ablehnung und Beschämung eng mit dem Erleben von Minderwertigkeit verbunden sein können (Datler & Wininger, 2016, S. 290). Aufgrund der Orientierung an statisch konzipierten Entwicklungsphasen sowie einem – aus heutiger Perspektive – heteronormativen, sehr bürgerlich geprägten Entwicklungsbild wird die Entwicklungstheorie Eriksons in jüngerer Zeit allerdings auch kritisch hinterfragt.

Neben diesen eher klassischen Perspektiven auf psychosoziale Beeinträchtigungen gibt es zahlreiche psychoanalytische Überlegungen zum Wechselspiel von sozialer Realität und (als mindestens teilweise unbewusst verstandener) Innenwelt, die im Rahmen der fachspezifischen Publikationen der Pädagogik bei psychosozialen Beeinträchtigungen weniger beachtet werden.

Jenes in der Folge genauer zu umkreisende Miteinander von Gesellschaft, Relationalität und Innenwelt ist geprägt durch drei zentrale Theoriefiguren, die hier zunächst vorgestellt werden sollen:

- Zentrales Unterscheidungs- und Alleinstellungsmerkmal eines psychoanalytischen Verständnisses innerer Welt und sozialen Miteinanders ist erstens die Vorstellung eines *Unbewussten.* »Diese (die therapeutische Erfahrung, D.Z.) hat gezeigt, daß Psychisches nicht auf das Bewußte reduzierbar ist und daß gewisse ›Inhalte‹ erst nach der Überwindung von Widerständen dem Bewußtsein zugänglich werden« (Laplanche & Pontalis, 1982, S. 563). Für ein pädagogisches Verständnis ist es dabei eher nachrangig, ob das Unbewusste primär oder ausschließlich als Ort des Verdrängten, das heißt der für das Individuum nicht verarbeitbaren Erfahrungen verstanden wird, oder ob es »vom Individuum nicht erworbene Inhalte gibt, die den ›Kern des Unbewussten‹ ausmachen« (ebd., S. 564). Viel wichtiger erscheint es, dass insbesondere die tatsächlich nicht bewusstseinsfähigen Inhalte (Affekte, Bilder, Gedanken) »in Aktion zu gelangen« (ebd., S. 562) versuchen und sich deshalb im Verhalten von (hoch belasteten) Kindern und Jugendlichen zeigen. Diese Verhaltensweisen jedoch können eben gerade nicht »einfach« sprachfähig gemacht werden, was dadurch bedingt ist, dass das Unbewusste durch eine »›Zensur‹ vom Vorbewussten getrennt« (Gödde & Buchholz, 2012, S. 58) ist. Diese »Zensur« hat ihr Bedingungsfeld im Bedrohungspotential, das eine Bewusstwerdung für die Kinder und Jugendlichen hätte. Das hier genannte »Vorbewusste« kann als Erlebensbereich verstanden werden, der durch intensive innere Suche und eine entsprechende Sicherheit im Sozialen durchaus bewusstseinsfähig werden kann.

Für die Pädagogik ist nun noch ein anderer Aspekt zentral. Das verdrängte Unbewusste zeigt sich in aller Regel nicht nur individuell als Ausdruck im Verhalten einer Person. Vielmehr begegnen sich in der pädagogischen Situation immer mindestens zwei (und in der Regel noch viel mehr) Unbewusste. Lässt man einmal die Gruppendynamik außen vor, so zeigt sich, dass unbewusste Anteile der pädagogischen Fachkraft auf der einen Seite und des Kinds bzw. Jugendlichen auf der anderen Seite stark miteinander interagieren. Dies lässt sich am Beispiel illustrieren: Zeigt ein Kind im Verhalten und unbewusst bedingt eine starke Angst vor Nähe und agiert dies über Rückzug (und ggf. entwertende Worte gegenüber der Fachkraft), diese aber hat – ebenfalls unbewusst – ein sehr starkes Bedürfnis nach Anerkennung, so kommt es zu zahllosen Grenzverletzungen und häufig final zum Beziehungsabbruch. Psychoanalytisch ist bei dieser Begegnung von unbewussten Erlebensanteilen von einer Kollusion (Cohen, 2014) die Rede. Reflektiert die Fachkraft eine solche Kollusion, zum Beispiel im Rahmen von intensiven Fallverstehensprozessen, und lässt dabei ganz basale affektive Beteiligungen zu, so kann es gelingen, diese Beziehungsdynamiken anteilig sprachfähig zu machen. Gödde und Buchholz (2012, S. 76) fassen dies in den Satz: »Unbewusstes versteht Unbewusstes.« Für pädagogische Fallverstehensprozesse sollte hier konsequenterweise davon ausgegangen werden, dass über vorbewusste Anteile der Fachkräfte eine Annäherung an ein Unbewusstes stattfindet.

• Bei zweiter Theoriefigur geht es um den Begriff der *Übertragung*. Übertragung beschreibt eine »spezifische Illusion [...], die sich in Bezug auf eine andere Person einstellt, und die ohne Wissen des Subjekts in einigen ihrer Merkmale eine Wiederholung der Beziehung zu einer bedeutsamen Figur der eigenen Vergangenheit darstellt. Dabei ist zu betonen, daß sie vom Subjekt nicht als Wiederholung, sondern als völlig gegenwarts- und personengerecht erlebt wird« (Sandler, Dare, Holder & Dreher, 2015, S. 43). Was die Autor:innen hier ausdrücken, kann als ubiquitäres Phänomen verstanden werden (Hirblinger, 2007, S. 165): Menschen erleben im Hier und Jetzt, vor allem in Beziehungen, Muster und Emotionen, die sich ganz wesentlich in früheren Erfahrungen begründen. Im Miteinander von Paaren und Gruppen sowie in generativen, pädagogischen Beziehungen entfalten Übertragungen erst dann Störungspotential, wenn die inneren Anteile, die ins Hier und Jetzt übertragen werden, in erheblichem Maße belastet sind. Dies ist bei inneren Repräsentanzen, die sich auf Gewalt- und Vernachlässigungserfahrungen oder extreme Ängste beispielsweise infolge von Kriegs- und Fluchterleben beziehen, häufig der Fall. Übertragungen beeinträchtigen in solchen Fällen aktuelle Beziehungen und wirken insbesondere dann befremdlich, wenn das Erleben des Menschen sowie die Art, wie eine Beziehung gestaltet wird, kaum oder gar nicht zur gegenwärtigen, äußeren Beziehungsrealität zu passen scheint. Gleichwohl bleibt auch mit Blick auf das Geschehen im Hier und Jetzt festzuhalten, dass der Begriff der »äußeren Realität« nie unproblematisch ist, weil er von einem vermeintlich objektiv beschreibbaren interpersonalen Geschehen ausgeht, das jedoch von allen Beteiligten immer subjektiv gebrochen wahrgenommen wird (Laplanche & Pontalis, 1982, S. 551). Zudem gilt, dass die innere Repräsentanz nicht bloßes Abbild des Erlittenen ist. Demnach wird auch nicht die Beziehungssituation selbst übertragen, »sondern der verinnerlichte Konflikt in seiner gegenwärtigen Gestalt« (Müller-Pozzi, 2009, S. 23). Es sei abschließend darauf hingewiesen, dass die häufige Unterscheidung von Übertragung und Gegenübertragung unscharf ist. Die Abgrenzung entspringt einer sehr hierarchischen Vorstellung einer (ursprünglich therapeutischen) Beziehung, bei der der/die Therapeut:in emotional ausschließlich auf die Beziehungsmitteilungen der/des Klient:in reagiert. Die Realität ist anders: Es handelt sich in der pädagogischen (wie wohl anteilig auch in der therapeutischen) Praxis immer um eine gemeinsam hergestellte Szene, zu der mindestens zwei Interaktionspartner:innen mit ihren Übertragungsneigungen beisteuern.

- Mit dem Begriff der »Szene« ist bereits der letzte hier zentrale Terminus angedeutet, jener der Reinszenierung: »*Reinszenierung*« beschreibt einen unbewussten und zumeist sprachfreien Versuch von Kindern, Jugendlichen und Erwachsenen, die innerlich repräsentierten (und dabei individuell gebrochenen) Erfahrungen über das Verhalten und spezifisch die Beziehungsgestaltung im Hier und Jetzt darzustellen (Hirblinger, 2007).

»Was für das Kind in der frühen Beziehung nicht oder nur schwer zu ertragen war, bleibt aus der Benennung und damit aus der Selbstreflexion und so auch aus dem Selbstverständnis ausgeschlossen, geht aber gerade deshalb in jede neue Beziehung ein. [...] Wir versuchen, andere – ohne dies zu bemerken – in unsere frühen, ungelösten Probleme hineinzuziehen, diese ihnen anzuhängen, an ihnen abzuarbeiten oder aber auch mit ihnen die ideale, ungestörte Beziehung einzugehen, wie wir sie uns als Kind ersehnt haben. Im Alltag führt das leicht zu Missverständnissen und Verwirrungen oder zu Illusionen, die nur allzu oft zusammenbrechen, weil die dafür ausersehene Person weder für die Reinszenierung schlimmer Erlebnisse herhalten noch ideale Rollen erfüllen kann und will« (Leber, 1988, S. 54).

Die (emotionale) Übertragung und mit ihr die (durch Verhalten hergestellte) Reinszenierung von Beziehungsdynamiken entsprechen aus einer psychoanalytisch-pädagogischen Sicht dabei immer dem Versuch, eine Lösung im Hier und Jetzt zu finden:

»Jede konflikthafte Verwicklung des Pädagogen mit seinen Kindern und Jugendlichen erscheint demnach als an seine Person geknüpfter inszenierter Wiederholungsversuch unbewältigter Lebensgeschichte. Versteht der Pädagoge diesen Kontext nicht, trägt er unbewusst zu einer für ihn selber schmerzhaften Vervollständigung der Szene bei, verhält er sich doch gemäß der unbewussten Erwartungen des Interaktionspartners« (Gerspach, 2009, S. 110).

Angesichts der Wirkmächtigkeit und der heftigen emotionalen Verstrickungen gerade im Falle von Reinszenierungen gewaltvoller, missbrauchender und auf Überlebensangst verweisender innerer Repräsentanzen ist dieser Verstehensversuch in generativen Beziehungen eine sehr herausfordernde Aufgabe.

Damit zurück zu einer stärker gesellschaftlich und ökonomisch reflexiven Perspektive innerhalb der Psychoanalyse. Gerspach (2022, S. 8) schreibt:

»Mit dem Anschluss an Überlegungen aus Psychoanalyse und Psychoanalytischer Pädagogik gelingt es nun, eine Störung oder Behinderung im Kontext einer problematischen, indes individuell zu identifizierenden Lebensgeschichte aufzufassen.«

Mit einer solchen Perspektive – die Gerspach nicht auf psychosoziale Entwicklung begrenzt – weitet sich der Blick einer psychoanalytischen Lesart auf beeinträchtigte Entwicklung: Zentral ist und bleibt das Wechselspiel aus äußerer Erfahrung und innerer, primär unbewusster Repräsentanz solcher Erfahrung und der Widerspiegelung dieser Repräsentanzen im Verhalten[1] (Zimmermann, 2017b). »Außenwelt« ist in dieser Lesart gleichwohl nicht auf unmittelbar relationale Erfahrungen und innerpsychische Repräsentanzen derselben begrenzt. Vielmehr spiegeln sich in der Beziehung zu primären Bezugspersonen und in der Folge in der (unbewussten) Innenwelt der Kinder stets auch soziale Verwerfungen, etwa Ausgrenzungen, Beschämungen oder

---

1 Dass z. B. aus phänomenologischer Perspektive auch die äußere Erfahrung nicht objektiv messbar ist, sondern immer im Relationalen Gestalt annimmt, erscheint in vielerlei Hinsicht aus fachlicher Perspektive plausibel. Aufgrund des häufig sehr machtvollen und hierarchischen Charakters beeinträchtigender Lebenserfahrung sollte aber anerkannt werden, dass Kinder und Jugendliche diesen Erfahrungen ausgesetzt sind und sie nicht subjektiv konstruieren.

soziale Deprivation. Jene Perspektiven auf menschliche Entwicklung gehen unter anderem auf Alfred Lorenzer zurück, der psychoanalytische Grundperspektiven sozialisationstheoretisch fasste und den sozialen, mithin gesellschaftlichen Prozess menschlicher Entwicklung in den Fokus rückte (Lorenzer, 1972, 1994).

> »Die Psychoanalyse bringt zu Bewusstsein, was keiner anderen Wissenschaft in dieser Schärfe bewusst zu machen gelingt: soziales Leid, das dem Menschen angetan wurde und das sie selbst nicht mehr auszusprechen vermögen, weil die Verhältnisse sie sprachlos gemacht haben: weil sie ihr Unglück, ihr Elend, die gesellschaftlich hergestellt sind, nur noch erleiden, jedoch nicht mehr erkennen können« (Lorenzer, 1984, S. 214).

Es sind also in dieser Lesart biografische, transgenerational wirksame, sich im unmittelbaren *und* größeren sozialen Kontext manifestierende Erfahrungen, die sich in die Innenwelt als so genannte Interaktionsformen einschreiben. Bereits Ferenczi hatte 1908 Neurosen als »gesellschaftliche Krankheit« bezeichnet – ein wichtiger und früher Hinweis darauf, dass sich unmittelbare Beziehungserfahrungen und sozialer Kontext nicht voneinander trennen lassen. Dabei verbinden sich Erfahrungen im Hier und Jetzt mit bereits vorhandenen Vorstellungen von sich selbst und anderen (King, 2022). Dies weist also darauf hin, dass Interaktionsformen durchaus veränderlich sind, dies jedoch definitorisch stets nur langsam geschehen kann.

Der nunmehr bereits genannte Zentralbegriff jenes auch als *materialistische Sozialisationstheorie* bekannten Verständnisses, die Interaktionsform, lässt sich in drei Ebenen unterteilen (Dammasch, 2024, S. 25 f.)[2]:

- Sinnliche Interaktionsformen, womit körpernahe, nicht sprachfähige Repräsentanzen gemeint sind und die auf eine soziale Gebundenheit von

---

[2] Ich übernehme die Einteilung der Interaktionsformen hier aus der genannten Quelle (Dammasch, 2024). Es ist darauf hinzuweisen, dass insbesondere zur Tiefenschicht des Erlebens verschiedene Begrifflichkeiten genutzt werden. So ist ursprünglich von »bestimmten« Interaktionsformen die Rede (im Sinne von Bestimmung durch die primäre Beziehungsperson), ebenso von »sinnlich-unmittelbaren« Interaktionsformen. Spiegler, Beeck und Dörr (2023) nutzen zudem die Begrifflichkeit des »Leib-Sinnlichen«, was auf die körperliche Eingeschriebenheit dieser frühen Erlebensmuster verweist. Lorenzer (1981, zit. nach Dammasch, 2024, S. 26 f.) verwendet zur Beschreibung dieser Tatsache auch den Begriff »sensomotorisch-organismisch organisierte[s] Substrat des Erlebens«. Im vorliegenden Buch nutze ich die Termini »sinnlich« respektive »sinnlich-unmittelbar« sowie teilweise auch »leib-sinnlich«, wenn auf eine besondere Bedeutung des Körperlichen verwiesen werden soll.

Trieben und Bedürfnissen verweisen. Jene Interaktionsformen entstehen hauptsächlich in früher Kindheit; die frühe Interaktion zwischen Erwachsenen und Kleinkind spiegelt gesellschaftliche Verhältnisse.

> »Real durchlebte Interaktionsbeziehungen schlagen sich bereits vorsprachlich als Erinnerungsspuren im Körper nieder und formieren sich zu einem Gefüge von eingeübten Verhaltensmustern und Handlungsentwürfen. Diese ›bestimmten Interaktionsformen‹, die die basale Persönlichkeitsschicht bilden, werden im Prozess der Sozialisation mit Gesten, Mimik, Bildern, Lauten und Sprache verknüpft« (Spiegler, Beeck & Dörr, 2023, S. 11).

- Sprachsymbolische Interaktionsformen, die in Worte fassbare Erlebens- und Erfahrungsrepräsentanzen umfassen, im konkreten sozialen Miteinander ausgebildet werden und somit Ausdruck davon sind, was im gegebenen sozialen Umfeld »sagbar« und »unsagbar« ist.
- Sinnlich-symbolische Interaktionsformen, die aus inneren Bildern, Fantasien und Imaginationen bestehen, im Unterschied zu den sinnlichen Interaktionsformen aber greifbar, vorstellbar und teils nah an Sprache sind. Im topografischen Modell können diese Interaktionsformen am ehesten dem Vorbewussten zugeordnet werden.

Die *Interaktionsformen* können also als Scharnier zwischen den realen äußeren Erfahrungen und der inneren Welt verstanden werden. Während die oben beschriebene Mentalisierungstheorie den Fokus auf kognitiv repräsentierte Vorstellungen von Vertrauen und insgesamt Selbst- und Fremdbildern legt, betont die psychoanalytische Theoriebildung deutlich stärker die unbewussten inneren Anteile. Gerade die frühen Erfahrungen mit Beziehungspersonen und der sozialen Umwelt sind dabei noch nicht symbolisierbar und werden deshalb nahezu regelhaft im Unbewussten repräsentiert. Spätere Erfahrungen (etwa ab dem 18. Lebensmonat) sind grundsätzlich bewusstseinsfähig, werden aber im Falle eines nicht-integrierbaren Charakters der Erfahrung ebenfalls im Unbewussten abgelagert (Ahrbeck, 2010, S. 140).

In Abgrenzung zu primär marxistisch-materialistisch geprägten Zugriffen auf beeinträchtigte Entwicklung zeigen sich in der Sozialisationstheorie auch die gesellschaftlichen Verwerfungen durchaus konkret im Interaktionsgeschehen – es geht also um deutlich mehr und um deutlich Komplexeres als die bloße Einschreibung gesellschaftlicher Zustände ins Individuum. Vielmehr sind es sehr konkrete zwischenmenschliche Erfahrungen, die die gesellschaftlichen Zustände repräsentieren und über deren Weg sie sich schließlich im Individuum als Interaktionsform zeigen.

In ähnlicher Weise lassen sich die verschiedenen, grob der Objektbeziehungstheorie zuzurechnenden Zugriffe innerhalb der psychoanalytischen Entwicklungstheorie zusammenfassen (Diem-Wille, 2013). Für die Pädagogik bei psychosozialen Beeinträchtigungen zählt der britische Psychoanalytiker Donald Winnicott (1987) zu den wichtigsten Autor:innen und Theoretiker:innen; im Unterschied zu anderen, teilweise nicht leicht nachvollziehbaren und manchmal auf spekulativen Annahmen beruhenden psychoanalytischen Entwicklungskonzepten bezieht sich Winnicott auf reale Erfahrungen des Kinds, fragt gleichwohl nach deren unbewusster Bedeutung. Ein emotionaler Zugang zu sich selbst, eine Spürfähigkeit, in der Terminologie Winnicotts ein »wahres Selbst« entwickeln sich durch eine gute affektive Abstimmung in der frühen Beziehung sowie eine ausreichend gute Befriedigung der kindlichen Bedürfnisse. Übergriffige und/oder durch Vernachlässigung geprägte Beziehungserfahrungen führen hingegen zu einem »falschen Selbst«, das »angepasst reagiert, statt lebendig zu agieren« (Kahlenberg, 2016, S. 103). Der Möglichkeitsraum (potencial space) ist der Bereich, in dem sich das Wechselspiel zwischen innerer und äußerer Realität entfaltet. In der Interaktion zwischen primärer Bezugsperson und Kind ist er weder innen noch außen, durch das sichere Miteinander ermöglicht er ein Hin- und Herwechseln zwischen Fantasie und Realität. Es zeigt sich eine Eigenschaft förderlicher früher Beziehungen, die bereits oben im Kontext der Mentalisierungstheorie aufzufinden war: eine optimale Versorgung kindlicher Bedürfnisse im Sinne sofortiger und entgrenzter Versorgung ist wenig vorteilhaft. Das Kind kann sich nur als unabhängig von der primären Bezugsperson erleben, nach und nach sogar Bedürfnisse selbst stillen, wenn die Versorgung »ausreichend gut«, aber eben nicht »stets optimal« ist.

Die Idee einer »ausreichend guten« Versorgung des Kinds in emotionaler Hinsicht lässt sich gut über die Theoriefigur des »Übergangsobjekts« herausarbeiten. Hiermit ist ein häufig durchaus realer Gegenstand gemeint, der eine Trennungssituation für das Kind aushaltbar werden lässt und gleichzeitig ausdrückt, dass die erwachsene Bezugsperson nicht dauerhaft abwesend, vielmehr emotional anwesend ist. Das Übergangsobjekt ist einerseits in der Realität zu finden (z. B. ein Kleidungsstück der primären Beziehungsperson). Das Kind lädt dieses Kleidungsstück aber fantasmatisch auf und imaginiert so die Anwesenheit einer primären Beziehungsperson (Ogden, 1985). Nur wenn die primäre Beziehungsperson dem Kind also zutraut und auch zumutet, Trennung zu ertragen, diese Trennung aber emotional begleitet, kann das Kind sich selbst fühlen. Das Kind hat die primäre Beziehungsperson dann – nicht symbolisiert – z. B. in Form eines Kleidungsstücks bei sich, erlebt sich aber als eigenständig. Auch in späteren Entwicklungsphasen lässt sich die Bedeutung eines Übergangsobjekts pädagogisch nachzeichnen. So kann ein:e Mitarbeitende:r in einer Wohngruppe z.B. über ein Foto im Flur anwesend und gleichzeitig abwesend sein, die Trennungserfahrung wird für die Bewohner:innen so erträglich.

Selbstverständlich ist die Darstellung einer psychoanalytischen Entwicklungstheorie damit noch nicht erschöpft. Hinzuweisen ist noch auf die aktuellen Diskurse mit Blick auf Intersubjektivität, bei der auch unter Bezug auf die neuere Säuglingsforschung die aktive Mitgestaltung des Babys und Kleinkinds am Interaktionsgeschehen stärker in den Fokus gerückt wird (Kahlenberg, 2016, S. 110–112).

Trotz einer ausgeprägten Heterogenität (und unterschiedlich klaren Anschlussfähigkeit an heutige Lebens- und Erziehungsverhältnisse) psychoanalytischer Theoriefiguren gibt es durchaus benennbare Gemeinsamkeiten: die Bedeutung der frühen Entwicklung (prä- und postnatal), die nur in dieser Theorie so klar herausgearbeitete Relevanz der Fantasien und der Spürfähigkeit der primären Beziehungspersonen, die Abwehr gegenüber Unaushaltbarem und seine Verdrängung ins Unbewusste sowie die Reinszenierung des Unerträglichen im Verhalten. Für die Pädagogik haben jene Zugriffe besondere Relevanz, die das komplexe Wechselspiel sozialer Verhältnisse, konkreter Beziehungserfahrungen und (unbewusster) Innenwelt in den Blick nehmen.

Psychosoziale Beeinträchtigung, und an dieser Stelle treffen sich nun die unterschiedlichen psychoanalytischen Zugriffe, lässt sich aus den Entwicklungs- und sozialen Bedürfnissen des Menschen und deren Nicht-Erfüllung herleiten. Gewaltförmige relationale und soziale Verhältnisse, Beschämungen und Entwürdigungen haben hierbei eine besondere Bedeutung. Lorenzer (1972), Leber (1972) oder Reiser (1972) legen theoretische Entwürfe vor, wie Intrapsychisches, Relationales und Soziales, etwa Adressierungen, Demütigungen, Deklassierungen, strukturelle und epistemische Gewalt, zusammenwirken. Nur aus diesem komplexen Wechselspiel kann pädagogisch der subjektive Sinn von Verhalten erschlossen werden.

In Erweiterung der Terminologie Donald Winnicotts (1968), der von der »ausreichend guten Mutter« spricht, ließe sich somit feststellen:

- Soziale Verhältnisse und, nicht-linear mit ihnen verbunden, relationale Dynamiken sind nicht ausreichend gut oder sogar massiv verletzend für kindliche Entwicklung.
- In der Folge dominieren massive Ängste. Besonders bei frühen überwältigenden Erfahrungen lässt sich dies als Vernichtungsangst konzeptualisieren.

- Wie genau aber jene – transgenerational gedachten – Sozialisationserfahrungen, unmittelbare Beziehungsdynamiken und innere Welt miteinander interagieren und wie sie sich, häufig verfremdet, in als störend und irritierend empfundenen Verhaltensweisen zeigen, dies lässt sich nur selten leicht entschlüsseln.

Weder eine Verkürzung auf die gesellschaftliche und ökonomische Perspektive noch eine Einengung von Problemlagen als Folgen innerpsychischer Konflikte und relationalen Versagens (siehe die kritischen Anmerkungen zur Bindungstheorie) werden der psychoanalytischen Entwicklungstheorie und ihrer Perspektive auf psychosoziale Beeinträchtigungen gerecht:

> »Wir können davon ausgehen, dass der soziale, wirtschaftliche, kulturelle und/oder psychische Determinismus niemals das Spiel um das Verständnis eines Wesens und einer Gesellschaft gewinnen wird« (Fleury, 2023, S. 180).

1.5 Traumatheorie

Die Traumatheorie ist, ganz ähnlich der psychoanalytischen Entwicklungstheorie, kein einheitliches Gebilde. Die für die Pädagogik wichtigsten bezugsdisziplinären Überlegungen entstammen psychiatrischen und psychoanalytischen Traumazugriffen. Daneben hat sich in den letzten Jahren ein Strang herausgebildet, der Trauma aus einer genuin pädagogischen Perspektive und mit entsprechender empirischer Fundierung zu begründen versucht, hier aber mit erheblichen Überschneidungen zur psychoanalytischen Traumatheorie (Dörr, 2014; Zimmermann, 2016). Auch neurowissenschaftliche (Hüther, Korittko, Wolfrum & Besser, 2012) sowie in größerem Umfang bindungstheoretische Perspektiven (Gahleitner, Kamptner & Ziegenhain, 2016) werden innerhalb des pädagogischen Traumadiskurses aufgegriffen.

Trauma ist definitorisch durch ein Miteinander von Außen und Innen, also durch die Verschränkung realer Extremerfahrungen mit der Unmöglichkeit, diese zu verarbeiten, gekennzeichnet. Sowohl singuläre, z. B. Unfälle oder Naturkatastrophen, als auch langanhaltende Extremerfahrungen, z. B. gewaltvolle Erziehungsverhältnisse, können Bedingungsfelder für traumatische Entwicklungsprozesse von Kindern, Jugendlichen und Erwachsenen sein (Hirsch, 2004). Obwohl die Möglichkeiten, entsprechende Erfahrungen zu verarbeiten, individuell sehr verschieden sind, lässt sich doch weitgehend generalisieren, dass die *langfristigen* Extremerfahrungen bei nahezu jeder Person auf alle Entwicklungsbereiche einwirken. Dazu zählt die emotionale und soziale, aber auch die kognitive und häufig auch körperliche Entwicklung.

Innerhalb der gängigsten Klassifikationen für psychiatrische Störungsbilder, dem DSM und dem ICD, hat die Bedeutung der Traumakategorie kontinuierlich zugenommen. In Erweiterung des seit 1980 (erstmals im DSM III) auffindbaren Störungsbilds der »Posttraumatischen Belastungsstörung« findet sich im seit 2014 gültigen DSM-5 erstmals eine eigenständige Gruppe für stress- und traumabedingte Störungen.

> »In diese Gruppe gehören nun neben der posttraumatischen Belastungsstörung auch die akute Belastungsreaktion und die Anpassungsstörung. Die beiden Letztgenannten stellen Reaktionen auf schwere Belastungen dar, welche unterschiedliche Symptome (z.B. depressive Stimmung, Angst, Flashbacks) zeigen, die jedoch nach 1 Monat (akute Belastungsreaktion) bzw. nach 6 Monaten (Anpassungsstörung) wieder verschwinden« (Pausch & Matten, 2018, S. 10).

Obwohl es in der aktuellen Ausformulierung zur Posttraumatischen Belastungsstörung einige Ergänzungen gab, ist das ursprüngliche Grundkonzept erhalten geblieben. Neben einem rekonstruierbaren, überwältigenden Erlebnis bedarf es einer spezifischen Anzahl von Symptomen in den Clustern des Wiedererlebens, der Vermeidung und des Arousals (teils auch als »Übererregung« übersetzt). Zusätzlich dazu wurden die nachhaltigen Veränderungen der Kognition und der Stimmung im DSM-5 klarer herausgearbeitet, ebenso wie die Beeinträchtigungen der Funktionsfähigkeit in sozialen und Leistungsbereichen (Dreßing & Foerster, 2021, S. 48). Die Diagnose der »Komplexen Posttraumatischen Belastungsstörung« ist erstmals im aktuell gültigen ICD-11 ausformuliert. Sie rekurriert auf langanhaltende Extremerfahrungen und betont sowohl die nachhaltigen affektiven Folgen dieser Erfahrungen als auch die nahezu regelhaft damit verbundenen Beziehungsprobleme (Hecker & Maercker, 2015).

Für die Pädagogik bei psychosozialen Beeinträchtigungen bleiben die im DSM und im ICD abgebildeten Traumakategorien zwar eine Bezugsgröße – nicht zuletzt, weil der interprofessionelle Dialog mit der Medizin bedeutsam ist und auch innerhalb der Kinder- und Jugendpsychiatrie differenzierte Diskussionen zum Sinn und Unsinn jener Diagnosen geführt werden (Rousseau, 2015). Jedoch müssen die Limitationen, ähnlich wie bei so vielen anderen psychiatrischen Kategorien, klar erkannt und benannt werden. Eine Kontextualisierung des traumatischen Geschehens findet nicht statt, es ist im

Sinne der Diagnose »Posttraumatische Belastungsstörung« irrelevant, ob eine jahrelange sexualisierte Gewalterfahrung oder aber ein Autounfall der entsprechenden Symptomatik zugrunde liegen. Demnach lässt sich auch kein subjektiver Sinn eines Erlebens oder Verhaltens rekonstruieren (Zimmermann, 2017a). Zentral ist aus einer pädagogischen Perspektive jedoch noch etwas anderes: Das Hier und Jetzt, also die pädagogische Beziehung und das pädagogische Milieu, z. B. die Schule oder Wohngruppe, lassen sich auf der Basis des Verständnisses eines »post«traumatischen Geschehens nicht als Teil eines traumatischen Prozesses analysieren. Genau dies aber ist zwingend erforderlich und bedarf einer kontextualisierenden Rahmenkonzeption wie der »Sequentiellen Traumatisierung« (s. u.).

Die Arbeitsgruppe um van der Kolk (2009, 2016) hat auf der Basis großer epidemiologischer Studien einen – durchaus noch in psychiatrischer Perspektive verfassten – Diagnosevorschlag entwickelt, der die vielfältigen Folgen langfristiger und interpersonaler traumatischer Erfahrungen deutlich differenzierter in den Blick nimmt als die Diagnose der Posttraumatischen Belastungsstörung und der auch über die Kategorie der Komplexen Posttraumatischen Belastungsstörung hinausgeht. Hierbei handelt es sich – je nach Beitrag und Übersetzung – um die »Entwicklungsbezogene Traumafolgestörung« oder die »Traumaentwicklungsstörung« (Schmid, Fegert & Petermann, 2010). Die Urheber:innen des Vorschlags fassen die umfänglichen Folgen langfristiger Extremerfahrungen zusammen:

> »Neben den konditionierten physiologischen und emotionalen Reaktionen auf die traumatischen Erinnerungen, die charakteristisch für PTBS sind, entwickeln komplex traumatisierte Kinder eine Sicht der Welt, die Vertrauensbruch und Schmerz beinhaltet. Sie antizipieren das Trauma und erwarten, dass es wieder auftritt, und reagieren mit Hyperaktivität, Aggression, Unterwerfung oder Erstarrung auf geringfügige Stressbelastungen« (van der Kolk, 2009, S. 582).

Eine spezifische Bedeutung für die Entwicklung einer Traumaentwicklungsstörung hat die Erfahrung sexualisierter Gewalt. Sexualisierte Gewalt zerstört die Vorstellung der Integrität des eigenen Körpers, die Möglichkeit, Nähe und Distanz selbstbestimmt auszutarieren, erzeugt nahezu regelhaft zwischenmenschliche Tabus und damit verbundene Scham und erzwingt nicht selten die Identifikation mit dem Aggressor. Es ist also nicht überraschend, dass sich die Erfahrung sexualisierter Gewalt mit besonderer Wirkmächtigkeit in allen späteren Beziehungen, insbesondere zu pädagogischen Beziehungspersonen, zeigt.

Obwohl psychiatrisch geprägt, verweist die Kategorie der Traumaentwicklungsstörung auch auf psychoanalytische Termini. Denn da die Worte für das Erlittene häufig fehlten, reinszenierten die Kinder ihre innere Zerstörung in der Beziehung zu relevanten Anderen:

> »Having been exposed to environmental extremes and often lacking an adult who provides continuity they have problems understanding both who they and who other people are. They literally are ›out of touch‹ with their feelings, and often have no language to describe internal states. They tend to ascribe their own feelings to others and to incorporate other people's attitudes and behaviours without being able to filter what is relevant and what is not« (Streeck-Fischer & van der Kolk, 2000, S. 905).

Neben den wirkmächtigen, aber oft zugleich diffusen traumatischen Beziehungsdynamiken rückt die Kategorie der Traumaentwicklungsstörung nahezu alle sonder- und rehabilitationspädagogisch relevanten Entwicklungsbereiche in den Fokus: Lernen, kognitive Entwicklung, Sprache sowie körperliche Entwicklung sind infolge langfristiger, interpersoneller Traumatisierungen in vielen Fällen beeinträchtigt. Mit jenem komplexeren psychiatrischen Diagnosevorschlag lässt sich also bereits deutlich machen, dass es kein simplifizierendes lineares Modell von »post»traumatischen Symptomen geben kann und dass die Folgen von Extremerfahrungen die gesamte Entwicklung betreffen.

Ausgehend von diesen Überlegungen bedarf es aus pädagogischer Sicht eines Traumakonzepts, das die realen sozialen Belastungen in ihrer Komplexität (und ihrer gesellschaftlichen Eingebundenheit) erfasst, zugleich aber die Individuen mit ihrem leidvollen Erleben nicht aus dem Blick verliert. Unter Bezugnahme auf seine eigene, jahrzehntelange Tätigkeit mit jungen Überlebenden der Shoah hat Hans Keilson (1979) die Rahmenkonzeption der »Sequentiellen Traumatisierung« vorgelegt. Mit dieser Konzeption lässt sich belegen, dass

- Trauma fast nie ein singuläres Ereignis, sondern nahezu immer durch verschiedene Extremerfahrungen in unterschiedlichen Kontexten bedingt ist,
- Trauma sich in der Erlebenswelt der betroffenen Kinder, Jugendlichen und Erwachsenen aber zu einem zentralen Erleben (z.B. »Ich bin überall bedroht.«) verdichtet und
- die pädagogischen, medizinischen oder beraterischen Institutionen *nach* der größten Bedrohung Beteiligte am traumatischen Prozess sind, und zwar in förderlicher oder chronifizierender Art und Weise (Zimmermann, 2016).

Auch wenn die spezifischen Erfahrungswelten nicht vergleichbar sind, lässt sich das Konzept auf unterschiedliche Kontexte transferieren. Je nach politischem und sozialem Zusammenhang ist dann von drei (Keilson, 1979) oder sechs Sequenzen (Becker, 2006) die Rede. In eigenen Arbeiten habe ich (D.Z.) jenes Rahmenkonzept u. a. für zwangsmigrierte Jugendliche aktualisiert beschrieben. Eine der grundlegenden Ideen dabei ist, dass »[...] Traumata ihren Ausgangspunkt in zwischenmenschlichen Beziehungen und politischen Rahmenbedingungen haben, sich gleichsam auch in Interaktionen stets neu manifestieren« (Zimmermann, 2012, S. 41). Christoph Müller (2021) ergänzt diese Konzeptualisierung um eine tiefenhermeneutische Analyse von Lehrkraft-Schüler:innen-Beziehungen und verweist zugleich darauf, dass die traumatisch beeinflussten Beziehungen immer in ihrer Einbettung in institutionelle (schulische) Rahmungen verstanden werden müssen.

Mit dem Rahmenkonzept der Sequentiellen Traumatisierung tritt die politische Dimension von Trauma deutlich in den Vordergrund: Es kann z.B. mit Blick auf geflüchtete Kinder und Jugendliche keine einseitige Fokussierung auf Erfahrungen im Herkunftsland oder während der Flucht geben. Die Realität des Hier und Jetzt, z.B. die Angst vor Abschiebung, rassistische Übergriffe oder schulische Ausgrenzung sind stets Teil des traumatischen Prozesses. Auch hierbei ist nicht von Kausalitäten auszugehen. Nicht alle Kinder mit Flucht- oder Gewalterfahrung sind traumatisiert, vor allem aber zeigen nie alle Kinder einer (konstruierten) Gruppe die gleichen Erlebens- und Verhaltensweisen. Vor dem Hintergrund des Rahmenmodells aber lassen sich individuelle Belastungen und traumatische Entwicklungsbeeinträchtigungen sinnhaft rekonstruieren und kontextualisieren.

Damit dies gelingt, bedarf es eines abschließenden, wenngleich hier nur kursorischen Rückgriffs auf psychoanalytische Traumakonzeptionen. Dem ursprünglichen psychoökonomischen Traumamodell Freuds, welches die Zerstörung des Reizschutzes in den Blick nahm, wurden in der Geschichte der Psychoanalyse zahlreiche, teils durchaus differente Traumamodelle zur Seite gestellt. Für die Pädagogik sind all jene Modelle relevant, in denen »die Objektbeziehung (...) zur Basis der Traumatheorie« (Bohleber, 2012, S. 92) wird. Dieser Theoriefigur zufolge ist die Not und die Kraft der traumatischen Beziehung so groß, dass die Erfahrung und das damit verbundene Erleben fast regelhaft ins Unbewusste abgespalten werden müssen. Jene traumatische Gewalt zeigt sich dann einerseits in Verhaltensweisen, z.B. in regressiven Beziehungsdynamiken, körperlicher Gewalt gegen sich selbst oder andere oder massiven Lernstörungen. Andererseits aber verinnerlichen die Kinder und Jugendlichen traumatische Macht-Ohnmacht-Verhältnisse als so genannte Introjekte (Hirsch, 2004). Sie nehmen also Erlebensanteile der hier vereinfacht als »Täter« bezeichneten Erwachsenen in sich auf und sind deshalb massiv mit Schuld- und Schamdynamiken konfrontiert.

Während sich die Wirkung von Extremerfahrungen wie (sexualisierter) Gewalt, massiver Vernachlässigung oder fehlender Versorgung auf die psychosoziale Entwicklung vergleichsweise klar beschreiben lässt, bleiben andere Entwicklungserfahrungen auch im fachlichen Diskurs oft unbeachtet. Die schon ältere Terminologie der »kumulativen Traumatisierung« (Khan, 1977; Andreatta & Crepaldi, 2021) weist aber sehr genau darauf hin, dass auch kleine, oft nicht gut sichtbare Erfahrungen des Ignoriertwerdens durch Beziehungspersonen, des misslingenden Spiegelns oder, allgemeiner gesprochen, der permanenten emotional-sozialen Überforderung der primären Beziehungspersonen traumatischen Charakter bekommen können. Die oben vorgestellten bindungs- und mentalisierungstheoretischen Zugriffe sowie die Bedeutung elterlicher Fantasien in der psychoanalytischen Theorie sind hier anschlussfähig. Während die Einzelerfahrung in jener fachlichen Perspektive kein traumatisches Potential hat, ist es das Wiederkehrende, das tief Verinnerlichte des Alleinseins, der Isolation oder der Unverfügbarkeit von primären Beziehungspersonen, welches in diesen Fällen zu traumatischen inneren Repräsentanzen führt. Diese Repräsentanzen zeigen sich weniger als Vorstellungen von anderen, sondern vor allem von sich selbst und lassen sich z. B. über innere Selbstbilder als dreckig, unwert oder ungeliebt näherungsweise beschreiben. Auch hier sind Schamgefühle eine sehr häufige Begleiterscheinung. Symptomatisch zeigen sich solche inneren Bilder teilweise in auffälligen Verhaltensweisen, die sich häufig gegen sich selbst richten, gleichwohl nicht selten auch in übermäßiger Angepasstheit und in der Unmöglichkeit, sich selbst zu spüren.

Traumatische Prozesse und psychosoziale Beeinträchtigungen sind folgerichtig unmittelbar miteinander verknüpft, auch, wenn nicht jede Entwicklungsproblematik ausschließlich unter Traumaperspektive interpretiert werden sollte. Richtig ist jedoch, dass die Entwicklungsbedingungen insbesondere bei gravierenden Erlebens- und Verhaltensproblemen in sehr vielen Fällen sinnhaft als traumatisch verstanden werden können und häufig müssen. Für die Entwicklung und das Selbstverständnis der Pädagogik bei psychosozialen Beeinträchtigungen am bedeutendsten ist die oben vorgestellte Terminologie der Sequentiellen Traumatisierung. Denn nur sie verweist eindeutig auf letztlich lebenslang sich entwickelnde und sich verdichtende traumatische Prozesse, die Beteiligung pädagogischer Beziehungen und Institutionen und zugleich auf die Chancen, die eine traumasensible Pädagogik im Kontext dieser Erfahrungen und Erlebensmuster hat.

1.6 Rassismuskritische und intersektionale Perspektiven

Zu Beginn dieses Abschnitts sei darauf hingewiesen, dass es für die folgenden Perspektiven auf psychosoziale Beeinträchtigungen keinen einheitlichen theoretischen Rahmen gibt. Im Mittelpunkt steht eine rassismuskritische Sichtweise, die hier mit einer subjektivierungstheoretischen Perspektive verknüpft wird. Dadurch soll untersucht werden, wie rassifizierende Zuschreibungen an Kinder und Jugendliche psychosoziale Beeinträchtigungen hervorrufen und beeinflussen können. Besonders betont werden die Widerständigkeit des Subjekts und die damit verbundenen widersprüchlichen Reaktionsmuster. Jenes Wechselspiel aus Adressierung und individueller Reaktion kann theoretisch als Subjektivierung konzeptualisiert werden (Zimmermann, Becker & Friedrich, 2024).

Welche Bedeutung hat nunmehr eine rassismuskritische Perspektive für die Pädagogik bei psychosozialen Beeinträchtigungen? Tißberger (2022, S. 24) schreibt:

> »Diese Perspektive nimmt weniger die ›rassistischen Extreme‹ ins Visier wie etwa Rechtsextreme oder Suprematist*innen, sondern das ganz unverdächtige Subjekt in der Mitte der Gesellschaft weißer* Dominanzkulturen, das stillschweigend vom Rassismus profitiert. Es geht um die Normativität des Weißseins* und die Verschleierung dieser Tatsache, weil sie im Widerspruch zu den gesellschaftlichen Idealen von Gleichheit, Demokratie und Menschenrechten steht. Diese Perspektive hängt schon deshalb mit der Rehabilitationspädagogik zusammen, weil in deren Einrichtungen seit vielen Jahren rassistisch markierte Menschen überrepräsentiert sind. Der Zusammenhang ist jedoch auch genealogisch. Die Hervorbringung zwischenmenschlicher Differenz entlang von Rasse*-Konstruktionen und von Kategorien körperlicher, kognitiver und psychischer Gesundheit/Krankheit bzw. Normalität und Abweichung sowie von Entwicklungsparametern, weisen historische Parallelen auf und dienen gleichermaßen gesellschaftlichen Machtverhältnissen. Diese Differenzlinien führen allesamt zur ›Veranderung‹ und ›Besonderung‹ von Menschen und der Ungleichverteilung gesellschaftlicher Ressourcen.«

Der Kern des hier wiedergegebenen Arguments besteht also darin, dass sich Aspekte der Kategorisierung von Kindern und Jugendlichen (als gestört, förderbedürftig, systemsprengend) nicht ohne Bezugnahme auf gesellschaftliche Hierarchien und insbesondere auf rassifizierende Diskriminierungsverhältnisse verstehen lassen (Schlachzig, 2022). Tißberger interpretiert dabei einerseits die Überrepräsentation von migrantisch gelesenen Menschen oder People of Colour hinsichtlich sonderpädagogischer Förderbedarfe als Teil der rassistischen Strukturiertheit der Gesellschaft. Im zweiten Teil des Zitats konzeptualisiert die Autorin einen intersektionalen Gedankengang (s.u.), nach dem die Herstellung von Differenz einem Grundmuster folgt, demzufolge Abweichungen von vermeintlicher Normalität im Wesentlichen sozial konstruiert sind, diese aber in einem Attributionsfehler nachträglich den als anders markierten Menschen im Sinne einer persönlichen Eigenschaft zugewiesen werden. In dieser »Veranderung« enthalten sind stets Abwertungen der Personen inklusive der ihnen zugeschriebenen Eigenschaften aufgrund von Herkunft, Religion sowie vermeintlich damit verbundenem Bildungsstand.

Diese Perspektive ist zwar alles andere als neu (Gomolla & Radtke, 2002), wird angesichts der wieder zunehmenden Dominanz von individuumszentrierten (Störungs-)Perspektiven allerdings aktuell wenig diskutiert. Dabei ist eine Grundannahme der »Postkolonialen Studien« relevant, die auch im längeren Zitat von Tißberger (s.o.) deutlich wird: Es geht hierbei weniger um offene und den Akteur:innen bewusste rassistische Vorurteile, sondern um eine Eingewobenheit von Weißen Personen in eine als rassistisch interpretierte Gesellschaftsordnung, die auf primär vor- und unbewusster Ebene die Wiederholung, zugleich aber auch die neue Hervorbringung von rassistischen Praktiken bedingt. Empirisch lässt sich gut zeigen, dass auch pädagogische Fachkräfte, die engagiert z.B. mit Kindern und Jugendlichen mit Fluchterfahrungen arbeiten, unterschiedliche Zuschreibungen gegenüber Gruppen von Schüler:innen vornehmen. Insbesondere Familien aus Südosteuropa, vornehmlich als Zugehörige der Roma ethnisch kategorisiert, sind dabei auch durch diese Fachkräfte Vorurteilen ausgesetzt (Zimmermann et al., 2024). Rassistische Zuschreibungen sind in diesem Kontext deshalb so mächtig, weil eine große Anzahl von Deckkategorien zur Verfügung stehen: dem gesellschaftlichen Narrativ des (nicht-)integrationsfähigen Flüchtlings (Becker, 2023) stehen im schulischen Rahmen die Zuweisungslogiken von Förderbedarfen sowie der Möglichkeitsraum einer diagnostizierten Nicht-Beschulbarkeit zur Seite.

Der rassismuskritische Blick lässt sich in den allermeisten Fällen kaum isoliert nutzen. Vielmehr gliedert er sich in eine diskriminierungssensible Sichtweise auf beeinträchtigte Entwicklung ein, die in den letzten Jahren verstärkt als intersektionale Perspektive verhandelt wird. Unter Intersektionalität wird das Zusammenwirken der historisch gewachsenen Machtverhältnisse und Diskriminierungsformen verstanden, die sich u.a. in sozialen Ungleichheiten, in rassifizierenden Anrufungen, ebenso auch in Förderbedarfsvergaben widerspiegeln (vgl. Walgenbach, 2015, S. 121). Im Anschluss an den skizzierten Blick auf gesellschaftliche Reproduktion und die fortwährende Herstellung von Ausgrenzung zeigt sich auch für pädagogische Institutionen, dass eine intersektionale Perspektive nicht nur die Wirkung gesellschaftlicher Verhältnisse auf Schulen oder Jugendhilfe sichtbar macht, sondern zugleich aufdeckt, wie diese Diskriminierung durch pädagogische Praktiken selbst (re-)produziert wird (Schneider, Schlachzig & Metzner, 2022). Wenngleich es sich dabei um eine stark theoretisierende Perspektive handelt, lassen sich fallbezogen durchaus praktische Implikationen ausmachen: So sind es eben überdurchschnittlich viele Jungen mit familiärer Migrationsgeschichte, die in sozial benachteiligten Milieus leben, die den Förderbedarf der emotionalen und sozialen Entwicklung zugewiesen bekommen. In der Vergabe von Förderbedarfen zeigen sich demnach also genderspezifische, soziale und rassifizierende Diskriminierungsdynamiken in ihrer komplexen Verschränkung.

Mit Bezug auf Butler (1997) hat Becker (2023) in einer empirischen Studie deutlich gemacht, dass Subjektivierungsprozesse mehr sind als Anrufungen mit rassifizierender Spezifik, eine Tatsache, die in intersektional argumentierenden Publikationen häufig zu kurz kommt. Vielmehr verschränken sich lebensgeschichtlich internalisierte Repräsentanzen (von sich selbst, von anderen, von der Welt) bei rassifizierten Menschen mit aktuellen strukturellen, sozialen und unmittelbar interpersonalen Anrufungen, z. B. als Störer, als Asylbewerber oder im Rahmen der Forderung nach Integration. Dies verweist bereits auf einen pädagogisch hoch relevanten Aspekt: In der interpersonalen, diskriminierenden Dynamik lassen sich die Spuren des Sozialen und zugleich des Biografischen beider Interaktionspartner:innen wiederfinden. In dieser Lesart steht eine rassismuskritische Perspektive in erheblicher Nähe zur psychoanalytischen Sozialisationstheorie. Es geht demnach um mehr oder um Konkreteres als »nur« das Eingewobensein in gesellschaftliche Verhältnisse, spezifisch in die dominante Struktur des Weißseins*.

Fakhry Davids (2020) hat in einem Beitrag zur therapeutischen Beziehung beschrieben, wie gesellschaftliche Diskriminierung, etwa Rassismus, zwischenmenschlich vermittelt wird und deshalb so machtvoll ist, weil der Sender (also z. B. die diskriminierende Person) eigene Ängste abwehren muss, indem er andere Menschen abwertet. Der Autor geht aus einer psychoanalytischen Perspektive davon aus, dass alle Menschen aufgrund frühkindlicher Erfahrungen mit mehr oder minder großen Ängsten zu kämpfen haben. Gesellschaftliche Krisen, wie sie aktuell omnipräsent sind, verstärken diese Ängste bei zahlreichen Menschen. Die konkrete gesellschaftliche Struktur dominiert nun die Frage, worauf sich diese Ängste richten und wie sie ideologisch aufgeladen werden (z. B. mit »Überfremdungs«-Fantasien oder einer vermeintlichen Bedrohung »echter« Männlichkeit). Sind jene Ängste unaushaltbar, werden sie wie beschrieben auf die als »anders« markierten Menschen projiziert. Folgerichtig liest Davids (ebd.) sowohl Abwertung von als auch ausgeprägtes Mitleid mit »den« Ausländer:innen, »den« muslimischen Frauen, »den« Asylsuchenden usw. als rassistische interpersonale Dynamik. In der rassifizierten Person wiederum verbinden sich diese Projektionen mit ganz massiven, realen Gewalt- und Demütigungserfahrungen und entwickeln so ihre volle Kraft. Dies verweist dann wieder zurück auf Beckers (2023) aktuelle Studie. Denn selbstverständlich bringen auch rassifizierte Schüler:innen, Teilnehmende an Integrationskursen usw. eigene, nicht selten belastete Selbst- und Fremdbilder mit. Diese können selbst bereits durch rassistische Angriffe geprägt sein, aber auch vielerlei andere verletzende Erfahrungen und damit verbundene Verinnerlichungen beinhalten.

Mit Bezug auf oben beschriebene Logik der Zuweisung des sonderpädagogischen Förderbedarfs der emotionalen und sozialen Entwicklung lässt sich also begründet nachzeichnen, dass es sich hier häufig um Kinder und Jugendliche handeln dürfte, die Projektionen ausgesetzt sind – und genau in dieser Dynamik als »anders«, »fremd«, »typisch (männlich, ausländisch, muslimisch...)« wahrgenommen werden. Da keine pädagogische Beziehung ohne Vorgeschichte und Übertragungsdynamik vorstellbar ist, schließt dies durchaus ein, dass jene Kinder und Jugendlichen im Hier und Jetzt bereits nicht leicht aushaltbare Verhaltensweisen zeigen könnten. Diese sind im vorliegenden Gedankenmodell dann – zumindest in wesentlichen Teilen – als Widerspiegelung vorheriger Diskriminierungserfahrung zu lesen. Kinder und Jugendliche, die derartige Anrufungen erleben, reagieren darauf nicht regelhaft, aber eben doch überaus häufig mit kaum oder nur wenig symbolisierbaren Affekten, die sich näherungsweise als unaushaltbarer Druck, innere Fragmentierung, überwältigende Angst oder Wut umschreiben lassen. Diese Affekte wiederum lösen sehr unterschiedliche Verhaltensweisen aus: Zurückgezogenheit, extreme Angepasstheit, den Wunsch nach Wiedergutmachung, aber auch aggressive Verhaltensmuster.

1.7 Pädagogische Perspektiven

Die Pädagogik bei psychosozialen Beeinträchtigungen hat sich mit Blick auf ihre theoretischen Perspektiven stets als interdisziplinär verstanden. So benennt Müller (2021) im Kapitel »Verhalten erklären – Erleben verstehen« zunächst unterschiedliche psychologische und soziologische Zugriffe auf die Entwicklung auffälligen Erlebens und Verhaltens, um sich dann im nachfolgenden Hauptkapitel zentralen Aspekten der Bildung und Erziehung zu widmen. In der neuesten Auflage der Monografie »Verhaltensstörungen bei Kindern und Jugendlichen« (Myschker & Stein, 2014) ist im Kapitel »Verursachung und Entstehung von Verhaltensstörungen« ebenfalls zunächst von biophysischen, psychologischen und soziologischen Aspekten die Rede, bevor anschließend eine genuin pädagogische Perspektive entfaltet wird. Darin betonen die Autoren, dass sich die pädagogische Perspektive selbst wieder als synthetisierende beschreiben lässt. Neben sozial-ökologischen und konstruktivistischen Aspekten rekurrieren die Autoren insbesondere auf Fragen des Erziehungsverhaltens im häuslichen und schulischen Bereich, mit den entsprechenden Auswirkungen auf die Entwicklung des Kindes. Dabei tauchen sowohl ursprünglich psychoanalytische (z. B. Entwicklung von Urvertrauen) als auch bindungstheoretische Theoriefiguren auf. Im Sammelband von Ahrbeck und Willmann (2010) ist das Kapitel »Erklärungsansätze und theoretische Perspektiven« unterteilt in die Unterkapitel »Psychologie«, »Soziologie«, »Systemtheorie und Konstruktivismus« sowie »Entwicklungsneurobiologische Ansätze und Perspektiven«.

Ausgehend von dieser kursorischen Übersicht kann die Hypothese aufgestellt werden, dass eine kohärente pädagogische Perspektive auf Bedingungen und Auswirkungen von psychosozialen Beeinträchtigungen nicht leicht entwickelt werden kann. Der entsprechende Versuch, wie er in der Folge unternommen werden soll, bleibt daher notwendigerweise vorläufig und offen für Weiterentwicklungen.

Mit Bezug auf zahlreiche Klassiker der pädagogischen Literatur identifiziert King (2012, S. 63) die Generativität zwischen Erwachsenen und Kind als Kern von Pädagogik und stellt die Frage: »Wie kann die ältere Generation, wie können professionelle Pädagoginnen und Pädagogen, Selbstbildungsprozesse der jüngeren ermöglichen?« Im Fokus der pädagogischen Perspektive auf psychosoziale Beeinträchtigung könnten also die Termini »Generativität« und »Bildung/Bildsamkeit« stehen. Ein generatives Verhältnis, das Spannungen nicht leugnet und außerdem durch die Erlaubnis von Nähe und zugleich Autonomie geprägt ist, ermöglicht eine entwicklungsangemessene Form der Bildsamkeit, ein Begriff, den unter anderem Müller (2021, S. 104 f.) für den Bereich der Pädagogik bei psychosozialen Beeinträchtigungen ausbuchstabiert und dabei sowohl auf Herbart (1835) als auch Benner (2015) Bezug nimmt.

1.7 Pädagogische Perspektiven

»Bildsamkeit kann verstanden werden als die Gabe eines jeden Menschen, eigene Handlungen zu entwerfen und auszuführen und durch diese Handlungen die Notwendigkeit des eigenen Lebens selbst immer wieder aufs Neue zu meistern« (Müller, 2021, S. 104).

Jener Zugang korrespondiert mit einem Bildungsverständnis, das auf Offenheit und personale Freiheit hin ausgelegt ist, demnach auch keine rein durch die ältere Generation definierten Ziele kennt (Müller, 2021, S. 102, ebenfalls mit Bezug auf zahlreiche Klassiker der Pädagogik).

Auch King (ebd., S. 64) argumentiert mit Blick auf zeitgenössische generative Verhältnisse in ähnlicher Art und Weise:

»Dass es sich bei Erziehung und Bildung vielmehr um vermittelte Prozesse handelt, resultiert zudem aus den Diskontinuitäten, wie sie mit Generationenabfolge und Generationenwechsel konstitutiv verbunden sind (…). Diese Diskontinuität erfährt eine Steigerung in modernisierten Gesellschaften aufgrund der beschleunigten sozialen Wandlungen, womit auch verbunden ist, dass Heranwachsende nicht nur in pädagogischen Nahbeziehungen sich bilden und gebildet werden, sondern auch durch Medien und Konsum, Jugend- und Freizeitkulturen.«

»Generativität« steht in diesem Verständnis nicht für einen unilinearen Prozess, innerhalb dessen Kinder und Jugendliche als Empfänger:innen, demnach einseitig als »nachwachsende Generation« (Kessl, 2024, S. 156) gesehen würden. Vielmehr ist von einem komplexen Beziehungsprozess die Rede, in dessen Rahmen sich die Generationen gegenseitig beeinflussen. Hierbei lassen sich übrigens Parallelen zur Säuglingsforschung ziehen, die herausarbeitet, wie früh im Leben Babys bereits aktiv an der Interaktion beteiligt sind und somit die Erwachsenen in ihrem Erleben und Verhalten beeinflussen (Dornes, 2015). Die im obigen Zitat benannten Bildungsprozesse finden gerade bei belasteten generativen Verhältnissen in einem oft fragilen Wechselspiel von affektiven und sozialen Krisen einerseits und Fähigkeiten der (Selbst-)Wahrnehmung, der autonomen Alltagsgestaltung und des Einlassens auf Gleichaltrige andererseits statt (Streeck-Fischer, 2016, S. 311). Diskontinuitäten, Krisen und Bewältigung sind konstitutiv für Kindheit und – womöglich noch stärker – für das Jugendalter, dabei eng verschränkt mit körperlicher Entwicklung. Durch derartige Krisen kann sich die generative Beziehung weiterentwickeln, zugleich zeigen sich in diesen auch die Gefahren in Form beidseitiger Überforderung und von Macht-Ohnmacht-Spiralen.

Trotz einiger Diskurslinien (und möglicherweise entsprechender Phänomene in der Realität), die stärker die »Selbstsozialisationsdimension« (Kessl, 2024, S. 158) der Kinder und Jugendlichen in den Fokus rücken, hat die generative Verschränkung auch in der heutigen Zeit maßgeblichen Einfluss auf eine gelingende oder misslingende emotional-soziale Entwicklung. Und bei aller Bedeutung einer gegenseitigen Beeinflussung der Generationen bleibt es bei einer Asymmetrie, sowohl in primärer wie auch in sekundärer Sozialisation. Dies gilt insbesondere im institutionellen Kontext der Schule: »Die Asymmetrie der Beziehung ist also gewollt (...). Der Unterrichtserfolg wird dieser Schul- und Beziehungsidee zufolge garantiert durch eine relativ starke Position des Lehrers (›soziale Macht‹ durch Informations-, Kommunikations- und Beurteilungsmonopole) und eine relativ schwache Position des Schülers (›soziale Ohnmacht‹ durch Anpassungs- und Konformitätsdruck, reduzierte Freiwilligkeit, Zwang zur körperlichen Immobilität, Abhängigkeit im Hinblick auf den Schulerfolg)« (Hierdeis & Würker, 2022, S. 67).

Kinder und Jugendliche benötigen demnach zugewandte Erwachsene, die ihre Bedürfnisse erkennen und zugleich ausreichend Stabilität mitbringen, um eben die erwachsene Position einzunehmen und soweit normativ zu agieren, wie es für die Entwicklung der jungen Menschen sinnvoll erscheint. Da sich die Erwachsenen dabei zugleich mit verändern, müssen letztere also auch innerlich ausreichend beweglich sein, um Konflikte und Anfragen an sie selbst nicht als überflutend oder gefährdend zu erleben.

Psychosoziale Beeinträchtigungen lassen sich demnach aus vielen Aspekten herleiten, die weiter oben schon mit Blick auf Bindungs-, Mentalisierungs- und Traumatheorie beschrieben wurden. Jede Form der Gewalt, ob körperlich oder emotional, stellt deshalb einen schwerwiegenden Einbruch in das generative Verhältnis dar. Ebenso verweisen die genannten Theoriebezüge auf die häufig unsichtbaren, eher latent vermittelten Schwierigkeiten des generativen Verhältnisses, wenn z.B. die Selbst- und Weltvorstellungen der Elterngeneration so beengt, so statisch sind, dass die Kinder und Jugendlichen sich nicht selbsttätig mit den inneren und äußeren Konflikten auseinandersetzen können. Dann gelingt nicht mehr, was Müller (2021, S. 104) als Kern von Bildsamkeit markiert:

> »Es sind Umschaffungs-, Entflechtungs-, Elementarisierungs- und Verstehensprozesse nötig, damit junge Menschen sich ihre eigene Welt aneignen und die eigene Bildsamkeit sinnvoll entfalten können.«

Damit noch einmal zurück zur Bedeutung ökonomischer und gesellschaftlicher Rahmenbedingungen für hilfreiche, mithin innere Autonomie und Bildsamkeit fördernde generative Beziehungen. Winkler (2024, S. 27) hält fest, dass sich die klassischen pädagogischen Theorien, insbesondere jene von Herbart, stark auf das unmittelbare Beziehungsverhältnis von Erwachsenem und Kind stützen, die sozialen Rahmenbedingungen des generativen Verhältnisses jedoch ausblendeten. Gleichwohl ist der Blick auf die Verschrän-

1.7 Pädagogische Perspektiven

kung dieser Dimensionen nicht neu. Siegfried Bernfeld, einer der großen Pädagogen der Zwischenkriegszeit mit psychoanalytischer, aber auch marxistischer Orientierung, fasst dies folgendermaßen:

> »Die Kindheit verläuft als Resultat der angeborenen Reaktionstendenzen und -weisen auf die vorgefundenen konkreten, zufälligen oder allgemeinen Lebensumstände. Erziehung gibt es nur dort, aber überall dort, wo Kindheit in Gesellschaft abläuft. Ihre Voraussetzungen sind diese zwei: die biologische und die soziale Tatsache« (Bernfeld, 1925/2013, S. 47).

Das Selbst- und Welterleben sowohl des Kindes respektive Jugendlichen als auch der Erwachsenen ist somit geprägt durch die soziale Position in der Gesellschaft, womit sich durchaus Querverbindungen zur soziologisch geprägten Labelingtheorie oder auch zum Intersektionalitätsdiskurs (s.o.) herstellen lassen. Bernfeld nutzt den Begriff des »sozialen Orts« (Bernfeld, 2012) diesbezüglich in einer doppelten Perspektive: Einerseits ist es die Klassenzugehörigkeit des Menschen, demnach der gesellschaftliche »Ort«, der Selbst- und Weltsicht zentral prägt. Dies lässt sich zwar nicht bruchlos, aber doch in wesentlichen Aspekten auf das Hier und Jetzt übertragen: Insbesondere sind die familiär-generativen Beziehungen geprägt durch Armut oder Reichtum, durch Ausgrenzung oder Anerkennung, durch die Möglichkeit, die eigene Muttersprache gefahrlos zu nutzen oder nicht, durch unhinterfragtes Aufenthaltsrecht oder dessen permanente Gefährdung. Auch die Wohnsituation, demnach der ausreichende Platz für ein Kind oder die hohe Belastung durch extreme Enge, ist wesentlich durch die Klassenzugehörigkeit geprägt. Erleben beispielhaft die Eltern selbst Ausgrenzung, haben Angst um ihre persönliche Sicherheit im Residenzland oder müssen sich in jedem Monat Sorgen um die Finanzen machen, so hat dies erheblichen Einfluss auf generative Dynamiken. Andererseits fragt Bernfeld danach, wie »pädagogische Orte als ›soziale Orte‹, die etwas Neues bewirken sollen, Bindungskräfte erzeugen können, sodass der soziale Ort ›Kinderheim Baumgarten‹ (das Modellprojekt Bernfelds, D.Z.) zu einer Affektstätte für die Kinder werden kann« (Dörr, 2022, S. 175).

Und auch jene pädagogischen »sozialen Orte« sind nun nicht abgetrennt von gesellschaftlichen und ökonomischen Dynamiken (Heuer & Kessl, 2014). Die Ausgestaltung des konkreten sozialen Ortes ist immer Reaktion auf die ökonomischen und sozialen Verhältnisse, inklusive der Möglichkeit, widerständig zu agieren. Die Realisierbarkeit einer durch generative und Peer-Beziehungen geprägten pädagogischen Affektstätte hängt maßgeblich davon ab, ob die Wahrnehmung und das Thematisieren von Affekten sozial erlaubt oder aber tabuisiert ist. Geschlussfolgert werden kann, dass die Punitivitäts-

1 Disziplinäre Perspektiven auf psychosoziale Beeinträchtigungen

und Leistungslogiken, die aktuell häufig die pädagogisch-generativen Verhältnisse dominieren, nicht »nur« Ausdruck von sozial dominanten Selbstoptimierungslogiken, der Ökonomisierung pädagogischer und sozialer Arbeit und damit verbundenen Abstiegsängsten sind. Sondern dass all dies mit einer unterdrückten Form von Resonanzfähigkeit (Rosa, 2023) in der neoliberalen Ordnung zu tun hat.

Es lässt sich also festhalten: Eine pädagogische Perspektive auf psychosoziale Beeinträchtigungen rekurriert zunächst auf die generative Beziehung. Die nunmehr bekannten, weil teils mehrfach beschriebenen Störungen dieser Beziehung verhindern die gelingende Auseinandersetzung mit sich selbst, anderen und der Welt, was zu erheblichen psychosozialen Beeinträchtigungen führen kann. Andererseits sind jene generativen Beziehungen eingebunden in ökonomische, politische und soziale Verhältnisse. Deren Störungen, so wie sie sich aktuell z.B. in Form nationalistischer, rassistischer oder antifeministischer Strömungen zeigen, ebenso aber auch in einer stets zunehmenden ökonomischen Aufspaltung, wirken in das generative Verhältnis hinein und bedingen somit ebenfalls psychosoziale Beeinträchtigungen mit. Eine pädagogische Konzeption psychosozialer Beeinträchtigung hat »folglich historisch-gesellschaftliche und subjektiv-biografische Strukturen gleichermaßen zur Kenntnis zu nehmen« (Dörr, 2022, S. 175).

1.8 »Subjektlogik« als Scharnierbegriff der fachdisziplinären Perspektiven

Der fachlich noch nicht überall etablierte Terminus einer »Subjektlogik« greift nunmehr zentrale Perspektiven aller vorherigen disziplinären Zugriffe zu psychosozialen Beeinträchtigungen auf (wobei die Subjektlogik als solche nicht auf beeinträchtigte Entwicklung begrenzt ist). Etwas vereinfacht beschreibt der Begriff Folgendes:

Jedes Erleben und Verhalten (ebenso jede Ausformung von Bildsamkeit) ist vor dem Hintergrund des inneren Erlebens einer Person und spezifisch der damit verbundenen Affekte sinnvoll (Herz & Zimmermann, 2024).

Während der Begriff der »Verhaltensstörung« zunächst eine an einer äußeren Norm orientierte Problematik beschreibt (und die Erweiterung als Gefühls- und Verhaltensstörung dann stärker die Innenwelt einbezieht), fokussiert der Begriff der »Subjektlogik« das individuelle Gewordensein, mithin die Erfahrungen und Erlebensmuster von Kindern, Jugendlichen und Erwachsenen. Zu den Erfahrungen gehören innere Repräsentanzen von sich selbst und anderen, damit verbundene Bedürfnisse, Nöte und Ängste. Einige wenige davon sind den Kindern und Jugendlichen bewusst, wesentliche Aspekte verbleiben aufgrund ihres bedrohlichen Potentials jedoch im Unbewussten. Diese innerpsychischen Repräsentanzen zeigen sich nunmehr im Verhalten, wodurch also (teils verfremdet) wesentliche Aspekte des inneren Erlebens ausgedrückt werden. Dies ist übrigens etwas anderes als das, was sich in zahlreichen traumapädagogischen Publikationen unter dem Schlagwort »Der Gute Grund« findet. Dort steht meist sinngemäß: Vor dem Hintergrund der Lebenserfahrung des Kinds macht jedes Verhalten Sinn. Dies ist jedoch mindestens verkürzt. Es geht nicht um die Erfahrung als solche, sondern um die zentralen Affekte, Wünsche, Nöte etc., die aufgrund der Erfahrungen das Erleben der Kinder und Jugendlichen prägen (Gerspach, 2021).

Bindungs- und Mentalisierungstheorie sind für ein Verständnis von Subjektlogik insofern von hoher Bedeutung, weil es sowohl die (frühen) Bindungs- als auch gelingende und besonders scheiternde Mentalisierungserfahrungen sind, die sich im konkreten Verhalten der Kinder und Jugendlichen zeigen. Allerdings bleibt wiederum kritisch anzumerken, dass das Verhalten sich nur sehr bedingt *einem* Bindungsmuster zuordnen lässt, bzw. im Sinne der Zuordnung zu einem Muster viele davon abweichende Verhaltensweisen dann nicht mehr gesehen werden (können). Die Ausprägung einer Mentalisierungsfähigkeit prägt in erheblichem Maße die Möglichkeiten, über eigene Verhaltensweisen und deren Bedeutung nachzudenken. Dies lässt sich auch so verstehen, dass sich in für alle Beteiligten unverständlichen Verhaltensweisen im Sinne der Subjektlogik zahlreiche prämentalisierende Zustände zeigen, die aufgrund sozialer Belastungserfahrungen nicht in reifere Zustände überführt werden konnten. In ähnlicher Weise lässt sich traumatheoretisch argumentieren: Zwar ist die Idee der Subjektlogik nicht auf traumatische Erfahrungen und deren innere Widerspiegelungen begrenzt. Gleichwohl lassen sich gerade Lernblockaden, scheinbar unverständliche regressive Verhaltensweisen oder aggressive Durchbrüche nicht selten als Ausdruck unaushaltbarer, zerstörerischer traumatischer Repräsentanzen verstehen. Aggressive Verhaltensweisen sind dabei immer auch der Versuch, die innere Zerstörung im Sinne einer projektiven Identifizierung im Anderen zu bekämpfen, weil die traumatischen Bilder zu bedrohlich und damit gänzlich unaushaltbar sind (Finger-Trescher, 1992). Viel zu selten wird die Subjektlogik hinter so genannten geistigen Behinderungen und Lernstörungen betrachtet: psychoanalytische und traumatheoretische Rekonstruktionen verweisen darauf, dass diese ebenfalls Ausdruck von häufig durch massive Gewalt, auch sexualisierte Gewalt bedingten Subjektlogiken sind. Sprache, Autonomie oder das Einlassen auf den Lerngegenstand sind dann bedrohlich, weil die äußere Welt mit einer Form der Vernichtungsangst assoziiert ist. Dies schließt genuin organische Störungen nicht aus; diese sind aber nie alleiniger Grund für erheblich behinderte Entwicklung (Gerspach, 2009, S. 143–170; Zimmermann, 2019).

Wie schon mit Hilfe differenter theoretischer Überlegungen ausgearbeitet, lässt sich auch die Subjektlogik nicht als rein innerpsychisches Geschehen rekonstruieren. Die Verhaltensweisen, die ein Kind, eine jugendliche Person oder ein erwachsener Mensch zeigt, sind nicht nur biografisch in einem Mehrpersonengeschehen verwurzelt; auch der Ausdruck im Verhalten findet im Rahmen eines (generativen) interpersonalen Geschehens statt. Ergänzt um eine psychoanalytische Perspektive lässt sich dieses Geschehen als Begegnung mehrerer Unbewusster bezeichnen. Das heißt, das, was ein junger Mensch subjektlogisch zum Ausdruck bringt und bringen kann, ist nicht nur durch seine Innenwelt bedingt, sondern immer auch durch die konkrete Ausgestaltung der Beziehung im Hier und Jetzt. Es ist jedoch offensichtlich, dass gerade gute, mentalisierende Beziehungsformen dazu beitragen, unaushaltbare, potenziell überwältigende Erlebensmuster über das Verhalten auszudrücken – was pädagogisch eine große Herausforderung darstellen kann. Restriktive, unterdrückende oder beschämende generative Beziehungen hingegen tragen nicht selten dazu bei, dass belastete Kinder und Jugendliche ihre Subjektlogik – also ihre Bedürfnisse, Wünsche und Nöte – nicht frei zum Ausdruck bringen können. Stattdessen zeigt sie sich dann in einer durch Anpassung geprägten Weise, indem die generativ Jüngeren im Sinne der Erwartungshaltung ›gut funktionieren‹.

Nicht zuletzt lassen sich auch die soziologisch orientierten Theoriefiguren der Intersektionalität und der rassismuskritischen Perspektiven auf Subjektlogik beziehen. Denn im Verhalten von Kindern, Jugendlichen und Erwachsenen zeigen sich selbstverständlich nicht nur konkrete Beziehungserfahrungen mit einzelnen Erwachsenen, sondern auch gesellschaftliche Positionierungen, Erfahrungen der Diskriminierung, des Labelings. Auch hier gibt es zahlreiche Schnittmengen mit den o.g. disziplinären Zugriffen. Wie bereits zuvor argumentiert, führen die gesellschaftlichen Adressierungen nicht linear zu spezifischen Erlebensmustern, die dann über das Verhalten ausgedrückt werden. In hoher Komplexität hat z.B. Niedecken (1998) bereits vor langer Zeit herausgearbeitet, wie die von ihr so genannte »Institution Geistigbehindertsein« einerseits Ausdruck von tief und unbewusst verinnerlichten Ängsten ist. Andererseits sind es gesellschaftliche Diskriminierungen, Abwertungen und (wenn auch selten ausgesprochene) Tötungswünsche, die sich schließlich im subjektlogischen Verhalten von als behindert bezeichneten Kindern und Jugendlichen zeigen. All dies lässt sich dann wiederum nur für die konkrete Interaktion und konkrete Individuen rekonstruieren, wozu es eines vertieften pädagogischen Fallverstehens bedarf.

Dieses Kapitel abschließend und die vorgestellten disziplinären Perspektiven zusammenführend soll betont werden: Der Begriff der psychosozialen Beeinträchtigung und mit ihm die Präzisierung über den Terminus Subjektlogik bergen die Chance, sich von den eingangs genannten, potentiell stigmatisierenden Zuschreibungen wie »verhaltensgestört« oder »psychopathisch« (Göppel, 2010) zu lösen. Er ermöglicht eine differenzierte Betrachtung individueller Entwicklungen im Wechselspiel mit sozialen und gesellschaftlichen Bedingungen. Das nächste Kapitel wird beleuchten, wie Generativität und Gruppendynamik in pädagogischen Kontexten psychosoziale Prozesse beeinflussen und wiederum davon beeinflusst werden.

2 Trianguläre generative Beziehungen und Gruppendynamik bei psychosozialen Beeinträchtigungen

Das pädagogische Miteinander in der Schule genauso wie in außerschulischen Handlungsfeldern zeigt sich als hoch komplexes Beziehungsgeschehen. Die Ausbuchstabierung dieses Beziehungsgeschehens als triangulär integriert Wissensbestände von Bezugsdisziplinen, die in Kapitel 1 (▶ Kap. 1). vorgestellt wurden. Besondere Bedeutung haben dabei die psychoanalytischen und die pädagogischen Überlegungen, wenngleich auch die anderen Bezugstheorien in das vorliegende Kapitel einfließen.

2.1 Innere Welt und gemeinsame Reinszenierung

Wird das oben genannte komplexe Beziehungsgeschehen weiter ausbuchstabiert, so lässt sich zunächst einmal festhalten, dass die Beziehung sowohl im Hier-und-Jetzt als auch im Dort-und-Damals verortet ist.

Mit »Hier-und-Jetzt« ist das reale, primär bewusst wahrnehmbare generative Miteinander gemeint, das sich entsprechend wissenschaftlich auch relativ gut beobachten lässt. Die Qualität der Beziehungen im Hier und Jetzt wird z. B. von Prengel (2013) sowie einer großen Forschungsgruppe, die sich in der entsprechenden Tradition bewegt, mit den Termini »anerkennend« und »verletzend« beurteilt. Das heißt, in der konkreten Beziehung machen Kinder und Jugendliche (mit psychosozialen Beeinträchtigungen) Erfahrungen, die wichtig, potentiell hilfreich, aber ebenso belastend für ihre Entwicklung sein können. Im Sinne der Sozialisationstheorie Lorenzers handelt es sich dabei um jenen Beziehungsanteil, in dem die sprachsymbolischen Interaktionsformen dominieren (▶ Kap. 1.4 zur psychoanalytischen Entwicklungstheorie).

2.1 Innere Welt und gemeinsame Reinszenierung

Ein zweiter Aspekt der Beziehung kann in Wünschen und Empfindungen der Interaktionspartner:innen gesehen werden, für die nur anteilig Worte zur Verfügung stehen und die häufig nur diffus zum Ausdruck kommen. In dieser Beziehungdimension dominieren sinnlich-symbolische Interaktionsformen. Die Wünsche und Empfindungen sind zugleich im Hier-und-Jetzt wie im Dort-und-Damals verortet.

(Leib-)sinnliche Interaktionsformen hingegen entziehen sich einer unmittelbaren Beobachtung und auch der sprachgebundenen Reflexion weitgehend. Gerade in letzteren »verbirgt« sich das Dort-und-Damals der pädagogischen Interaktion. Denn sowohl die Erwachsenen als auch die Kinder und Jugendlichen bringen ihre aus der Vergangenheit stammenden Bedürfnisse, Ängste und Nöte überwiegend unbewusst in die aktuelle Beziehung ein.[3] Der Begriff »leib-sinnlich« (der terminologisch bei Lorenzer so nicht zu finden ist) betont die Bedeutung des Körpers in der Repräsentation unbewusster Erlebensanteile (Spiegler, Beeck & Dörr, 2023).

Um dieses relationale Verhältnis genauer aufzuschlüsseln, bedarf es nunmehr eines schrittweisen Vorgehens. Am Beginn steht die Frage, wie genau Kinder und Jugendliche mit psychosozialen Beeinträchtigungen die innerpsychisch (primär leib-sinnlich) repräsentierten Erfahrungen in die pädagogische Beziehung einbringen. Dabei lässt sich herausarbeiten, wie wirkmächtig das Dort-und-Damals im Hier-und-Jetzt ist. In einem zweiten Schritt wird deutlich gemacht, dass sich die Komplexität gleichwohl nur verstehen lässt, wenn der Eigenanteil der Erwachsenen respektive Fachkräfte nicht vernachlässigt wird.

Ausgangspunkt ist ein bis hierhin schon gut ausgearbeiteter Kerngedanke: Nur im Verhalten können psychosozial beeinträchtigte Kinder und Jugendliche ihre Erfahrungen und die damit verbundenen Erlebensmuster in die aktuelle Beziehung einbringen, weil Worte fast regelhaft nicht zur Verfügung stehen. Désbien und Gagné (2007) zeigen auf der Basis einer intensiven Aktenanalyse und mit Bezug auf interdisziplinäre Theoriebestände auf, dass frühkindliche und adoleszente Erfahrungen und deren Verinnerlichung mit spezifischen Verhaltensprofilen in Verbindung stehen, wenngleich selbstverständlich jeder Einzelfall genau geprüft werden muss.

---

3 Selbstverständlich handelt es sich nicht wirklich um separate Beziehungsanteile. Vielmehr sind diese Anteile ineinander verschränkt und durch eine Gleichzeitigkeit geprägt. Gleichwohl geht es hier darum, diese unterschiedlichen Aspekte einer pädagogischen Beziehung etwas schematisch voneinander zu trennen, um die Vielschichtigkeit derselben aufzeigen zu können.

Wie kann man sich dieses Wechselspiel aus Erfahrung, Erleben und Verhalten nunmehr theoriegeleitet erklären? Insbesondere hoch verletzende relationale und soziale Erfahrungen haben zumeist die Eigenschaft, nicht innerpsychisch integrierbar zu sein (Zimmermann, 2024). Die sich darauf beziehenden Repräsentanzen sind also nicht symbolisiert, müssen abgewehrt werden und prägen das Erleben umso wirkmächtiger. Mit der Traumatheorie konnte dargelegt werden, dass besonders Extremerfahrungen wie sexualisierte und physische Gewalt, Vernachlässigung und scheiternde Mentalisierung so bedrohlich und überwältigend sind, dass sie – von anderen Erfahrungen abgespalten und genau deshalb so wirkmächtig – häufig von der bewussten Reflexion ausgeschlossen bleiben. Ebenso jedoch sind es die sozialen Erfahrungen von z. B. Armut, Flucht oder Stereotypisierung aufgrund psychiatrischer Diagnosen, die zwar nicht-linear, aber eben doch unhintergehbar Niederschlag in der (unbewussten) Innenwelt der Subjekte finden.

> »Misshandlung, Missbrauch und Vernachlässigung haben für die betroffenen Kinder eine traumatische Qualität, sie überfordern ihre psychischen Verarbeitungs- und Entwicklungsmöglichkeiten. Ohne die Erfahrungen, sich auf Pflegepersonen verlassen zu können, erleben sie exzessive Angst, Wut und Bedürfnisse nach Zuwendung« (Pav, 2016, S. 83).

Die innere Welt des Menschen und somit die stets affektiv geprägten Interaktionsformen werden nunmehr nicht zufällig in Verhaltensweisen überführt. Bereits in Kapitel 1 (▶ Kap. 1) wurde darauf verwiesen, dass die Reinszenierung (dies entspricht dem Ausdruck von un- und vorbewussten Erlebensmustern durch das Verhalten) stets als Lösungsversuch zu verstehen ist. Dies gilt nun ganz besonders in der generativen Beziehung. Durch den Verhaltensausdruck zielt das Subjekt darauf, nicht gänzlich allein mit den unaushaltbaren Affekten zu sein und damit zugleich auf eine korrigierende Beziehungserfahrung. Psychoanalytisch lässt sich dieser Wunsch als Containment charakterisieren, worauf weiter unten noch eingegangen wird (Mertens, 2018, S. 41). Die fehlende oder fragmentierte Erinnerungsfähigkeit bringt es mit sich, dass Extremerfahrungen, nicht selten mit traumatischem Charakter, im Hier-und-Jetzt meist verfremdet auftauchen, zwar z. T. durchaus über Sprache, aber eben in verschleiernder, oft auch das Erleben ins Gegenteil verkehrender Art und Weise. So kann der Satz »Ihr seid mir alle scheißegal!« eben gerade für ein hoch ausgeprägtes Nähebedürfnis stehen, das aber kaum aushaltbar ist, weil es zugleich auf den extremen Schmerz verweist, den die zahlreichen Zurückweisungen erzeugt haben.

Wenn aber der Verhaltensausdruck doch eigentlich auf den Schutz des Selbst, einen Lösungsversuch und damit so etwas wie die Selbstaktualisierung zielt, wie lässt sich dann das Destruktive, nicht selten auch Selbstzerstörerische im Verhalten erklären? Aus psychoanalytisch-pädagogischer Perspektive besteht ein erster zielführender Gedankengang darin, dass die aus der hoch belastenden sozialen Erfahrung stammenden Verinnerlichungen (die eben zerstörerischen Charakter tragen) zunächst Ausdruck finden müssen. Schließlich können der hinter jenem Ausdruck stehende Wunsch und das Bedürfnis nach einer korrigierenden Beziehungserfahrung überhaupt nur auf diesem Weg befriedigt werden (Neudecker, 2019)[4]. Denn würden Scham, Wut oder Verzweiflung nicht über das Verhalten ausgedrückt, wie sollten hoch belastete Menschen dann in der Lage sein zu spüren, ob sie sich auf ihr pädagogisches Gegenüber verlassen können? Die Annahme, dass einerseits das Erlittene im Verhalten ausgedrückt wird und andererseits der Wunsch nach etwas Korrigierendem vorliegt, widersprechen sich also nicht: Auch im scheinbar destruktiven, störenden, aggressiven oder zurückgezogenen Verhalten steckt das Bedürfnis nach einer positiven emotionalen Erfahrung. Jedoch ist diese eben überhaupt nur erlebbar, wenn die generativ Anderen (also die Erwachsenen) im Hier und Jetzt anders auf die über das Verhalten sich repräsentierende Innenwelt reagieren als frühere Beziehungspersonen.

Gleichwohl führt das sich auf die überwältigenden Vorerfahrungen beziehende Verhalten die (jungen) Menschen nicht selten in relationale Kontexte, in denen sie erneut missbrauchende, gewalttätige oder vernachlässigende Erfahrungen machen: »Auf der Suche nach Halt und Orientierung außerhalb der Familie geraten sie in neue, jedoch bereits vertraute Missbrauchs- und Misshandlungssituationen, ob als Opfer oder als Täter« (Streeck-Fischer, 2004, S. 21). Pädagogisch haben neben den sich teils wiederholenden Ausgrenzungs- und Gewalterfahrungen wiederkehrende Beziehungsabbrüche eine besondere Bedeutung: Vielfach dominiert bei Kindern und Jugendlichen mit hoch belastenden Erfahrungen bereits innerpsychisch die Angst, es komme früher oder später wieder zu einem Verlust und damit zu einer Vertrauensbeschädigung (Müller, 2017). In subjektlogischer Art und Weise wird dieser Verlust dann selbst aggressiv als ein unbewusst agierter Lösungsversuch des Kindes oder Jugendlichen herbei-

---

4 Es ist anzumerken, dass sich Neudecker hier mit einem komplexen psychoanalytischen Konzept befasst, das nicht bruchlos in die Pädagogik übertragbar ist. In der vorliegenden Publikation wird der Begriff der korrigierenden Erfahrung in einem allgemeineren Sinn der alternativen und somit eben auch korrigierenden Erfahrung, geprägt durch Verlässlichkeit, Transparenz und Reflexion, genutzt.

geführt, um dem Abbruch der Beziehung nicht wiederum hilflos ausgeliefert zu sein (Herz & Zimmermann, 2024).

Ein zweiter Gedankengang, der gleichsam eng verschränkt mit ersterem ist, bezieht sich auf das extrem Bedrohliche der unbewusst gewordenen Affekte. Weil jene so bedrohlich sind, zielt der Mensch darauf, die Affekte vom Bewusstsein fernzuhalten. Wird nunmehr eine potentiell gute, positive Beziehungserfahrung (z. B. mit der pädagogischen Fachkraft) gemacht, bringt diese das Kind oder die/den Jugendlichen mit den ins Unbewusste verdrängten Affekten der Angst, Scham oder anderen in Kontakt (Datler & Wininger, 2018, 324 f.). Das Verdrängte wird zumindest diffus wieder spürbar und zwar genau *aufgrund* der guten Beziehungserfahrung im Hier und Jetzt. Eine korrigierende Erfahrung macht also immer auch den Schutzwall zu den tief im Unbewussten vergrabenen Affekten porös. In einer ebenfalls unbewussten Reaktion zeigt das Kind deshalb Verhaltensweisen, die eigentlich der tief verinnerlichten Beziehungskonstellation (mithin der hoch belastenden) entsprechen und nicht der aktuellen. Und hier kommt noch ein weiterer Aspekt ins Spiel: Neben der Bedrohung, mit kaum aushaltbaren Grundaffekten der Scham, des Ekels oder der Vernichtungsangst in Kontakt zu kommen, gefährdete das Einlassen auf eine gute Beziehung im Hier-und-Jetzt auch die fragile Vorstellung einer irgendwie doch noch guten Beziehung zu den primären Beziehungspersonen (wenn diese, wie häufig, Mitauslöser der unaushaltbaren Affekte waren). Denn wird innerlich zugelassen oder sogar anerkannt, dass die pädagogisch-generative Beziehung (z. B. in der Wohngruppe oder in der Schule) stabil, verlässlich und vielleicht sogar verstehend ist, wird dadurch spürbar, dass die primäre generative Beziehung all diese Merkmale nicht trägt. Das ist angesichts des bindungstheoretisch oder psychoanalytisch begründbaren Wunschs nach Sicherheit und Anerkennung in den primären Beziehungen für viele Kinder und Jugendliche kaum erträglich. Pädagogisch kann es darauf nur zwei miteinander verschränkte Antworten geben: Anerkennung dessen, wie schwer (und zugleich wichtig!) es sein muss, Anteile der hoch verletzenden Erfahrung zu spüren und ebenso eine ausgeprägte Verlässlichkeit im Hier-und-Jetzt. Damit steht die pädagogische Beziehung wiederum im positiven Sinne für das Gegenteil dessen, was Hirsch (2004, S. 55) mit Bezug auf Ferenczi (1939) als Kernmerkmale der traumatischen familiären Beziehung ausmacht:

> »Das Leugnen des Erwachsenen, die Nichtanerkennung der (affektiven) Qualität des Geschehenen, die Weigerung der Auseinandersetzung damit.«

Die hier vorgestellten Psychodynamiken führen nun zwangsläufig zu einer starken emotionalen Involviertheit der Erwachsenen. Aufgrund des generativen Charakters (▶ Kap. 1.7) der Beziehung und institutioneller Zwänge fällt es Fachkräften oftmals schwer, beispielsweise ein extrem unterrichtsstörendes Verhalten als ›Überlebensstrategie‹ und als das Ergebnis der bisherigen Lebensumwelt eines Kindes oder Jugendlichen zu verstehen. In konflikthaften Beziehungskonstellationen im Unterricht, vor allem bei massiven Macht-Ohnmacht-Eskalationen, entsteht eine komplexe Interaktionsdynamik von Übertragung, Gegenübertragung sowie Abwehr eigener Gefühle der Hilflosigkeit oder Beschämung auf Seiten der Pädagog:innen (Dörr, 2010). Das heißt: Das, was theoretisch gut erklärbar ist, ist in der pädagogischen Praxis häufig schwer aushaltbar.

Der Leitgedanke einer gemeinsamen Reinszenierung geht jedoch noch darüber hinaus und nimmt die pädagogischen Fachkräfte selbst in den Blick. In Kapitel 1 (▶ Kap. 1) wurde bereits darauf hingewiesen, dass die Trennung von »Übertragung« und »Gegenübertragung« unscharf ist. Die Idee, die nicht selten schwer aushaltbaren Verhaltensinszenierungen gingen immer von den belasteten Kindern und Jugendlichen aus, spiegelt eher generative Machtverhältnisse, nicht aber die pädagogische Realität. Beispielhaft für eine solche reduktionistische Perspektive steht ein Satz bei Pav (2016, S. 151) in einem Buch über die stationäre Jugendhilfe:

> »Angesichts der frühen Erfahrungen behandlungsbedürftiger Jugendlicher ist demnach mit einer Wiederholung manipulativer, entwertender, missbräuchlicher und gewalttätiger Beziehungsmuster zu rechnen.«

Wer aber sagt, dass die manipulativen, entwertenden und auch gewalttätigen Beziehungsmuster nicht auch von pädagogischen Fachkräften ausgehen respektive von Strukturlogiken permanent hervorgerufen werden? Der institutionelle und professionelle Anteil an Krisen und Eskalationen bleibt in Fallverstehensprozessen, aber auch in zahlreichen Publikationen unausgeleuchtet. Von Freyberg und Wolff (2005, 2006) haben in intensiven Interaktionsstudien, die die Settings Schule und Jugendhilfe einbeziehen, offengelegt, wie wirkmächtig zwar die Verhaltensweisen der Kinder und Jugendlichen für das Beziehungsgeschehen, wie bedeutsam aber zugleich fehlende Reflexion und institutionelle Verantwortungslosigkeit für scheiternde Beziehungsprozesse sind. Mit Hilfe tiefenhermeneutischer Untersuchungen im Jugendstrafvollzug unter Leitung des Autors (Zimmermann, 2022) konnte gezeigt werden, dass Wünsche und Bedürfnisse von jungen Inhaftierten und Mitarbeitenden häufig in eine Kollusion geraten. In der pädagogischen Praxis ist es demnach häufig unklar, von wem eine bestimmte Reinszenierung ausging und wer affektiv und in der Folge auch handelnd darauf reagiert. In der Realität der generativen Beziehung handelt es sich um ein komplexes Miteinander von Übertragungen durch Fachkräfte, den Nöten und dem entsprechenden Verhaltensausdruck von Seiten der Kinder und Jugendlichen und institutioneller Aspekte (Gerspach, 2018, S. 199 f.).

In Kapitel 3 (▶ Kap. 3) werden die Bedeutung und Möglichkeiten professioneller (Selbst-)Reflexion diskutiert. Hier bleibt zunächst einmal festzuhalten, dass die Reinszenierung von Belastungserfahrungen ein gemeinsames und geteiltes Beziehungsgeschehen ist. Dies lässt sich an einer schulischen Interaktion womöglich recht plausibel illustrieren. Im Satz »Wenn du weiter störst, musst du die Klasse verlassen!« steckt auf sprachsymbolischer Ebene die Sanktionierung eines gegen die schulische Norm gerichteten Fehlverhaltens, womöglich zusätzlich der Wunsch nach Bestrafung sowie Schutz der restlichen Lerngruppe. Sinnlich-symbolisch könnte eine erlebte Abwertung der Lehrkraft vermutet werden, die sich als innere Anspannung äußert und auf die mit machtvoller Grenzsetzung gegenüber dem diese Anspannung auslösenden Schüler reagiert wird. (Leib-)sinnlich repräsentiert dieses Miteinander womöglich Erfahrungen des Ignoriert-Werdens der Lehrkraft (als Kind), die sich (exemplarisch) in der körperlichen Verkrampfung äußern könnten und den Wunsch nach Ausschluss und Vernichtung dieser Gefahr bedingen. Letzterer Anteil jedoch bleibt auch bei differenzierterer Reflexion des Erlebens der Beteiligten meist verschlossen und kann nicht als solches beobachtet werden. In ähnlicher Weise ließen sich die unterschiedlich repräsentierten Interaktionsformen auch auf Seiten des Schülers unterscheiden.

Pädagogische Dynamik entfaltet sich – hier noch unter Ausklammerung der Dimension »Gruppe« – demnach in einem Zwischenraum zwischen Dort-und-Damals und Hier-und-Jetzt. Mit Recht weist Jensen (2024) darauf hin, dass eine solche holistische Perspektive im pädagogischen (wie auch im psychologischen) Diskurs unterausgeleuchtet ist. Die allgemeine Entwicklungspsychologie, die Lerntheorie oder auch die neueren Perspektiven der »Positiven Psychologie« (Gable & Haidt, 2005) bieten nur begrenzte und häufig in diskursive Sackgassen führende Antworten auf die virulenten pädagogischen Fragen. Hinzufügen ließe sich, dass letztere an vielen Stellen der Bildungsforschung sogar ganz bewusst ignoriert werden. Die dort popularisierten Leitgedanken, etwa jener der Selbstwirksamkeit (Schwarzer & Jerusalem, 2002) lassen sich unter Einbezug der Tiefendimension des Erlebens kaum aufrecht erhalten oder müssten zumindest in ihrer eingeschränkten Perspektive auf menschliches Sein diskutiert werden. Denn bei ihnen geht es ausschließlich darum, kognitiv (d. h. sprachsymbolisch) das Miteinander im Hier-und-Jetzt so zu deuten, dass es als bewältig- und steuerbar gelesen wird. Ob dies dann mit den sinnlichen Interaktionsformen konkordant, ambivalent oder gegensätzlich ist, scheint vor dem Hintergrund dieser behavioristisch orientierten Weltvorstellung von keiner oder zu vernachlässigender Relevanz zu sein.

2.2 Generatives Beziehungsgeschehen als trianguläres Geschehen

In einer international orientierten Überblicksarbeit zu pädagogischen Beziehungen stellt Wentzel (2010, S. 76) heraus, dass ein Großteil der Arbeiten zur Lehrkraft-Schüler:innen-Beziehung sich auf die »affective quality on teacher-student-relationships« beziehe und dabei bindungstheoretische Theoriefiguren dominierten. Beziehungen und deren Qualität definierten sich dieser Fokussierung folgend über Aspekte der emotionalen Wahrnehmung und Versorgung, wobei »affective« trotz der Wortwahl nicht für eine sinnliche-unmittelbare (unbewusste) Dimension des Emotionalen, sondern i. d. R. für spezifisches beobachtbares Verhalten steht. Die Nähe zur Bindungstheorie ergibt sich in den meisten der dort rezipierten Studien genau daraus: Vorab definierte Verhaltensweisen werden als Beziehungsqualität operationalisiert und deren Vorhandensein wissenschaftlich erhoben. Vösgen, Bolz, Casale, Hennemann und Leidig (2023, S. 106) umreißen jene Perspektive auf Beziehungen folgendermaßen:

> »Die individuellen Merkmale der Akteur:innen wirken sich auf die wechselseitigen Interaktionen zwischen beiden aus. Durch regelmäßig stattfindende Interaktionen entstehen auf Seiten beider Partner:innen Beziehungsrepräsentationen, die über den unmittelbaren Interaktionsmoment hinaus in mentale Prozesse internalisiert werden. Sie umfassen mit den Interaktionen verknüpfte Erinnerungen und Emotionen sowie sich daraus entwickelnde Erwartungen und Überzeugungen mit Blick auf sich selbst, den Anderen und die Selbst-Andere-Beziehung.«

Kennzeichnend für jene Definition von pädagogischen Beziehungen, die die Autor:innen als »dyadisch« konzeptualisieren, sind die nachfolgenden Aspekte:

- Es gibt bereits vorhandene Beziehungsvorstellungen der Interaktionspartner:innen, für deren Entstehung jedoch in aller Regel kein ätiologisches Modell (beispielsweise frühe Erfahrungen o. ä.) vorgelegt wird.
- Im Mittelpunkt stehen konkrete, beobachtbare Interaktionen.

2 Trianguläre generative Beziehungen und Gruppendynamik

• Diese führen zu Vorstellungen von sich und anderen, die nicht affektiv gerahmt, sondern als sprachsymbolische »Erwartungen und Überzeugungen« definiert werden.

In einer erweiterten Perspektive verweist Wentzel (2010, S. 78 f.) auch auf den Sozialisationskontext, der die pädagogische Beziehungsqualität mitbestimme. Kernmerkmal jener wissenschaftlichen Perspektive aber bleibt es, dass »Beziehung« als Zwei-Personen-Geschehen gedacht wird. Folgerichtig ließen sich durch zwischenmenschliche Wärme und Vertrauen erhebliche emotionale Belastungen aus der Eltern-Kind-Beziehung korrigieren (Wang, Brinkworth & Eccles, 2013). Vösgen et al. (2023, S. 119) nennen »verhaltensspezifisches Lob«, »positives Feedback« und »ritualisierte gemeinsame Beziehungszeit« als mögliche Interventionen bei Belastungen der »dyadischen« Beziehung. Hinzugefügt werden kann, dass ein »dyadischer« Beziehungsanteil stets durch ein hohes Maß an Diffusität einerseits und Unberechenbarkeit andererseits gekennzeichnet ist.

Eine andere Perspektive nehmen viele Forscher:innen ein, die sich der evidenzbasierten Pädagogik im Bereich der emotionalen und sozialen Entwicklung verpflichtet sehen. Hier stehen »specific instructional, interpersonal, and organizational dimensions« (Roeser, Eccles & Sameroff, 2000, S. 443) im Fokus, womit gemeinsames Tun respektive schulische Strukturen als weitgehend identisch mit Beziehungsqualität definiert werden. Exemplarisch dafür steht der Begriff des Sozial-emotionalen Lernens, der zwar eine Beziehungskompetenz auf Seiten der jungen Menschen anvisiert, jedoch jenseits von Methoden nicht ausbuchstabiert, was genau die pädagogische Beziehung ausmacht, auf deren Basis die Fähigkeiten zu erwerben seien. Hillenbrand (2024, S. 187) schränkt ein, dass die Unterstützung der emotionalen Entwicklung (und damit der Beziehungsfähigkeit) zwar über ein »fundiertes Vorgehen« zu gewährleisten, »keineswegs jedoch durch kurzschlüssigen Einsatz einer bestimmten Technik zu beantworten sei«.

Der Unterschied besteht also darin, dass in diesem Paradigma Beziehung kein (weitgehend unplanbares) dyadisches Geschehen ist, sondern ein als wissenschaftlich fundiert betrachtetes Förderkonzept den Rahmen für die pädagogische Beziehung bildet. Es könnte etwas vereinfacht abgeleitet werden, dass ein dyadischer, auf die Diffusität verweisender Beziehungsbegriff durch einen von Zielvorstellungen auf der Kompetenzebene und den diesen vorausgehenden Aktivitäten abgelöst wird. Insofern kann hier von einem triangulären Geschehen zwischen den beiden Beziehungspersonen und etwas Drittem, dem Förderkonzept, gesprochen werden. Es könnte jedoch sein, dass sich die nunmehr skizzierten unterschiedlichen Perspektiven in der pädagogischen Praxis weitgehend angleichen. Auch die »dyadische« und die Bindungsorientierung arbeiten teilweise mit behavioristischen Handlungsmanualen (s. o.) respektive an »Mustern« orientierten Maximen (Julius, Uvnäs-Moberg & Ragnarsson, 2020). Gleichzeitig lässt sich aus der Perspektive der evidenzbasierten Pädagogik Beziehung nicht auf das bloße Ergebnis didaktischer und fördernder Methoden reduzieren, sondern bleibt ein eigenständiges, kontextabhängiges Phänomen.

Beide hier vorgestellten Perspektiven können im weiteren Sinne als kognitiv-behavioral orientiert katalogisiert werden; der Fokus liegt auf beobachtbaren respektive erfragbaren relationalen Phänomenen. Die Analyse der Tiefendimension von pädagogischen Beziehungen hingegen ist Kernexpertise der psychoanalytisch orientierten Pädagogik:

> »Das psychoanalytische Interesse sucht hinter der ›dinglichen‹ Ebene der unmittelbar beobachtbaren Elemente [...] die ›psychische‹ Ebene, d. h. die dem aktuellen Bewusstsein entzogenen Zuschreibungen, Bedeutungen, Symbole und Vorstellungen über die gemeinsame Situation« (Hierdeis, 2016, S. 119).

Im Sinne dieser Suche nach dem Psychischen kann zunächst der Blick auf den »dyadischen« Beziehungsanteil, wie er oben nach Vösgen et al. (2023) skizziert wurde, ergänzt werden: Neben den unmittelbaren Handlungen sind dieser Perspektive zufolge nicht nur »Erwartungen« und »Überzeugungen« prägend, sondern v. a. die unbewussten Beziehungsrepräsentanzen und damit verbundene Ängste, Nöte und Bedürfnisse. Im Kontext stark belasteter Übertragungs- und Projektionsdynamiken (▶ Kap. 1.4) sind die diffusen, dyadischen Anteile einer generativen Beziehung stets von intensiven affektiven Spannungen geprägt. Zwar zeigen die jungen Menschen mit ihrem Verhalten ihre Bedürfnisse, Ängste und Nöte, aber eine stabile und transparente pädagogische Antwort kann aufgrund der extremen Fragilität der verinnerlichten Beziehungsvorstellungen noch nicht ausgehalten werden (Zimmermann, 2024). Die Qualität der dyadischen Beziehung zeigt sich aus Perspektive der psychoanalytischen Pädagogik gerade nicht in »verhaltensspezifischem Lob« (s. o.) oder Ähnlichem. Sie lässt sich nur auf der Basis von intensiver Reflexion, Spürfähigkeit und dahinterliegender Selbstreflexion beschreiben.

Ebenfalls lässt sich der Blick auf die triadische Struktur psychoanalytisch-pädagogisch präzisieren: Es bedarf nicht irgendeines gemeinsamen Dritten, sondern einer Aufgabe oder eines Rahmens, zu dem die Beziehungspersonen im emotionalen Kontakt sind. Hierdeis (2016, S. 118) geht davon aus, dass dieser Rahmen im institutionellen Kontext der Schule im Unterricht zu finden sei:

2 Trianguläre generative Beziehungen und Gruppendynamik

»Das entscheidende Handlungsfeld der Beziehung ist weniger das Schulleben als der Unterricht; ihr zentrales Thema sind die dem Kulturtransfer und der Qualifikation dienenden Vermittlungs- und Lernprozesse.«

Jene Vermittlungs- und Lernprozesse, so der Autor (ebd., S. 119), gelängen dann, wenn die gemeinsame Aufgabe affektiv besetzt werde und somit Übertragungen nicht nur im dyadischen Miteinander, sondern in der komplexen triadischen Realität stattfinden können. Das bedeutet, Beziehungsbedürfnisse, aber auch Ängste vor Nähe werden über die gemeinsame Aufgabe, deren Bewältigung und den Aufgaben inhärente Grenzsetzungen (weil nicht alles sofort lösbar ist) moduliert. Der dyadische Beziehungsanteil wird dadurch zumindest partiell entlastet. Die Qualität eines solchen affektiven Beziehungsdreiecks, z. B. in Kontakt mit der gemeinsam zu bewältigenden Aufgabe, entscheidet über die Entwicklungsmöglichkeiten von (psychosozial beeinträchtigten) Kindern und Jugendlichen (Reiser, 2016). Hechler (2016, S. 197–201) argumentiert in ähnlicher Art und Weise und präzisiert, dass die jungen Menschen aufgrund ihrer verschiedenen Bedürfnisse in unterschiedlicher Weise mit den Gegenständen und den erwachsenen Personen in Beziehung gehen. Der innerpsychische Kontakt der erwachsenen Person mit der eigenen Aufgabe ist wiederum die Grundbedingung für die Entwicklung eines »epistemischen Vertrauens« in der professionellen Beziehung, welches aus mentalisierungstheoretischer Sicht nicht nur in frühen, sondern auch in pädagogisch-generativer Relationalität anzustreben ist (Gingelmaier, Schwarzer, Nolte & Fonagy, 2021). Ebenfalls anschlussfähig an diese Überlegungen ist die Theoriefigur des Übergangsobjekts (Winnicott, 1968). Damit wird belegt, dass das kleine Kind (und analog auch das größere, emotional belastete Kind) eine innerpsychische Beziehungsrealität nicht aus sich selbst heraus herstellen kann, sondern nur über den Kontakt mit einem haptisch spürbaren Objekt (also etwas Drittem in der Beziehung). Nicht umsonst ist es für viele hoch belastete Kinder und Jugendliche wichtig, gemeinsam mit Lehrkräften, Erzieher:innen oder Begleiter:innen ein gemeinsames Produkt herzustellen. Dies hilft, temporäre Trennungen erträglich zu gestalten und die Beziehungsperson psychisch präsent zu halten.

Aus einem solchen triadischen Verständnis von pädagogischen Beziehungen lassen sich erste Rückschlüsse auf den Unterricht ableiten, die in Kapitel 5 (▶ Kap. 5) genauer ausbuchstabiert werden. Mit Bezug auf Husslein (1983) betonen Stein und Stein (2020, S. 96), dass der Schulunterricht möglichst frei von emotionalen Belastungen sein solle. Ausgehend von obenstehender Argumentation könnte gleichwohl auch anders argumentiert werden: Die wesentlich über den Gegenstand gestaltete Beziehung ermöglicht eine häufig nicht auf Sprache angewiesene Auseinandersetzung mit zentralen Lebensthemen, zu denen selbstverständlich auch die belastenden gehören. Auch Combe, Paseka und Keller-Schneider (2018, S. 71) betonen, dass im Rahmen eines definitorisch krisenhaften Lernprozesses Anschlüsse an die Lebenswelt der Beteiligten und deren Denkmuster gefunden werden müssen, was eher den Umgang mit emotionalen Belastungen als deren Vermeidung in den Fokus rückt. Das trianguläre Geschehen Kind/Jugendliche:r – Erwachsene:r – Gegenstand wird also als notwendige Krise im Bildungsprozess definiert, die innere Autonomie und erweitertes Wissen zugleich hervorruft. Gleichwohl argumentieren letztere Autor:innen bildungstheoretisch und nicht mit einem fachspezifischen Blick auf die Gruppe hochbelasteter Kinder und Jugendlicher. Denn zweifelsohne ist die Herstellung eines schulischen Raums, in dem die Lehrkraft selbst als »Kriseninduzierer« (ebd., S. 69) auftreten kann, ohne die psychische Stabilität der Kinder und Jugendlichen zu gefährden, extrem voraussetzungsvoll, wenn Schüler:innen derart hohe und vielfach überwältigende Belastungen in die Schule mitbringen. Gerade deshalb gilt auch hier: Generative Beziehung wird wesentlich über das richtige Maß an »Krise« in der Auseinandersetzung mit dem Unterrichtsgegenstand gestaltet, nicht durch eine Trennung von Beziehungsarbeit und Unterricht. Im Unterschied zur direkten Ansprache wie etwa im Life-Space-Interview nach Fritz Redl (1971/1987) ermöglicht die Orientierung am triangulären Geschehen eine angstreduzierte und damit bewältigbare Auseinandersetzung mit inneren und äußeren Konflikten.

Abschließend lässt sich das Wechselspiel aus dyadischen (intimen, diffusen) und triadischen (tendenziell strukturierten, an Aufgaben orientierten) Beziehungsanteilen auch über das unhintergehbare Miteinander von Nähe und Distanz in der pädagogischen Beziehung ausbuchstabieren (Dörr, 2017). Aus einer psychoanalytisch-pädagogischen Sicht stehen die diffusen, interpersonalen Anteile für die Bedeutung professioneller Nähe. So lässt sich eine Lehrkraft beispielsweise am Morgen auf den Körperausdruck und die Worte eines Schülers ein, um situativ Belastungen und Chancen der Beziehung zu erspüren, womit Nähe und Intimität nicht nur Kernmerkmal, sondern auch Notwendigkeit der professionellen Relationalität sind. Die gemeinsame Bewältigung der Aufgabe hingegen steht stärker für das Sachliche, Distanzierte der Beziehung. Lernt ein Kind Schreiben und wird von der Lehrkraft unterstützt, so formt das Schreiblernkonzept diese Beziehung. Diese »doppelte Strukturlogik« (Müller, 2012, S. 146) von Diffusität und Nähe einerseits und Rollenförmigkeit und Distanz anderseits prägt jede generative Beziehung im pädagogischen Kontext.

2.3 Gruppendynamische Überlegungen

Gruppendynamische Überlegungen spielen in vielen Publikationen zur pädagogischen Beziehung eine untergeordnete Rolle. Vielmehr wird hauptsächlich auf das Zwei-Personen-Geschehen oder aber ein (didaktisches) Vermittlungsdreieck rekurriert. Das emotionale Gruppengeschehen wird zwar manchmal erwähnt, aber selten genauer in den Blick genommen. Diese Hypothese lässt sich noch einmal unterstreichen, wenn spezifisch auf die Pädagogik bei psychosozialen Beeinträchtigungen Bezug genommen wird. Liest man die Abstracts der Beiträge der ersten sechs Jahre der einschlägigen Jahresschrift »ESE. Emotionale und Soziale Entwicklung in der Pädagogik der Erziehungshilfe und bei Verhaltensstörungen« (2019–2024), so lässt sich kein einziger Beitrag dazu finden, der sich dezidiert und theorie- oder empiriegeleitet mit dem Gruppengeschehen befasst. Überaus deutlich wird eine Folge dieser Leerstelle auf didaktischer Ebene: Die von Müller (2021, S. 134–154) vorgestellten didaktischen Konzepte beruhen zwar auf ganz unterschiedlichen Basistheorien (Lerntheorie, Psychoanalyse u. a.); gemeinsam aber ist ihnen, dass Bildung und Erziehung über innere Prozesse der/des Schüler:in sowie über im Zwei-Personen-Geschehen gedachte Beziehungsarbeit konzeptualisiert wird. Zudem lässt sich aus empirischen Analysen ableiten, dass die Vereinzelung im Bildungs- und Erziehungsgeschehen noch zunimmt, je separierender die Schul- oder Wohnform ist. Kinder und Jugendliche werden in diesen Institutionen von den Fachkräften vielfach als so belastend und regressiv beschrieben, dass die erhoffte Entwicklung nur im Zwei-Personen-Geschehen denkbar sei. Exemplarisch lässt sich dies für die Schule im Jugendstrafvollzug (Zimmermann, 2022, S. 55–68) sowie für sonderpädagogische Kleinklassen herausarbeiten (Zimmermann, 2023). Häufig wird dies folgendermaßen begründet:

> »Entwicklungsdefizite in diesem Bereich (sozialer Bereich, D.Z.) müssen deshalb auch ihren Niederschlag in strukturellen Bereichen finden; allen voran in der Gruppengröße und Gruppenzusammensetzung einer Lerngemeinschaft« (Bleher & Hoanzl, 2018, S. 95).

Dies ist sicherlich richtig, wenngleich deutlich sein muss, dass kleinere Klassen und Gruppen nicht automatisch zu gelingenderen pädagogischen Prozessen führen. Herz (2016) konstatiert, dass mit der zunehmenden Anzahl der Erwachsenen im Klassenraum – nicht umfänglich ausgebildete Paraprofessionelle – in nicht wenigen Fällen die Qualität der Beziehungsarbeit sinkt, zugleich aber der Fokus gänzlich auf die Bedürfnisse der Erwachsenen gelenkt wird. Für die Gestaltung des Gruppengeschehens zwischen den Kindern oder Jugendlichen bleibt dabei häufig kaum Raum (Schroeder, 2022, S. 237). Und dort, wo die größte Anzahl von Erwachsenen im Raum ist, in den Förder- und Klinikschulen sowie in Kleinklassen, ist die Anzahl der Kinder und Jugendlichen meist am geringsten. Ein hilfreiches Miteinander am (heterogenen) Gruppengeschehen ist so oft kaum noch möglich.

Diesen deskriptiven und empirischen Erkenntnissen aus der Praxis steht, soweit ersichtlich, ein eklatanter Mangel an fundierten fachlichen Konzepten zur Seite, die sowohl das Verständnis pädagogischer Gruppendynamik vertiefen als auch deren gezielte Nutzung zur Förderung emotionaler Entwicklung ermöglichen würden. Zwar schreiben Bleher und Hoanzl (2018, S. 88), dass horizontale (also Peer-to-Peer)-Beziehungen wieder stärker in den Blick geraten und dies mag für die Sozialpädagogik auch tatsächlich zumindest anteilig zutreffen. Für den fachlichen Diskurs der Pädagogik bei psychosozialen Beeinträchtigungen mit ihrem primär schulischen Fokus lässt sich dies aktuell so nicht nachzeichnen.

Nun ließe sich einwenden, dass doch gerade die sich der Evidenzbasierung verschreibenden Konzepte der emotional-sozialen Förderung explizit auf das Gruppengeschehen rekurrieren (Hövel, Hennemann & Rietz, 2019). In manchen Fällen, etwa beim Good-Behaviour-Game (KlasseKinderSpiel), ist gedanklich die Entwicklung des einzelnen Kinds und einer Teilgruppe sogar so gekoppelt, dass sowohl Erfolge der Verhaltensänderung als auch Regelübertritte immer Folgen für die gesamte Gruppe haben (Hagen, Hennemann, Hillenbrand, Rietz & Hövel, 2020). Auch wesentliche Aspekte des Classroom Managements widmen sich dem Gruppengeschehen. Ein solcher Einwand ist demnach berechtigt: Im Unterschied zu vielen unterrichtsdidaktischen Ansätzen (Hillenbrand, 2011) setzen jene Förderprogramme durchaus auf den Nutzen, den eine Gruppenzugehörigkeit haben kann. Und dennoch gibt es gute Gründe, an oben aufgestellter Hypothese festzuhalten: Auch oder gerade die evidenzbasierten Konzepte orientieren sich zwar an einem Gruppengeschehen, verfügen aber über kein theoriegeleitetes Verständnis von Gruppendynamik. So werden die psychosozialen Faktoren für Teilhabe und Ausgrenzung nicht oder nur sehr allgemein analysiert. Eine ausführlichere Diskussion der Chancen und Grenzen des Classroom Managements und des ihm inhärenten Theoriedefizits findet in Kapitel 4 (▶ Kap. 4) statt.

In der Folge sollen deshalb zunächst einige zentrale Aspekte der Gruppenpsychologie aufgegriffen und auf die Teilhabe von jungen Menschen mit erheblichen psychosozialen Beeinträchtigungen bezogen werden.

Gruppen dienen in dieser Perspektive der Herausbildung eines »Wir-Gefühls« (Schäfers, 2006, S. 131), was nicht nur zu einer Abgrenzung vom Außen, also von anderen Gruppen führt, sondern ganz wesentlich mit der Selbstidentifikation der Individuen als Teil einer Gruppe verbunden ist. »Zur Herausbildung der menschlichen Sozialnatur bedarf es relativ kleiner Gruppen, in denen Intimität und Intensität des Erlebens und der Wert- und Normvermittlung gewährleistet sind« (ebd., S. 134). Jene Aussage ist wohl in allererster Linie auf die genuine Primärgruppe gemünzt, die Familie. Folgt man der Argumentation im Zitat, kann es also bei Weitem nicht in jeder primären Sozialisation gelingen, eine »menschliche Sozialnatur« in förderlicher Art und Weise auszubilden. Unter den Bedingungen sozialer Deprivation, Diskriminierung, ebenso jedoch bei vorherrschender Gewalt und emotionaler Vernachlässigung ist eine haltende Form von Intimität und emotionaler Intensität kaum gestalt- und umsetzbar. Herz (2023, S. 46) konstatiert folgerichtig mit Bezug auf den Prognos-Zukunftsatlas: »Heranwachsende in prekären Lebenslagen haben ein 3,5-fach erhöhtes Risiko für psychische Auffälligkeiten.«

Die Frage, ob Kinder und Jugendliche also eine zur positiven Identitätsentwicklung beitragende Primärgruppensozialisation erleben, ist maßgeblich an innerfamiliäre und zugleich an soziale Bedingungen dieser Sozialisation gekoppelt. Dies bedeutet auch, dass der Blick auf primäre Sozialisationsprozesse in Gruppen keinesfalls bei der innerfamiliären Dynamik stehenbleiben darf.

Mit diesen Grunderfahrungen von Gruppe kommen Kinder und Jugendliche ebenso wie mit ihren ganz individuellen relationalen Erfahrungen in pädagogische Settings und erleben dort wiederum Gruppen sowie eine Gruppenleitung durch pädagogische Fachkräfte. Rauh (2003, S. 81) spricht aus psychoanalytisch-pädagogischer Perspektive davon, dass die Schulklasse zwar Zwangscharakter habe, aufgrund der Häufigkeit der Begegnung und der räumlichen Nähe gleichwohl »Primärgruppencharakter« bekommen könne. Damit liegt nahe, dass die pädagogische Gruppe, besonders Wohngruppen und Schulklassen, gerade für psychosozial beeinträchtigte Kinder und Jugendliche eine sehr bedeutsame Sozialisationsinstanz sind. »Umgekehrt liegt es auf der Hand, dass eine erlebte Ablehnung und Ausgrenzung ähnlich wie in der Familie eine Erschütterung und Infragestellung des Selbst bewirken kann« (ebd., S. 83).

Pädagogische Ideen zur Gestaltung und Förderung von Gruppenprozessen setzen vielfach an der Idee einer zumindest anteilig vorhandenen »Gruppenkohäsion« (Stürmer & Siem, 2020, S. 12) an. Laut dieser Theorie orientieren sich Mitglieder mit zunächst abweichenden Normen oder großer Unsicherheit an sozialen Bezugspersonen und deren Verhalten innerhalb der Gruppe, da sie sich mit der Gemeinschaft identifizierten. Dem liegt eine an kognitiver Psychologie orientierte Annahme zugrunde (»rational choice«), nach der die Mitglieder einer Gruppe Entscheidungen über ihr Verhalten so treffen, dass es ihrem Ziel nach Mitgliedschaft und Anerkennung in der Gruppe entspricht (ebd., S. 15). Genau dieser Gedanke spiegelt sich in zahlreichen Förderkonzepten wie exemplarisch dem Good-Behaviour-Game. So sollen sich Kinder mit Problemen in der Konzentration oder im Verhalten an den anderen Gruppenmitgliedern orientieren, weil das Verhaltensziel auch ihrem eigenen Wunsch nach einem gemeinsamen Gruppenerfolg entspräche (Hagen et al., 2020). Hierbei dominiert zudem die Annahme, dass Unterschiede zwischen der Primär- und Sekundärgruppensozialisation im Sinne der »Rational-Choice-Theorie« durch die Entscheidungen der Gruppenmitglieder ausgeglichen werden. Das heißt, ein Kind müsse sich dieser Idee nach selbst dann für eine Gruppenzugehörigkeit und die damit verbundenen Normen entscheiden, wenn die verinnerlichten sozialen Gruppenerfahrungen das Gegenteil nahelegen. Jene Idee bezieht sich stark auf Gruppenlogiken, bei denen auch die Führungsperson (also häufig die pädagogische Fachkraft) in erheblichem Maße dazu beiträgt, ob ein Gruppenprozess erfolgreich ist oder nicht (Schäfers, 2006, S. 138). Tatsächlich ist die Art und Weise, wie eine Lehrkraft ihre Rolle ausfüllt, beispielsweise im Classroom Management-Konzept überaus entscheidend für ge- oder misslingende Gruppenprozesse (Skiba, Ormiston, Martinez & Cummings, 2016).

Unklar ist hingegen die Bedeutung der Affekte, d.h. mit Bezug auf in Kapitel 1 (▶ Kap. 1) ausgeführte Theorien gerade auch der un- und vorbewussten emotionalen Beteiligungen. Da sich die hinter den Förderkonzepten stehenden Gruppentheorien so stark auf kognitive Entscheidungen fokussieren, scheinen Emotionen, Bedürfnisse, Ziele, die nicht den vorgegebenen entsprechen, meist wenig Raum zu haben (Schäfers, 2006, S. 137). So gilt zuvorderst für hoch belastete Kinder und Jugendliche: Ob deren Verhalten und anvisierte Verhaltensänderungen wirklich »rationalen Entscheidungen« entsprechen, muss mit Blick auf alle psychosoziale Beeinträchtigungen erklärende Theorien kritisch hinterfragt werden. Darüber hinaus aber lässt sich diese Frage auch für die Fachkräfte stellen: Ist deren Verhalten, sind deren Rückmeldungen an die Kinder und Jugendlichen angesichts der wirkmächtigen emotionalen Beteiligungen wirklich ausschließlich rational-kognitiv dominiert?

Mit Blick auf die theoretischen Fundierungen von psychosozialer Beeinträchtigung zeigen sich zusätzlich zwei Problemlagen, die sich nicht rein auf der Basis der klassischen Gruppenpsychologie in der notwendigen Differenziertheit erfassen lassen, sondern einer fachspezifischen Elaboration bedürfen:

Da in den in Förderkonzepten dominierenden Gruppenvorstellungen »verborgene«, genauer un- und vorbewusste Emotionen so wenig Raum haben, sind die Gruppenbeziehungen oft einseitig auf eine Führungsfigur hin orientiert. Oft zeigt sich das handlungspraktisch in Prämierungen oder Strafen, die von den Führungspersonen ausgesprochen werden. Dort, wo Entscheidungen schlichtweg gar nicht mehr »rational« sein können, weil Nöte und Ängste dominieren, bleibt als letzte Orientierung häufig noch der (so ambivalente) Beziehungswunsch zur Leitungsperson. Die Gruppe fällt dann auseinander, wenn die Projektionsfläche der Führungsfigur nicht mehr anwesend ist. So zeigt sich häufig, dass Schulklassen mit einer disziplinierenden (belohnenden, bestrafenden) Führungspersonen vermeintlich gut funktionieren, in deren Abwesenheit aber jede Solidarität und jedes Gruppengefühl zerfällt.

Traumatische oder andere schwer belastende Verinnerlichungen, teils auch aus Erfahrungen in Gruppen stammend, kommen in den hier skizzierten Gruppenmodellen kaum vor. Vielmehr bezieht sich die soziale Kognitionsforschung auf weitgehend bewusste Verarbeitungsprozesse sozialer Erfahrungen und deren Bedeutung für Wahrnehmung und Interpretation von (neuen) Gruppendynamiken (Stürmer & Siem, 2020, S. 18). Es fehlt eine theoretische Auseinandersetzung damit, dass zahlreiche hoch belastete Kinder und Jugendliche in sozialen Gruppen emotional nur zu überleben versuchen, aber keine Idee einer Mitwirkung an der »Gruppenkohärenz« entwickeln können.

Hechler (2018, S. 138–146) orientiert sich in Abgrenzung zu oben skizzierter Gruppenpsychologie an einem gruppendynamischen Modell unter der Annahme, dass auch in Gruppen unbewusste Anteile eine erhebliche Rolle spielen. Etwas vereinfacht dargestellt ist die Gruppe dabei im Spannungsfeld zwischen äußeren Erwartungen (z. B. schulischen Anforderungen, formellen Gruppenzielen) und den Wünschen und Bedürfnissen ihrer Mitglieder angesiedelt. In diesem Kontext entwirft der Autor (ebd., S. 141) ein Eisbergmodell der Gruppeninteraktion: die Sachebene verbindet die Gruppe auf manifester Ebene. Gleichzeitig und oft viel intensiver aber wirken Beziehungskonstellationen innerhalb der Gruppe sowie Psychodynamiken auf das pädagogische Miteinander ein. Aus dem Zusammenspiel aller Ebenen ergeben sich Kernthemen und -konflikte einer Gruppe. Die Gruppenleitung mit ihren bewussten und unbewussten Bedürfnissen ist für die Herausbildung des Gruppenklimas wesentlich mitverantwortlich.

Auch Rauh (2003, S. 87) betont, dass eine Klassengruppe, demnach die innere Struktur einer Schulklasse, eine haltend und zumutend agierende Leitung benötigt. Dies gelte besonders für psychosozial beeinträchtigte

Kinder und Jugendliche, da diese sonst zu einer »fast verschmelzenden Anbindung an eine Gleichaltrigengruppe« (ebd., S. 86) neigten. In ähnlicher Weise lässt sich mit der Mentalisierungstheorie argumentieren. Liegen keine umfänglich ausgebildeten Fähigkeiten bei den Gruppenmitgliedern vor, z. B. aufgrund hoch belasteter relationaler Erfahrungen, kann hinter dem Verhalten der anderen Gruppenmitglieder keine Bedeutung, können keine Wünsche und Bedürfnisse entdeckt werden. In der Folge kann es dann zu erheblichen Problemen kommen, da jede gruppenbezogene Aktivität als extrem beängstigend erlebt wird oder eine reine Unterwerfung unter Gruppennormen stattfindet.

Eine schon etwas ältere, aber nach wie vor aktuelle und genuin psychoanalytisch geprägte Perspektive auf Gruppe stammt von Wilfred Bion (1990). Auch er sieht das Individuum stets in Beziehung zur Gruppe, betont aber die unbewusste Dimension, in der ein Abgleich zwischen Bedürfnissen der Gruppe und der/des Einzelnen geschieht. Daraus ergibt sich bei erheblichen psychosozialen Beeinträchtigungen häufig ein Spannungsfeld: Während die Gruppe beispielsweise auf Autonomie hin orientiert sein kann, legen die Bedürfnisse (die nicht sprachfähig sind) von Gruppenmitgliedern womöglich eine teils extreme Abhängigkeitsbeziehung zur Leitungspersonen nahe. Nicht selten kommt es dann zu (Selbst-)Ausschlüssen oder, wie Rauh schrieb (s. o.), zu Versuchen der Verschmelzung mit Gleichaltrigen, um die eigene Labilität abzuwehren.

Stärker noch als die Gruppe der Kinder und Jugendlichen hat Bion (1990) die Gruppe der Fachkräfte im Blick. Denn auch diese agieren selbstverständlich nicht nur als Individuen. Dies gilt noch einmal mehr in inklusions- oder separierend-sonderpädagogischen Settings, in denen die professionelle Kooperation als Merkmal der Institution fest verankert ist. In gut funktionierenden »Arbeitsgruppen«, die durch emotionale Reife ihrer Mitglieder und die Fähigkeit, reflektiert mit den eigenen Gefühlen umzugehen, gekennzeichnet sind, gelingt es, die so genannte primäre Aufgabe, z. B. den guten Unterricht, nicht aus dem Blick zu verlieren. Führungsfiguren werden in solchen Gruppen nach Qualifikation ausgewählt, zugleich nicht idealisiert, aber auch nicht entwertet (Lazar, 1994, S. 103 f.). Das heißt, in der professionellen Arbeitsgruppe ist es möglich, sich gemeinsam weiterzuentwickeln und (pädagogische) Ideen zu diskutieren. In den von Bion (1990) so genannten Grundannahmengruppen dominiert hingegen entweder der Glaube an einen omnipotenten Führer oder eine Führerin oder die Gruppe befindet sich in ständigem Kampf gegen etwas Äußeres, z. B. die Kinder und Jugendlichen, mit deren Erziehung und Bildung man doch eigentlich beauftragt ist. Dabei ist eine Gruppe nicht zwangsweise entweder eine funktionierende

Arbeits- oder eine Grundannahmengruppe. Eher ist von einem permanenten Konflikt zwischen den progredierenden und den regredierenden Gruppendynamiken auszugehen.

Das Funktionieren der professionellen Gruppe entscheidet, so ließen sich die Bionschen Überlegungen auf die Pädagogik bei psychosozialen Beeinträchtigungen übertragen, ganz wesentlich darüber, ob Kinder und Jugendliche ihrerseits in der Klassen- oder Wohngruppe teilhaben können. Einerseits nimmt dieser Gedanke Bezug auf die Konzeption der Generativität in der pädagogischen Beziehung: Ist eine Fachkraft selbst Teil einer unreifen, auf Spaltung oder Kampf ausgerichteten Gruppe, wird eine reife generative Beziehung gerade zu den psychosozial beeinträchtigten Kindern und Jugendlichen nicht oder kaum möglich sein. Vielmehr dominieren dann die insbesondere aus separierten Settings gut bekannten Kämpfe darum, wer von den Kindern und Jugendlichen am meisten gemocht wird oder wer am vermeintlich konsequentesten bestraft. Andererseits ist in einer Erweiterung des Übertragungsgedankens davon auszugehen, dass Gruppendynamiken in der Klassen- oder Wohngruppe in vielen Fällen jene der professionellen Gruppe adaptieren oder sogar spiegeln. Herrscht zwischen den Kolleg:innen also eine unreife, auf Spaltung und Kampf orientierte Dynamik vor, so wird sich dies in vielen Fällen zwischen den Kindern und Jugendlichen wiederholen.

Vor dem Hintergrund vielfach belasteter Gruppendynamiken, und zwar sowohl in der Klassengruppe als auch in der kollegialen Gruppe, scheint es wenig überraschend, dass Stein und Ellinger (2012, S. 98) zum Ergebnis kommen, dass Kinder und Jugendliche mit emotionalen und sozialen Problemen in heterogenen Gruppen meist zu den Außenseitern gehören und nicht selten entweder »Opfer«- oder »Täterstatus« (oder beides) aufweisen: »Kinder und Jugendliche mit Verhaltensauffälligkeiten gehören in der Regelschule zu den Außenseitern und sind die am meisten abgelehnte und isolierte Gruppe von allen.«

Zu ähnlichen Befunden gelangen in Fallstudien auch Shearman (2003) oder – basierend auf Dokumentenanalysen – Jull (2008). Richtig ist allerdings ebenso, dass sich die soziale Situation von Mitgliedern dieser Gruppe durch eine fundierte professionelle Kooperation und entsprechende Projekte verbessern kann, wie qualitative und kasuistisch orientierte Forschung darlegt (Becker & Prengel, 2016). Es bleibt also gerade mit Blick auf die Gruppenposition hoch belasteter Kinder und Jugendlicher bei zahlreichen empirischen und theoretischen Desiderata. Problematisch ist auch, dass die Debatte über (schulische) Inklusion häufig von ideologischen Positionen geprägt ist –

sei es durch eine unkritische Idealisierung oder eine pauschale Ablehnung. Beides trägt wenig zur Klärung der relevanten Sachfragen bei.

2.4 Das Wechselspiel von Relationalität und globalen Krisen

Es ist aus den bisherigen Überlegungen schon deutlich geworden, dass die emotionale und soziale Entwicklung der Kinder und Jugendlichen eng mit den Bedingungen ihres Aufwachsens im gesellschaftlichen Kontext verbunden ist, wenngleich keine linearen Ableitungen möglich sind. Konkretisieren lässt sich nunmehr, dass auch die generative Beziehung im pädagogischen Kontext eng mit den gesellschaftlichen Zuständen, explizit mit den Krisendynamiken auf unterschiedlichen Ebenen verbunden ist.

Die multiplen Krisenerfahrungen, die ökologische Bedrohung, die Krise der erzwungenen Migration vieler Menschen, die Krise des sozialen Miteinanders und die Krise der Demokratie treffen junge Menschen in sensiblen Entwicklungsphasen. Letztere sind vielfach – noch ohne Bezug zu den globalen Herausforderungen – über zu bewältigende biografische Krisen beschrieben worden (Erikson, 1973). Aus einer psychoanalytischen Sicht sind Phänomene der erhöhten Selbstwahrnehmung, der Selbstüberschätzung oder der Omnipotenzfantasien wie auch der Versagensängste übliche Phänomene dieser Lebensphase (Streeck-Fischer, 2016, S. 324). Jene (unvermeidlichen, aber gleichwohl herausfordernden) biografisch-biologischen Krisen müssen nun unter dem Eindruck der multiplen sozial-ökologischen Krisen bewältigt werden, was nicht selten misslingt (Frühauf, 2023). Die Möglichkeiten für Jugendliche, adoleszente Krisen im Sinne der Transformation von Kultur zu gestalten, sich (selbst) von der erwachsenen Generation zu lösen und soziales Miteinander zumindest anteilig anders zu gestalten, erscheinen vor dem Hintergrund der gegenwärtigen Krisen in erheblichem Maße beeinträchtigt.

Bei einem Teil der jungen Menschen führt dies – in produktiver, psychisch teils dennoch sehr belastender Weise – zu einer hohen Verantwortungsübernahme für die Gesellschaft und die planetare Zukunft. Kessl (2024) spricht mit Bezug auf die Fridays-for-Future-Bewegung von einer »symbolischen Umkehrung des Generationenverhältnisses« und bezieht sich dabei auf die Verantwortungsübernahme der jüngeren Generation für die ältere.

Gleichwohl ist anzumerken, dass sich der Autor dabei auf Aktivist:innen einer sozialen und ökologischen Bewegung bezieht. Deren spezifische (wenngleich hoch heterogene) adoleszente Situation bedürfte einer eigenen Ausarbeitung; Kessl (2024), Frühauf (2023) oder auch Habibi-Kohlen (2023) bieten für eine solche Rekonstruktion von adoleszenten Herausforderungen zwischen Schuldgefühlen und gruppenbezogenem Empowerment gute theoretische Verankerungen an, die weiter diskutiert werden können.

Die durch die großen sozialen und ökologischen Krisen ausgelösten Belastungen von Kindern und Jugendlichen aus ohnehin herausfordernden Sozialisationskontexten werden noch allzu selten genauer empirisch untersucht. Das Deutsche Schulbarometer zeigt, dass sich 8–17-Jährige zahlreiche Sorgen machen, die sowohl globale Krisen (Kriege, Klima) als auch soziale und teils familiäre Themen (Armut) umfassen (Robert-Bosch-Stiftung, 2024). Ein Viertel der Befragten schätzt die eigene Lebensqualität als gering ein. Allerdings lässt eine solche Studie keine Aussage zu Spezifika beispielsweise bei Kindern und Jugendlichen aus von Armut oder Ausgrenzung betroffenen Kontexten zu. Theoriegeleitet lässt sich jedoch zumindest das Nachfolgende vermuten: Die übliche und entwicklungsbezogen notwendige Normverletzung, die für die Jugend typischen Größenvorstellungen, das damit verbundene Verletzliche, all dies ist unter dem Eindruck der großen gesellschaftlichen Krisen nun noch schwerer auszuleben, ohne, dass dabei massive Ängste entstehen. Solche Ängste binden sich dann unter der inneren Repräsentanz ohnehin belasteter und vielfach durch Deprivation gekennzeichneter Biografien als Projektion nicht selten an Vorurteile, Hass gegen Andere oder eben eine imaginierte Nation, die Größe und Stolz repräsentiert. Und auch hier gilt: Biografische Belastungen, sozial-ökologische und politische Krisen und dabei spezifisch die extrem zunehmende Orientierung an Autoritäts- und Ausgrenzungsfantasien sind niemals linear miteinander verbunden. Dass aber soziale Unsicherheiten, Umbrüche und damit verbundene Gefühle der Nicht-Bewältigbarkeit sowie (teils transgenerational weitergegebene) Erfahrungen kindlicher Vernachlässigung und Entwürdigung mit der Krise der Demokratie zusammenhängen, zeigt eindrücklich die so genannte Leipziger Mitte-Studie auf (Decker, Kiess, Heller & Brähler, 2022). Letzteres Argument verweist auch noch mal darauf, dass die besondere Dynamik der gesellschaftlich-politischen Krise auch und nicht unwesentlich mit den frühkindlich-institutionalisierten Erziehungserfahrungen in der DDR zusammenhängt – ein Argument, das immer wieder aus dem Blick gerät (Kiess, Schuler, Decker & Brähler, 2021).

Die Ausgestaltung und die Belastungen pädagogischer Generativität lassen sich folgerichtig nicht trennen von einer Analyse des Sozialen – vielmehr

2.4 Das Wechselspiel von Relationalität und globalen Krisen

bietet die pädagogische Erfahrung häufig die einzige Möglichkeit, mit den teils extremen Herausforderungen umzugehen und sie als bewältigbar zu erleben. Das heißt, einerseits sind pädagogische Beziehungen in allen institutionellen Rahmungen durch die aktuellen Krisen massiv herausgefordert und finden noch allzu selten Antworten darauf. Andererseits verweisen die Theoriebildung und Studienlage der Pädagogik bei psychosozialen Beeinträchtigungen und der Bildung für nachhaltige Entwicklung immer wieder darauf, dass pädagogische Beziehungen und die dazugehörigen Institutionen gerade in Krisenzeiten von unschätzbarem Wert sein können (Grund, Singer-Brodowski & Büssing, 2023).

Ein zentrales Theoriekonzept zum Verständnis der pädagogischen Herausforderung im Kontext dieser großen Krisen aus psychoanalytisch-pädagogischer Perspektive ist jenes des Container/Contained (Bion, 1963/2005). Hierbei spielen Erlebensanteile, die nicht symbolisiert sind, für die es also weder innere Bilder noch Worte gibt, eine entscheidende Rolle. Zu Beginn seines Lebens, so die ursprüngliche Theorie, erlebt der Säugling körpernah Sensationen, so genannte Beta-Elemente, als Ding an sich. Bion (1963/2005, S. 52) spricht hier von »den Qualitäten eines unbelebten Objekts und eines psychischen Objekts, ohne dass es irgendeine Form der Unterscheidung zwischen den beiden gäbe«. Und wieder gilt: Was am Beginn des Lebens ubiquitäre Entwicklung ist, bleibt im Falle von hoch belastenden Erfahrungen häufig erhalten. Auch durch extreme biografische und soziale Krisensituationen belastete Menschen sind demnach häufig unkontrollierbaren, nicht-symbolisierbaren Empfindungen und Sinneserfahrungen ausgesetzt, die keine psychische Bedeutung erlangen konnten, die nicht repräsentations- und erinnerungsfähig sind (vgl. Mertens, 2018, S. 41). Solche Beta-Elemente werden deshalb in Form der Projektion ins Gegenüber ausgelagert. Die »Aufgabe« des Gegenübers ist es nun, jene »Dinge an sich«, die zumeist eine extreme und »namenlose« Angst verbreiten, auszuhalten und ihnen – zunächst innerpsychisch – eine Form zu geben, einen Gedanken, ein inneres Bild entstehen zu lassen. Dadurch können Beta- zu Alpha-Elementen werden (ebd., S. 42). Alpha-Elemente lassen sich etwas vereinfacht als spürbare, ggf. sogar symbolisierbare Emotionen und Gedanken charakterisieren, sie sind also nicht mehr überwältigend. Hier nun kommt das Potenzial eines gelingenden Containments für die generative pädagogische Beziehung ins Spiel: Wenn sich Erwachsene nicht, wie von Kessl (2024) analysiert, zurückziehen, sondern ihre generative Verantwortung ernst nehmen, wird es möglich, dass sie die Kinder und Jugendlichen im Umgang mit den Krisensymptomen stärken. Dazu benötigen sie selbst eine stabile Arbeitsgruppe, z.B. in der pädagogischen Institution, allem voran aber die Fähigkeit, sich als Teil eines Krisenszenarios zu reflektieren.

Welche Bedeutung pädagogische Beziehungen beispielhaft im Kontext der großen Krisen unserer Zeit haben, soll in der Folge zumindest skizziert werden.

Schlaglicht 1: Flucht

Sally Pfennig (2022) hat in einer herausragenden Masterarbeit Fachkräfte und Ehrenamtliche auf Lesbos zu ihrer Arbeit mit Geflüchteten in Moria bzw. später im neu errichteten Lager Kara Tepe interviewt. Sie kann herausarbeiten, dass einerseits der fehlende Schulbesuch, andererseits das Gefühl des »Abgeschriebenseins« und die alltägliche Angst vor Abschiebung zur Entwicklungshemmung, aber auch zu extremen Formen der Parentifizierung beitragen. Eine interviewte Fachkraft fasst es in die folgenden Worte:

> »Yes, of course, if the kids would not live in the camp this would facilitate our work, a lot. And I mean the whole situation on the island is very, very frustrating for refugees. [...] When they come here, they're cancelled as people, there, nobody's speaking [sic!] them with dignity. So, this is terrible« (Pfennig, 2022, S. 46).

Und Andreas Jensen (2024) ergänzt, dass die Lebenssituation für geflüchtete Familien unter dem Gebot der so genannten Duldung in Deutschland und Österreich ebenfalls in hohem Maße belastend und deshalb vielfach nicht mehr in Worte zu fassen ist. Pädagogische Einrichtungen, ob Wohngruppen der Jugendhilfe oder Schulen, erleben dann junge Menschen, deren Entwicklungsalter auf fast schon unglaubliche Weise auseinanderfallen. Einerseits wirken diese jungen Menschen nahezu erwachsen, wollen schnell ihre Ziele erreichen und übernehmen emotional und sozial eine hohe Verantwortung für ihre Eltern – eine parentifizierende Dynamik, die aus der Traumaforschung gut bekannt ist (Hirsch, 2004, S. 49). Andererseits konnten zahllose kindliche und adoleszente Entwicklungsaufgaben nicht bewältigt werden; die jungen Menschen bringen deshalb auch diese kindlichen Bedürfnisse in die pädagogische Situation mit. Genau dieses Spannungsfeld der unterschiedlichen Entwicklungsalter erfordert ein sehr hohes Maß an Professionalität und Reflexivität von den Fachkräften. Und zugleich geht es um mehr als »nur« pädagogische Beziehungsarbeit: Die Einrichtung von »child-friendly-spaces« (Leuzinger-Bohleber, Tahiri & Hettich, 2017, S. 344) in Wohn- und Bildungseinrichtungen für geflüchtete Menschen meint auch, Pädagogik in ihrer politisch-advokatorischen Funktion ernst zu nehmen, dementsprechend tätig zu werden und vor allem, den jungen Menschen gegenüber anzuerkennen, dass ihre Erlebensweisen im Kontext des ihnen absichtsvoll zugemuteten Leids subjektlogisch und fast immer unvermeidlich sind.

Schlaglicht 2: Pandemie

Spätestens im Rückblick auf die Covid-19-Pandemie zeigt sich, wie ungleich Menschen weltweit von den wirtschaftlichen und sozialen Folgen der Pandemiemaßnahmen betroffen waren. Einige Aspekte der Belastungen lassen sich zumindest für die meisten Jugendlichen in Mitteleuropa generalisieren (und gelten weitestgehend auch für die jüngeren Studierenden an den Universitäten): Ein erhebliches Einsamkeitserleben, Gefühle der Nicht-Bewältigbarkeit von Aufgaben und zugleich ein teils noch stärkerer Rückzug ins Digitale sind Folgen der Pandemie bzw. der Eindämmungsmaßnahmen, die für zahlreiche Kinder und Jugendliche aus allen gesellschaftlichen Milieus gelten (Deutscher Ethikrat, 2022). Exklusion, ohnehin ein Kernmerkmal des Erlebens von Kindern und Jugendlichen mit Marginalisierungs- und Armutserfahrungen, gewann im Kontext der Pandemie eine neue Dimension. »Kinder und Jugendliche in Not sind einer Form von Machtlosigkeit ausgesetzt, die sie an ihrer Lebenssituation nichts verändern lässt – weder persönlich noch strukturell« (Müller, 2023, S. 113). Und auch hier gilt, was Herz (2023, S. 46) konstatiert: »Versagen wird als persönliche Schwäche, kognitive Minderbegabung oder als Ergebnis einer defizitären Sozialisation deklariert.« Kinder und Jugendliche, die Erwachsene aus ihrer Biografie heraus ohnehin als unzuverlässig, übergriffig oder nur auf sich selbst bezogen verinnerlicht haben, machten im Kontext der Eindämmungsmaßnahmen vielfach und subjektiv logisch die Erfahrung, dass auch ihre pädagogischen Bezugspersonen in genau dieser Art und Weise agierten. Die tief verinnerlichten Gefühle des generalisierten Misstrauens und der inneren Einsamkeit wurden so gerade bei dieser Gruppe von jungen Menschen erheblich verstärkt. Die von Herz (2023) pointiert zusammengefasste Familialisierung von sozialen Problemlagen, theoretisch gut erklärbar über Labeling- und Adressierungsdynamiken, lässt sich als zusätzliche Entwürdigung verstehen. Und ähnlich wie bei den extremen Belastungen durch Fluchterfahrungen lässt sich auch hier die Hypothese aufstellen, dass die nachgängigen Ausschlüsse, Zuschreibungen und Isolationserfahrungen, auch im Kontext pädagogischer Institutionen, für die betroffenen Kinder und Jugendlichen mindestens so wirkmächtig sind wie die Einsamkeits- und Vernachlässigungserfahrungen während der Pandemie. Wenn also Kinder und Jugendliche nach der Pandemie nicht ernst genommen werden, wenn Fördermaßnahmen einseitig auf das Nachholen der curricularen Anforderungen zielen, wenn es zu Schulausschlüssen aufgrund von vermeintlichem Versagen kommt, so bestätigen sich die verinnerlichten Erfahrungen der jungen Menschen aus der Pandemie noch ein weiteres Mal.

Es ist in diesem Kontext nun pädagogische Aufgabe, das Erleben dieser Kinder und Jugendlichen ernst zu nehmen. Weder »goldene Fantasien« (Cohen, 2014) noch Ignoranz gegenüber dem Isolationserleben helfen weiter. Vielmehr bedarf es spürfähiger generativer Anderer (also der Fachkräfte), durch die sich die Jugendlichen gesehen fühlen. »Pädagogische Institutionen müssten daher zumindest zuerst als Schutzräume fungieren und diesen Entwürdigungen in Form von Mangel, Ausgrenzung und Ohnmachtserfahrungen entgegenwirken« (Müller, 2023, S. 113). Jenes Entgegenwirken findet zuallererst über Wahrnehmen, Halten und Zumuten in der generativen Beziehung statt – in welcher sich die sozialen Verhältnisse bewusst und unbewusst widerspiegeln. Dass dazu ein »langer Atem« vonnöten ist, lässt sich in jeder Schule und ganz besonders in denen ablesen, in denen viele Kinder, die arm sind, lernen.

Schlaglicht 3: Die Klimakrise

Das Intergovernmental Panel on Climate Change (IPCC, 2023) kommt mit hoher wissenschaftlicher Sicherheit zum Schluss, dass bereits jetzt die körperliche und psychische Gesundheit erheblich durch den Klimawandel beeinträchtigt sind. Göppel (2023) betont im aktuellen Jahrbuch für psychoanalytische Pädagogik, wie stark die erlebte Gleichgültigkeit von Erwachsenen junge Menschen belastet. Niessen und Peter (2022, S. 136) zeigen auf, welche Affekte sich hinter dem Sammelbegriff der ›Klimaangst‹ verbergen – häufig sind es Hilflosigkeit, Ohnmacht und Wut, die keineswegs irrational sind. Gleichwohl wird in den diesbezüglichen empirischen Studien vielfach auf die Gruppe der jungen Menschen Bezug genommen, die sich artikuliert (demnach insbesondere für qualitative Forschung erreichbar ist) und die tendenziell aus privilegierten Verhältnissen kommen. Dies bedeutet aber ausdrücklich nicht, dass die jungen Menschen, die sich weniger engagieren (können) und denen Sprache für das Erleben noch weniger zur Verfügung steht, nicht in gleichem Maße betroffen wären. Mit Bezug auf Niessen und Peter (2022) arbeitet Frühauf (2023, S. 3) heraus, dass auch Verdrängung und Verleugnung unbewusste Strategien im Umgang mit unaushaltbarer Belastung sein können.

Die Psychoanalytikerin Habibi-Kohlen (2023) hat klar herausgearbeitet, wie Abwehrmechanismen, insbesondere die Verleugnung, bei Erwachsenen in der Klimakrise wirksam werden. Berghold (2022) ergänzt dies im Buch »Klimakrise und Gesundheit« und spricht von einem inneren Zuhälter, der uns mit seinen Versprechen und seiner Propaganda verführt und uns erzählt, dass wir alles, was wir wollen, auch haben können. Dieser Zuhälter wirke so, dass »entsprechende Regungen und Wahrnehmungen ihrer emotionalen Bedeutung beraubt würden und gewissermaßen mit zynischem Achselzucken zugelassen würden« (S. 195). Die pädagogische Herausforderung besteht also zunächst darin, dass emotionale Dynamiken mit Bezug auf die Klimakrise bei den Erwachsenen, insbesondere den pädagogischen Professionellen, spürbar und symbolisierbar werden. Geht man theoriegeleitet davon aus, dass gerade belasteten Kindern und Jugendlichen die Worte für klimabezogene Emotionen oft fehlen, so können nur Erwachsene, die zur Anerkennung und Symbolisierung eigener Affekte fähig sind, die emotionalen Anteile der jungen Menschen wahrnehmen und in aushaltbarer Weise zurückspiegeln. Das heißt, die oft weitgehend unbewusst wirksamen Affekte, deren Symptome individuell sehr unterschiedlich sein können, benötigen Räume der Reflexivität und des generativen Dialogs, damit sie zur Selbstwahrnehmung und schließlich zum Aktivismus beitragen können.

Die notwendige Auseinandersetzung der Erwachsenen mit der eigenen Verwicklung in die globalen ökologischen und sozialen Krisen erzeugt in der Folge auch einen anderen Blick auf generative Bildungsprozesse. Im Mittelpunkt stehen gemeinsame Entwicklungsprozesse sowie die Expertise von jungen Menschen, besonders jenen aus marginalisierten Lebensbedingungen, ohne den jungen Menschen zu viel Verantwortung zuzumuten.

Handlungsanleitungen lassen sich wenig überraschend für diesen Prozess nicht finden. Deutlich aber wird, dass ein Ausklammern der großen gesellschaftlichen Themen aus der Pädagogik eine eigene Krise hervorruft: In der Praxis werden junge Menschen mit ihren Ängsten und Herausforderungen im Stich gelassen, während die Pädagogik in der Theoriebildung ihre eigene Relevanz untergräbt und sich selbst zu einem stummen/tolerierenden Zeugen gesellschaftlicher Verwerfungen macht.

Am Ende schließt sich zumindest anteilig auch ein Kreis: Das Trianguläre der pädagogischen Beziehung bietet auch im Kontext der großen Krisen einen Möglichkeitsraum. Indem gemeinsam gehandelt und nicht geschwiegen wird, solidarisch für marginalisierte Menschen Initiative ergriffen wird, erhalten Kinder und Jugendliche zumindest die Möglichkeit, das Gegenteil des psychischen Korrelats der Krisen zu verinnerlichen: Gemeinschaft statt Isolation, Aktivismus statt Verleugnung, Partizipation statt Bevormundung.

3 Professionalität und Professionalisierung

3.1 Einsichten und Leerstellen des gegenwärtigen Professionalisierungsdiskurses

In den ersten beiden Kapiteln dieses Buchs ist vermutlich für die meisten Lesenden deutlich geworden, dass die Gestaltung tragfähiger Erziehungs- und Bildungsprozesse für und mit Kindern und Jugendlichen mit psychosozialen Beeinträchtigungen einer voraussetzungsvollen Professionalität bedarf. Mit Blick auf die Frage, wo und wie sich diese Professionalität entfaltet, lassen sich zwei Haupthandlungsfelder sowie zwei Diskurslinien unterscheiden.

Der am umfänglichsten geführte Diskurs bezieht sich auf Lehrkräfteprofessionalität und damit auf das Handlungsfeld Schule (Terhart, 2011), ein weiterer auf sozialpädagogische Arbeitsfelder (Müller, 2012). Letzterer ist in sich noch einmal hoch heterogen und integriert nicht zuletzt Fragen, die sich aus der Akademisierung der Arbeitsfelder sozialpädagogischen Handelns ergeben. Für die nachfolgende Argumentation findet eine Fokussierung auf Lehrkräfteprofessionalität statt, wenngleich Grundfragen dann auch wieder erhebliche Gemeinsamkeiten mit dem sozialpädagogischen Diskurs aufweisen. Innerhalb des Diskurses zur Lehrkräfteprofessionalität dominieren zwei grundlegend unterschiedliche Denkmodelle die Diskussion: das kompetenztheoretische einerseits sowie das strukturtheoretische Paradigma andererseits. Beide Ansätze werden in der Folge in ihrer Bedeutung für die Pädagogik bei psychosozialen Beeinträchtigungen ausgeleuchtet.

Wird pädagogische Professionalität kompetenztheoretisch ausbuchstabiert, stehen Fähigkeiten und Handlungsroutinen der Fachkräfte im Fokus des Interesses (Casale, Hennemann & Hövel, 2014). Mit Blick auf psychosoziale Beeinträchtigungen sind es u.a. konkrete Steuerungsfähigkeiten gegenüber normverletzenden Verhaltensweisen, die pädagogische Professionalität ausmachen, was sich besonders eindrücklich im Konzept des Classroom Managements wiederfindet. Classroom Management lässt sich definieren als Handlungskonzept mit hoher Lehrkräftesteuerung, womit zentrale Aspekte des kompetenztheoretischen Zugriffs auf Professionalität für die Praxis übersetzt werden. Obwohl in der diesbezüglichen Literatur stark auf die Messbarkeit von spezifischen Kompetenzen bei Lehrkräften (Piwowar, 2013) sowie von Effektstärken unterschiedlichen Lehrkräftehandelns rekurriert wird (Korpershoek, Harms, Boer, van Kuijk & Doolaard, 2016), betonen Vertreter:innen der Teildisziplin Pädagogik bei psychosozialen Beeinträchtigungen auch aus kompetenztheoretischer Perspektive die Bedeutung von Beziehung:

> »Eine tragfähige positive Beziehung kann als Voraussetzung betrachtet werden, damit Kinder und Jugendliche die Person des Pädagogen bzw. der Pädagogin als subjektiv bedeutsam wahrnehmen, sich an ihr orientieren, Verhaltensweisen übernehmen und Anleitungen annehmen können. Die Art und Weise, wie Pädagog:innen die Beziehung zu den Schüler:innen gestalten, macht Erwartungen und Normen für die Interaktion und Kommunikation der Kinder und Jugendlichen untereinander salient« (Piegsda & Jurkowski, 2022, S. 53).

Der fachspezifische Blick auf professionelle Kompetenz stützt demnach die Annahme, dass eine zugewandte, engagierte Beziehungsarbeit und die Durchführung von Förderkonzepten Hand in Hand gehen müssen. Nichtsdestotrotz: Im Mittelpunkt jenes Professionalisierungszugriffs, auch mit Blick auf sozial-emotionales Lernen, steht die Anwendung von Programmen und Förderkonzepten, welche in einem quantitativ-empirischen Sinn als evidenzbasiert bezeichnet werden (Hillenbrand, 2024; Kunter, Kleickmann, Klusmann & Richter, 2011). Professionalität wird folgerichtig nicht zuletzt über »hohe Implementationstreue« (Leidig, Hanisch, Vögele, Niemeier, Gerlach & Hennemann, 2021, S. 93) im Sinne der konsequenten Durchführung von Förderkonzepten definiert. Eine eigenständige Auseinandersetzung mit Kriterien von gelingender Beziehungsarbeit (z.B. Selbstreflexion, kollegiales Fallverstehen) sowie mit dem institutionellen pädagogischen Feld und seinen Widersprüchen findet im Rahmen dieses Professionalisierungsdiskurses nur sehr punktuell statt.

Interessanterweise arbeiten teilweise auch die kompetenztheoretischen Professionalisierungszugriffe mit Termini wie »Ungewissheit«, die ursprünglich dem strukturtheoretischen Diskurs zuzurechnen waren. Gleichwohl wird die Analyse einer solchen pädagogischen Dynamik im kompetenztheoretischen Paradigma nicht in eine grundlegend andere Professionalisierungsvorstellung überführt, sondern in die Idee, über noch mehr Steuerung, Monitoring und Planung jene Ungewissheit weitestmöglich zu reduzieren. »Dies soll handhabbare Problemlasten schaffen und in eine Markierung des ›richtigen‹ Wissens münden« (Combe, Paseka & Keller-

Schneider, 2018, S. 60). Es geht demnach im kompetenztheoretischen Professionalisierungsansatz um die Zielstellung der Kontrolle und weitestmögliche Aufhebung einer Belastung, die sich aus Widersprüchen und Ungewissheiten ergibt (ebd., S. 61).

Neben dem kompetenzorientierten Zugriff wird wissenschaftlich vor allem im Rahmen des strukturtheoretischen Professionalisierungsansatzes geforscht und publiziert (Terhart, 2011). Jener Ansatz perspektiviert pädagogische Professionalität über in der Struktur pädagogischer Institutionen verankerte Widersprüche, wobei eine reife Professionalität etwas vereinfacht als gelingender Ausgleich zwischen diesen Widersprüchen verhandelt wird. Dem strukturtheoretischen Diskurs folgend geht es folgerichtig nicht um Reduktion der mit den Antinomien verbundenen Ungewissheiten und Unsicherheiten, sondern um kritische Reflexivität und die Fähigkeit zur Ausbalancierung dieser Pole.

Die im Fokus des Diskurses stehenden schulischen Antinomien sind als eingebettet in ökonomische und soziale Rahmenbedingungen zu lesen. Zu den bedeutendsten Widersprüchen zählen jene zwischen gebotener Nähe und notwendiger Distanz und zwischen den personalen Bedürfnissen der Kinder und Jugendlichen und den curricularen Anforderungen. Eine weitere Antinomie ergibt sich aus dem Ziel der Autonomie, zu der die Kinder und Jugendlichen gleichwohl aufgefordert werden, was ein hohes Maß an De-Autonomisierung mit sich bringt (Terhart, 2011, S. 206). Besonders prägnant lässt sich sowohl pädagogisch als auch mit Blick auf gesellschaftliche Strukturen die Nähe-Distanz-Antinomie ausbuchstabieren. Pädagogische Nähe ist notwendig und unvermeidbarer Bestandteil erzieherischer Relationalität, zugleich erfordert das professionelle Handeln auch eine Rollenförmigkeit sowie eine innere Distanz bei den Professionellen, um über die Beziehungsverhältnisse nachdenken zu können (Müller, 2012). Neben jenem unhintergehbaren pädagogischen Widerspruch zeigen sich darin auch zeittypische Brüche: Während nicht wenige Kinder einerseits so viel Nähe und Rücksicht erleben wie womöglich nie zuvor in der Menschheitsgeschichte, ist andererseits der Anpassungsdruck an Normen und Leistungserwartungen teils unfassbar hoch. Lehrkräfteprofessionalität ist demnach ständig mit dem Spannungsfeld aus Zuwendung zu individuellen Wünschen, Bedürfnissen und Entwicklungsbedarfen einerseits und den Forderungen nach optimierter Kindheit und Jugend sowie Effizienzsteigerung in der Bildung – die kaum Raum für zwischenmenschliche Nähe lässt – andererseits, konfrontiert (Pongratz, 2010).

Empirisch wird in zahlreichen strukturtheoretisch orientierten Forschungsprojekten angestrebt, die genannten institutionell-gesellschaftlichen

Antinomien nicht mehr vorrangig als unvermeidliche Strukturmerkmale und damit als statisch zu definieren, sondern stärker den Umgang von Professionellen mit diesen Widersprüchen zu rekonstruieren (Lindmeier, 2017, S. 51). Aus dem in dieser Perspektive prägenden Wechselspiel von eigenen professionellen Vorstellungen und verinnerlichten Anforderungen sowie den strukturellen Gegebenheiten ergibt sich empirisch nachweisbar für sehr viele, wenn nicht für alle Lehrkräfte das bereits genannte hohe Maß an Ungewissheit hinsichtlich des professionellen Seins und Handelns, das Combe et al. (2018, S. 56) mit dem Terminus »Kontingenz« fassen: »Für Lehrerinnen und Lehrer wird Kontingenz besonders dann virulent, wenn sie unter Druck der situativ sich zeigenden, im Voraus nicht planbaren Anforderungen handlungsfähig bleiben müssen.« Dies verweist auf die Spezifik des schulpädagogischen Arbeitsfelds, wenngleich der Handlungsdruck auch in anderen pädagogischen Tätigkeitsbereichen gegeben ist: In der Schule erleben Lehrkräfte die besondere Last, auf komplexe (emotionale und soziale) Problemlagen zumeist allein und schnell reagieren zu müssen. Die Idee eines planbaren Classroom Managements oder einer durchstrukturierten Unterrichtsstunde gerät dabei regelmäßig nicht nur an ihre Grenzen, sondern verschärft den erlebten Handlungsdruck von Lehrkräften erheblich.

Im gegenwärtigen Diskurs fungiert die Theoriefigur des Habitus zumeist als Scharnierbegriff, um Strukturmerkmale und individuelle Reflexionsfähigkeit zum pädagogischen Geschehen miteinander in Beziehung zu setzen:

> »Wenn das pädagogische Geschehen im Professionalisierungsdiskurs, quer durch erziehungswissenschaftliche Subdisziplinen als komplex, antinomisch, auch durchaus dilemmatisch strukturiert, sozial situiert, kulturell vermittelt, rekursiv und damit relational aufgefasst wird, dann ist es nur folgerichtig, dass Orientierungskategorien, die einen detaillierten Blick auf Bildungsprozesse bei Schülern in Aussicht stellen, auch auf Bildungsprozesse von (angehenden) Lehrkräften Anwendung finden. Das ist bei der Figur des Habitus und Professionalisierungsfragen im Rahmen der Lehrkräftebildung der Fall« (Dlugosch & Kratz, 2022, S. 501).

Sehr vereinfacht ausgedrückt steht der Habitusbegriff für eine subjektive Wahrnehmungsstruktur, in der sich objektive soziale Verhältnisse widerspiegeln. Auch der professionelle Habitus als Teil dieses sozial geprägten Gewordenseins entwickelt sich »durch die prä-reflexive Teilhabe an soziokulturellen Situationen und Krisen« (Kratz, 2022, S. 192).

Mit Blick auf die Kinder und Jugendlichen lässt sich mit Hilfe der Theoriefigur »Habitus« zeigen, dass Lernen und Verhalten eben keine rein individuellen und schon gar nicht organisch determinierten Konstanten sind, sondern das soziale Gewordensein, hier insbesondere die Klassenzugehörigkeit, die Lern- und Verhaltensmöglichkeiten stark prägt. Ein Kind, das armutsbedingt Entwürdigung und Isolation erlebt (Müller, 2023), wird beispielsweise jede Zurücksetzung in der Schule als erneute Entwürdigung erleben. Familiäre Herkunft, (sonderpädagogische) Zuschreibungspraxen und zunehmende Individualisierung von Problemlagen greifen im Sinne der Habitustheorie ineinander und bestimmen so ganz wesentlich die Entwicklungsmöglichkeiten der Kinder und Jugendlichen mit (van Essen, 2013). Dlugosch und Kratz (2022) fokussieren darüber hinausgehend, und dies ist ein vermeintlicher Allgemeinplatz und dennoch wenig diskutiert, dass die Wahrnehmung der Schule, der Bedürfnisse der Kinder und Jugendlichen oder der eigenen Kollegialität eben auch bei den Fachkräften in erheblichem Maße durch die eigene Sozialisation geprägt ist. Einfache Ableitungen sind gleichwohl nicht möglich. So kann eine ursprünglich marginalisierte Sozialisation, die eine Fachkraft für sich mühevoll überwunden hat, zu einer hohen Spürfähigkeit für belastete Kinder und Jugendliche beitragen. Auch das Gegenteil ist möglich: Da jene jungen Menschen permanent an die eigene leidvolle Erfahrung erinnern, zeigt sich die Fachkraft womöglich besonders abweisend und verleugnet die Benachteiligung der Kinder und Jugendlichen.

Zurück zum Professionalisierungsdiskurs: Ausgehend vom dominanten Habitus-Begriff ist es nun die so genannte Habitusreflexivität (respektive ähnliche Termini), die zu Leitgedanken pädagogischer Professionalität erhoben werden (Sander, 2014). Auch im englischsprachigen Diskurs tauchen Ideen einer auf Reflexion basierten Professionalität auf, die sich zwar auf unterschiedliche theoretische, aber doch soziologisch orientierte Grundlagen beziehen (Brookfield, 2009). Diese Habitusreflexivität wird – weitgehend schulsystemübergreifend – diskursiv eng mit der Fähigkeit verbunden, als Fachkraft eine »professional agency« zu übernehmen (Kuorelahti, Virtanen & Chilla, 2015), um sich so auf die Beziehungsarbeit mit als herausfordernd erlebten Schüler:innen einlassen zu können. Kratz (2022) sowie Dlugosch und Kratz (2022) haben gleichwohl deutlich gemacht, dass es auch in diesem wissenschaftlichen Diskurs vielfach an der Auseinandersetzung mit der Tiefendimension des Wechselspiels objektiv analysierbarer Bedingungen und subjektiven Umgangs damit mangelt:

Einerseits verbleibt ein großer Teil der zugehörigen Publikationen trotz der Forderungen nach Einbezug subjektiver Strategien auf der Ebene der Systemanalyse, was insbesondere auch den Inklusionsdiskurs prägt. Komplexen Analysen der Struktur stehen dann keine ebenso anspruchsvollen Rekonstruktionen des Erlebens und Handelns von realen Menschen gegenüber (Boger, 2019). Fachkräfte scheinen eher »Opfer« struktureller Missstände zu sein und tragen mit ihrem eigenen Gewordensein vermeintlich wenig zum Ge- oder Misslingen pädagogischer Beziehungen bei.

Professionalisierungsprozesse lassen sich auf Basis der soziologischen Theoriebildung nach Bourdieu (Habitus) nur schwerlich konzeptualisieren. Die Überführung eines Schüler:innenhabitus in einen professionellen Habitus auf Seiten angehender und tätiger Fachkräfte ist zumindest im bourdieuschen Sinne ein überaus komplexes und kaum zu bewältigendes Unterfangen (Kratz & Zimmermann, 2024). Fraglich ist zudem, ob die eigene Sozialisation und der damit verbundene Blick auf die Welt aufgrund der sie bedingenden prä-reflexiven Teilhabe am sozialen Miteinander einer kognitiven Reflexion eigentlich zugänglich sind.

Obwohl also der Habitusbegriff als Scharnierbegriff individuelle und strukturelle Determinanten von Professionalität verbindet, bleibt er als Diskursfigur vielfach vage und theoretisch herausfordernd. Der Transfer hin zur Praxis von Professionalisierungsprozessen von Fachkräften ist bislang nur unzureichend ausdifferenziert.

Zusammenfassend lässt sich festhalten: Der entscheidende Unterschied des strukturtheoretischen zu einem kompetenztheoretischen Ansatz liegt weniger in der Analyse der schulischen Herausforderungen. Dass diese komplex und durch zahlreiche Widersprüche geprägt sind, darf als Konsens betrachtet werden. Vielmehr lässt sich strukturtheoretisch ableiten, dass das Transparent-Machen von Ungewissheit und Widersprüchlichkeiten konstitutiv für gelingende Erziehungs- und Bildungsprozesse ist:

> »Wenn das Wagnis der Irritation durch das Fremde eingegangen wird, dann zeigen sich krisenhaft-offene Bewegungen z.B. empirisch dadurch, dass sich Lehrperson wie Schüler und Schülerinnen experimentell-deutend und sprachsuchend der noch unbegriffenen Vieldeutigkeit einer Sache nähern« (Combe et al., 2018, S. 69).

Es darf jenem Professionalisierungszugriff folgend demnach sowohl bei der Bewältigung und Lösung konkreter Aufgaben als auch bei Gruppenbildung und individueller emotionaler Entwicklung nicht um »einfache Lösungen« im Sinne von Trainingsprogrammen und Management mit fast immer lerntheoretischer Fundierung gehen. Zielstellung von Professionalität ist es vielmehr, Widersprüche auszuhalten, sie in die generative Beziehung einzubringen und gemeinsam nach Ansätzen für Lösungen zu suchen. Insbesondere im Kontext erschwerter Entwicklung hat die erwachsene Person dabei den Auftrag einer stellvertretenden Krisenbewältigung (Oevermann, 1996), da zahlreiche Widersprüche noch nicht für die Adressat:innen selbst aushaltbar sind. Lindmeier (2017, S. 62f.) geht davon aus, dass ein Arbeitsbündnis und ein damit einhergehender Vertrauensvorschuss der Schüler:-

innen notwendig sind, damit diese stellvertretende Krisenbewältigung überhaupt möglich wird. Gleichwohl: Die Begriffe »Wagnis«, »Irritation« oder »krisenhaft« sind hier nicht im Sinne langfristiger Extremerfahrungen bzw. deren potenzieller Überwindung zu verstehen. Vielmehr geht es um situations- und entwicklungstypische Herausforderungen, ohne dass Aspekte der Reinszenierung von hoher Belastung sowie die damit verbundenen Übertragungsdynamiken mitgedacht werden.

Die Vorstellung eines Arbeitsbündnisses, in dem die Kinder und Jugendlichen mit einem Problem zu den Professionellen kommen würden und diese es lösen (Oevermann, 1996), ist in der Arbeit mit jungen Menschen mit Erfahrungen der Beschämung, des Verletzt-Werdens und des emotionalen oder körperlichen Missbrauchs höchstens in Ansätzen realisierbar. Die von Müller (2017) empirisch erfassten Einstellungen zu Vertrauen von Schüler:innen mit dem Förderschwerpunkt der emotional-sozialen Entwicklung belegen dies eindrücklich. Beispielhaft dafür steht folgende Aussage: »Sie würden nur verarscht und benutzt und deswegen fählt es ihn vil schwer Jemanden zu vertrauen« (ebd., S. 271). Angesichts so schwer beschädigter Beziehungsfähigkeit und generalisierten Misstrauens ist ein Arbeitsbündnis höchstens Zielstellung pädagogischer Professionalität, nicht aber Voraussetzung. Krisenhafte Momente (beispielsweise im Lösen von Aufgaben oder durch personelle Wechsel) gewinnen in diesem Kontext leicht überwältigende Kraft.

Damit zeigt sich ein ernstzunehmendes Problem des Diskurses bzw. seiner Übersetzung in die Praxis: vielen Lehrkräften in herausfordernden schulischen Situationen sind die Widersprüche, die sich aus der institutionellen Logik ergeben, durchaus klar und sie wollen Lösungen suchen, die nicht durch (dysfunktionale) Handlungsroutinen, sondern von partizipativer und Selbständigkeit fördernder Beziehungsarbeit geprägt sind. Sie geraten aber aufgrund der wirkmächtigen emotionalen Lasten der Schüler:innen und ihrer eigenen Verwicklung in ein komplexes Übertragungsgeschehen dabei an ihre Grenzen (Zimmermann & Langbehn, 2023). Noch einmal stärker als ohnehin zeigt sich deshalb der Umgang mit den vielfältigen Unsicherheiten (sowohl strukturell als auch emotional begründbar) als zentrales Professionalisierungsmerkmal im Kontext psychosozialer Beeinträchtigungen. Das »Oszillieren von Nähe und Distanz« (Gingelmaier, 2018, S. 178) lässt sich hierbei in vielfältiger Art und Weise beleuchten und zugleich in seinen Grenzen bestimmen. Dies gilt zunächst einmal für die Gestaltung der generativen Beziehung selbst. Es ist zwar theoretisch gut begründbar, dass auch und gerade schwer belastete Kinder und Jugendliche Zugewandtheit und Spürfähigkeit benötigen; gleichwohl erscheint es im pädagogischen Alltag nicht selten so, als ob keinerlei guter Kontakt möglich wäre (ebd., S. 182). Die »Vertrauensantinomie« zeigt sich somit in einer besonders ausgeprägten Form. Dass die Lehrkräfte, wie weiter unten noch genauer ausbuchstabiert, dabei unhintergehbar mit eigenen Anteilen in Kontakt kommen, verstärkt diese Antinomie. Die Unsicherheit nicht nur halten, sondern punktuell auch angemessen in Worte überführen zu können, ist ein besonders anspruchsvoller pädagogischer Auftrag im Kontext psychosozialer Beeinträchtigungen. Eine zweite spezifische Unsicherheit ergibt sich aus der Sachantinomie (Helsper, 2002) und der inklusionspädagogischen Forderung nach Lebensweltbezug. Denn einerseits ist dieser Lebensweltbezug gerade auch bei psychosozial erheblich beeinträchtigten Schüler:innen notwendig, andererseits ist zu viel Nähe zum eigenen Leben in den Aufgaben, in der Gruppengestaltung usw. für hoch belastete junge Menschen kaum aushaltbar. Auch daraus ergibt sich eine besondere Notwendigkeit, Unsicherheit auszuhalten. Die damit verbundenen didaktischen Fragen werden im Kapitel 5 (▶ Kap. 5) noch genauer diskutiert.

3.2 Szenisches Verstehen und Selbstreflexion

Um die Bedeutung des Szenischen Verstehens für pädagogische Professionalität mit psychoanalytischer Fundierung zu erschließen, ist es von hoher Relevanz, diesen Zugriff sowohl in seiner ursprünglichen klinischen Praxis als auch in der gesellschaftskritischen Tradition der ›Frankfurter Schule‹ zu verorten. Wie bereits in Kapitel 1 (▶ Kap. 1) mit Blick auf die psychoanalytischen Perspektiven auf psychosoziale Beeinträchtigungen deutlich gemacht, spiegeln sich im konkreten pädagogischen Miteinander die individuellen, oft unbewusst gewordenen Erfahrungen der Interaktionspersonen wider. Hierbei liegt eine Überlappung mit den klinisch-therapeutischen psychoanalytischen Zugriffen vor, denn auch dort bildet das individuelle Übertragungsgeschehen den Ausgangspunkt des Verstehens (Holderegger, 2012). Gleichsam ist das Übertragungsgeschehen untrennbar mit gesellschaftlichen Sozialisationsdynamiken verknüpft – in ihm zeigen sich insbesondere Privilegien, Diskriminierungserfahrungen, genderbezogene Subjektivierungen und weitere soziale Dynamiken (Lorenzer, 1972). Dieser gesellschaftlich geprägte Anteil des Übertragungsgeschehens ist somit keine eigenständige Perspektive, sondern ergänzt und erweitert die psychoanalytische Betrachtung auch in pädagogischen Reflexionsprozessen. Genau diese

Perspektiverweiterung verweist auf die theoretische Verankerung des Szenischen Verstehens in der ›Frankfurter Schule‹ (Zepf & Seel, 2024).

Wie Verhalten und Innenwelt als Spiegel relationaler Erfahrung und zugleich gesellschaftlicher Dynamik fungieren, kann an einem fiktiven Beispiel illustriert werden: So können die Lernblockade und der wiederkehrende aggressive Durchbruch einer/eines Schüler:in, wenn eine Aufgabe gestellt wird, als Ausdruck massiver Angst, sich Neuem, Unbekanntem, Unberechenbarem zu widmen, gedeutet werden. Dies könnte als emotionales Korrelat vorgängiger Erfahrung verstanden werden. Beispielhaft könnte es sich um primäre Beziehungspersonen gehandelt haben, die jede Exploration als bedrohlich erlebten und dies dem Kind spiegelten, weil sie selbst das Kind permanent in ihrer Nähe brauchten, um nicht allein zu sein. Demnach würde es sich bei diesen familiären Dynamiken um grundlegende Erfahrungen handeln, die im Kontext der Übertragung in der Schule als Lernblockade wieder auftauchen. Hinter diesen familiären Dynamiken wiederum stehen beispielhaft gesellschaftliche Diskriminierungen der Familie, z.B. die Erfahrung der Isolation durch Armut oder Duldungsstatus, sowie der sozialen Ignoranz gegenüber dem familiären Leid. Damit wäre auch die soziale Tatsache, das (weitgehend) Objektive benannt, das seinerseits die subjektiv geprägten familiären Dynamiken beeinflusst. Die Einengung familiärer Interaktionen auf Berechenbares und Nicht-Beängstigendes erscheint vor diesem Hintergrund als sinnhaft und sogar lebensnotwendig. Sowohl die aggressiven Durchbrüche und Lernblockaden des Kindes als auch die die Exploration verhindernden Verhaltensweisen der primären Beziehungspersonen lassen sich in dieser Perspektive also als subjektiv sinnvoll nachvollziehen. Sich ihnen verstehend anzunähern ist gleichwohl voraussetzungsvoll.

Eben dieser Annäherung an die häufig nicht nur subjektiv sprachlos gewordenen, sondern auch sozial tabuisierten Zusammenhänge von Erleben und Verhalten widmet sich das *Szenische Verstehen.* Ein Szenisches Verstehen, welches auf der Ebene der Individualisierung und Familialisierung stehen bleibt, ist letztlich kein Szenisches Verstehen im Sinne materialistischer Sozialisationstheorie. »Lorenzer selbst hat mit der Hereinnahme der Dimensionen von Erleben und Unbewusstem die Wirkmächtigkeit der gesellschaftlichen Widersprüche an der subjektiven Sprachzerstörung durchdekliniert« (Gerspach, 2024, S. 63). Bevor also über jede Form der Voraussetzungen, der Umsetzung und der Grenzen Szenischen Verstehens gesprochen werden kann, muss diese Grundprämisse internalisiert und beherzigt sein (Zimmermann & Kratz, 2025).

Ausgehend davon wird auf drei Ebenen rekurriert, die gemeinsam das Szenische Verstehen ausmachen. Diese sind:

- Das *logische Verstehen*, das sich hauptsächlich auf die sprachsymbolischen Interaktionsformen und somit auf die Rekonstruktion von gesprochener Sprache bezieht.

  Jener Anteil des Verstehensprozesses »rekonstruiert den sachlichen Gehalt einer verbalen und nonverbalen Äußerung« (Rauh, 2022, S. 213). Gleichwohl sollte mitbedacht werden, dass auch sprachliche Symbole einer sozialen und kulturellen Prägung unterliegen und somit die Frage des »sachlichen Gehalts« bereits einer reflektierten professionellen Perspektive bedarf.

- Das *psychologische Verstehen*, das subjektive Bedeutungen von Gesprochenem oder Agiertem rekonstruiert und mit dem »einfühlenden Nachempfinden« durch die pädagogische Fachkraft verbunden ist.

  Zentral für psychologisches Verstehen, insbesondere in pädagogischen Handlungsfeldern, ist ein Wechselspiel von Nähe und Distanz respektive von Teilhabe und Distanzierung (Rauh, 2022, S. 217f.). Im vorherigen Teilkapitel wurde dieses Wechselspiel bereits als wichtiges Professionalisierungsmerkmal herausgearbeitet. Nur die professionelle Nähe, also das Einlassen ermöglicht es, nicht »nur« kognitiv deutend (und dann womöglich mit Bezug auf eine spezifische Entwicklungstheorie) das Verhalten oder die Sprache des Gegenübers zu psychologisieren (Neumann & Katzenbach, 2024, S. 97f.). Vielmehr kann es gelingen, im Einfühlen neue Dinge zu spüren und so mögliche emotionale Bedeutungen zu rekonstruieren. »Die Pädagog/innen sollen lernen, nachzuempfinden, was ihr Gegenüber von seinen inneren Schwierigkeiten und ungelösten Konflikten in reales Handeln übersetzt« (Gerspach, 2024, S. 81).

- Das *Szenische Verstehen* im engeren Sinn, das zentral auf die Reflexion der (pädagogischen) Beziehung rekurriert. Es ist ebenfalls wesentlich durch unmittelbare Teilhabe an der Szene und die darauf aufbauende Selbstreflexion der Pädagog:innen geprägt. Diese findet in aller Regel in einem handlungsentlasteten Raum außerhalb des Tätigkeitsfelds statt. Über jene Annäherung an die oft diffusen Affekte und inneren Bilder in der pädagogischen Szene lassen sich die sinnlichen Interaktionsformen (▶ Kap. 1.4) der pädagogischen Adressat:innen zumindest anteilig in Sprache überführen (Neumann & Katzenbach, 2024, S. 97). In einem engen Begriffsverständnis lässt sich dies als Gegenübertragungsanalyse (ausgehend von der notwendigen Verwicklung in der pädagogischen Interaktionsszene) fassen. Gerspach (ebd., S. 82) spricht in diesem Kontext von der »Reflexion der eigenen angestoßenen Empfindungen als Erkenntnisquelle«. Wichtig aber ist: Diese in den Professionellen auftauchenden Empfindungen sind keinesfalls »nur« emotionale Komplettierung einer durch das Kind oder die/den Jugendlichen wirkmächtig in Szene gesetzten Erlebenswelt. Wie in Kapitel 1 (▶ Kap. 1) dargestellt, ist eine »reine« Gegenübertragung eine Schimäre; stets bringen beide Interaktionspersonen Übertragungsanteile ein. Somit gelangt im Rahmen Szenischen Verstehens stets auch die (berufs-)biografische Selbstreflexion in den Fokus. Denn nur so können eigene und fremde Anteile zumindest näherungsweise unterschieden werden. Damit ist ein hoher Anspruch verbunden, der sich nicht erschöpft in Kenntnissen zu eigenen beruflichen Entscheidungen oder sozialer Herkunft, ebenso wenig in theoretischem Wissen über Unbewusstes und Reinszenierung. Selbstreflexionsfähigkeit beinhaltet in diesem Kontext tatsächlich die innere Erlaubnis, sich selbst auch mit seinen eigenen Verletzungen zu spüren, eigene Übertragungen zumindest anteilig in Worte zu fassen und das professionelle Agieren vor dem Hintergrund des biografischen Gewordenseins besser zu verstehen.

Für die Umsetzung von Szenischem Verstehen in pädagogischen Settings liegen nunmehr unterschiedliche Vorschläge vor, die im Sinne einer professionellen Praxis häufig allerdings wenig konkret sind. Rauh (2022, S. 220 f.) spricht von einem »Bildenden Trialog«. Ergänzend zur Teilhabe an der Szene und der Distanzierung im Sinne des Verstehensversuchs benennt er die Hypothesengenerierung und das Einsetzen derselben in der pädagogischen Interaktion als Teilschritte des Szenischen Verstehens. Zeigt sich eine Hypothese als »richtig«/»treffend«, so müsste sich dieser Logik folgend das gezeigte Verhalten zumindest anteilig oder schrittweise ändern (dies ist dann nach Rauh ein Bildender Trialog). Im Sinne Lebers (1985, S. 152 f.) schafft das Einsetzen der Hypothese somit den Raum für reifere Entwicklungsschritte. Kommt es zu den bereits bekannten oder sich noch konflikthafter zeigenden Szenen, muss der Verstehensprozess fortgesetzt werden, verbunden mit der Bildung neuer Hypothesen.

Rauhs (2022) Konzept des Bildenden Trialogs ist Heinemanns, Grüttners & Rauchfleischs (2003) Ausbuchstabierungen des Fördernden Dialogs nicht unähnlich. Auch hier steht die Übersetzung des anteilig Verstandenen in pädagogische, häufig versprachlichte Beziehungsangebote im Mittelpunkt des Konzepts. Da diese Ausarbeitung durch Heinemann et al. (2003) bereits häufig rezipiert wurde, kann an dieser Stelle auf eine genaue Wiederholung der einzelnen Kategorien innerhalb des Ansatzes verzichtet werden.

Stattdessen sollen noch drei Dinge problematisiert werden:

- Erstens laufen hypothesengenerierende Umsetzungskonzepte stets Gefahr, das Kernmerkmal professionellen Reflektierens, den Umgang mit und das Aushalten von Unsicherheit, aus dem Blick zu verlieren. Vielmehr scheint es dann so, als ließen sich doch vergleichsweise rasch wirksame Antworten auf die erhebliches Leid ausdrückenden Szenen finden, mit dem Fehlschluss, als Pädagog:in nicht wiederkehrend und zum Teil schmerzhaft für korrigierende Beziehungserfahrungen zur Verfügung stehen zu müssen.

- Zweitens lassen sich die Szenen erheblich beeinträchtigter, häufig traumatisierter junger Menschen nur schwerlich in klare und gut fassbare Hypothesen überführen. Was Gerspach (2009, S. 198) über den Kontext der kognitiven Beeinträchtigung schreibt, gilt auch für erhebliche psychosoziale Beeinträchtigungen: »Menschen [...] gelingt es nicht immer, strukturierte Szenen zu gestalten und ihre Interaktionsformen sind eher durch reflexartige, stereotype Verhaltensweisen bestimmt.« So kommen Neumann und Katzenbach (2024, S. 102 f.) zu der Schlussfolgerung, dass es als Ergebnis des Verstehensversuchs womöglich reiche, als Fachkraft zu wissen, was man nicht tun wird. Das heißt, die Szenen nicht in einer Art zu komplettieren, wie es durch die Reinszenierung des Kinds oder Jugendlichen vermeintlich herausgefordert wird, z.B. übergriffig, strafend oder ignorierend zu werden. Genau durch das Nicht-Wissen kann ein Raum entstehen, der durch ein Gefühl des (Aus-)Gehaltenwerdens auf Seiten der Kinder und Jugendlichen geprägt ist. Somit kann aus gemeinsam entwickelten Ideen über die hinter dem Verhalten stehenden Bedürfnisse eine Veränderung der Szene hervorgebracht werden (ebd., S. 110).
- Die Frage, wie Professionelle die Fähigkeit zur szenischen Reflexion, insbesondere zur Selbstreflexion erwerben, beschäftigt drittens die Psychoanalytische Pädagogik von Beginn an. Als Königsweg galt (und gilt vielen noch immer) die eigene Psychoanalyse der Pädagog:innen, wobei nicht nur kapazitäre und strukturelle Fragen dem entgegenstehen, sondern auch unklar bleibt, ob die Erfahrungen einer eigenen Analyse bruchlos in professionelles Szenisches Verstehen transferiert werden könnten. Die rezenten Zugänge der Psychoanalytischen Pädagogik zur Professionalisierung lösen sich deshalb weitgehend von der Idee der therapeutischen Analyse der pädagogischen Fachkräfte und betonen die Bedeutung von (Gruppen-)Selbsterfahrung und Praxisreflexion in Verbindung mit fundiertem Fachwissen (Figdor, 2012; Leber, 1985). Eine Beschreibung, wie genau diese Weiterbildungs- und Sensibilisierungsprozesse aussehen, sprengt hier den Rahmen. Unzweifelhaft ist, dass sowohl das entsprechende Milieu (z.B. die Weiterbildung, die Supervision) ausreichend Sicherheit gewährleisten muss als auch die Leitung des entsprechenden Settings haltende und zumutende Aspekte gut in Balance halten sollte,

damit Selbstreflexionsanteile aushaltbar und zugleich als hilfreich für die professionelle Tätigkeit verstanden werden können.

3.3 Von der Selbstreflexion zum Fallverstehen

Bereits oben wurde angedeutet, dass eine auf therapeutischer Selbsterfahrung beruhende Professionalisierung im pädagogischen Arbeitsfeld eine nicht einzulösende Perspektive wäre. Darüber hinaus bleibt offen, da entsprechende Studien dem Autor nicht bekannt sind, ob eine solche Form der Selbsterfahrung angesichts der oben diskutierten, nicht einfach therapeutisch auflösbaren Spannungsfelder und Widersprüche pädagogischer Arbeit tatsächlich bei allen Fachkräften zu höherer Professionalität führen würde. Denkbar ist auch, dass manche der die Pädagogik definierenden Antinomien dann noch schlechter auszuhalten wären. Dies kann und soll der Bedeutung von Selbstverstehen für die Entwicklung pädagogischer Haltungen nicht widersprechen; es erscheint aber womöglich sinnvoller, die Selbsterfahrung im Rahmen eines Prozesses der Auseinandersetzung mit pädagogischer Praxis zu ermöglichen, um zu umfangreiche Reibungsverluste zu vermeiden (Figdor, 2012, S. 152 f.).

So konstatiert Thümmler (2020, S. 192) als Ergebnis eines traumapädagogisch orientierten Professionalisierungsprogramms, dass angehende Lehrkräfte wiederkehrend mit der Subsumptionsantinomie konfrontiert seien: »Das zur Verfügung stehende Regelwissen löst nicht die irritierende Situation im Einzelfall. Es entsteht Unsicherheit über das eigene Verhalten, gepaart mit unzureichendem Fallverständnis.« Nötig sei deshalb eine »kritische Gruppe, die auch in der Lage ist, den blinden Fleck der Anderen zu sehen« (ebd.). Es handelt sich beim Projekt der Autorin demnach um eine (niederschwellige) Form von Selbst- und Gruppenreflexion, die eine andere Option des Fallverstehens ermöglichen soll. Mit der Terminologie des »blinden Flecks« ist zumindest angedeutet, dass es den Fachkräften in der Gruppe gelingen könnte, eigene Anteile durch Spiegelung wahrzunehmen und deren Bedeutung für pädagogisches Miteinander zu erspüren. Aus einer genuin psychoanalytisch-pädagogischen Perspektive arbeiten Krebs und Eggert-Schmid Noerr (2012, S. 111) ebenfalls die Bedeutung von Selbsterfahrung in postgradualen Professionalisierungsangeboten für pädagogische Fachkräfte heraus: »Hier geht es um die je besonderen, lebensgeschichtlich geprägten

3.3 Von der Selbstreflexion zum Fallverstehen

Sichtweisen, um vergangene und gegenwärtige persönliche Themen der Einzelnen und die damit verbundenen Motive, Gefühle und Handlungen.«

Auch Autor:innen, die aus einer gänzlich anderen Perspektive argumentieren und Qualifizierung für die pädagogische Arbeit mit psychosozial beeinträchtigten Kindern und Jugendlichen primär an der Implementierung von evidenzbasierten Interventionsmaßnahmen festmachen, betonen die Bedeutung von Selbstreflexion zumindest als Anteil gelingender Professionalisierung: »Darüber hinaus erfolgt in einem begleitenden Onlinetagebuch eine regelmäßige Reflexion der dyadischen LSB (Lehrkraft-Schüler:in-Beziehung, D.Z.) und der Wahrnehmung des eigenen pädagogischen Handelns sowie der damit verbundenen Emotionen« (Leidig et al., 2021, S. 95 f.).

Über die Bedeutung von Selbstreflexion besteht demnach wohl kein Konsens, aber eine randständige Position stellt die Betonung derselben nun wahrlich auch nicht dar. Die Spannweite dessen, was unter Selbst- und Beziehungsreflexion verstanden wird, ist gleichwohl enorm (Zimmermann, 2019a). Sie reicht von einer – weitgehend allein zu erledigenden – Aufgabe kognitiven Nachdenkens bis hin zur Selbsterfahrung im engeren Sinne, bei der auch kaum sprachfähige Anteile nach und nach erspürt werden können. Erhebliche Schnittmengen hingegen finden sich in der Überzeugung, dass einmalige oder punktuelle Qualifizierungen zur Reflexion wenig ertragreich sind, die regelmäßige Begleitung der Fachkräfte hingegen die Chance zu echter Beziehungswahrnehmung bietet. Die trauma- und psychoanalytisch fundierten Zugriffe betonen über die Begleitung der einzelnen Fachkräfte hinaus die Bedeutung der Gruppe. Dies rekurriert dann auch auf die Bedeutung des Milieus, in dem die Professionalisierung stattfindet – was im nächsten Teilkapitel noch genauer zu beleuchten sein wird.

Ausgehend von jenen Überlegungen ist sowohl theoriegeleitet, aber ebenso aus der langjährigen Erfahrung in der Weiterbildung von pädagogischen Fachkräften, in der Supervision sowie in hochschulischer Ausbildung angehender Lehrkräfte unter Leitung des Autors ein letztlich schlichtes Hilfsmittel entwickelt und evaluiert worden (siehe Abbildung 1 »Fallverstehensfenster«), das eine Analyse des Zusammenspiels realer Extremerfahrungen (1), (emotionaler) Widerspiegelung in der Innenwelt (2) und der Auswirkungen auf die pädagogischen Beziehungen mit Fokus auf emotionale Beteiligung der Fachkräfte (3) ermöglicht. Im nächsten Schritt werden aus Perspektive des Kinds oder Jugendlichen Wünsche an die pädagogische Beziehung rekonstruiert (4) und schließlich realisierbare Unterstützungsmöglichkeiten abgeleitet (5) (Zimmermann, 2025a, S. 90–103).

Erster Schritt: Das Wissen um die biografischen Erfahrungen der jungen Menschen ist von großer Bedeutung, um sinnverstehend Verhalten ent-

3 Professionalität und Professionalisierung

Fallverstehensfenster: Personenorientierung

Kurzbeschreibung des Kinds / Jugendlichen (Alter, Äußeres, Klasse...)	
Erfahrungen und Verhalten (möglichst beschreibend, kein Deuten)	**Erleben (subjektiv)** (aus Gesprächen mit der Schüler*in + Perspektivübernahme in Ich-Sätzen)
Eigenes Erleben (Was löst der Mensch in Ihnen aus?)	**Was braucht das Kind / Jugendliche / Erwachsene?**
...und erst jetzt: Ableitung von konkreten, realistischen Handlungsschritten	

Abb.1: Fallverstehensfenster

schlüsseln zu können. Während sowohl schulische als auch außerschulische pädagogische Akteure dem »Aktenstudium« vielfach abgeneigt sind, spricht diagnostisch sehr viel dafür, die potenziell traumatischen Erfahrungen der Kinder und Jugendlichen ernst zu nehmen, um ihre Wirkmächtigkeit auf langfristige Erlebensmuster rekonstruieren zu können. Die Informationen zur Lebensgeschichte werden um wichtige Aspekte zur aktuellen Lebenssituation ergänzt, um einen möglichst umfangreichen Einblick in die Hintergründe der pädagogischen Fallgeschichte zu bekommen. Dieser Schritt steht dem logischen Verstehen nahe.

Zweiter Schritt: Wird von der (oft nur skizzenhaft rekonstruierbaren) lebensgeschichtlichen Erfahrung unmittelbar auf aktuelle Bedürfnisse und Verhaltensweisen geschlossen, bleibt eine Leerstelle, ohne die sich pädagogische Haltungen und Handlungen nur schwerlich entwickeln lassen. Deshalb ist es für ein diagnostisches Fallverstehen von herausragender Bedeutung, die Vorstellung der Person von sich und anderen zu rekonstruieren. Eine solche Rekonstruktion innerer Welt wird dann möglich, wenn sich Teams aus psychologischen und pädagogischen Fachkräften auf die innere und die soziale Welt von Kindern und Jugendlichen intensiv einlassen. Hierfür hat es sich in einem zweiten Schritt als sehr hilfreich erwiesen, wenn die Fachkräfte tatsächlich aus der Ich-Perspektive der Betroffenen sprechen und Sorgen, Wünsche, Nöte und Anfragen an die pädagogischen Beziehungspersonen aus dieser formulieren. Es heißt dann nicht: »xy fühlt sich...«, sondern »Ich als xy fühle mich...«. Der Schritt zwei steht dem psychologischen Verstehen nahe. Aus den unterschiedlichen Perspektiven ergibt sich ein häufig widersprüchliches, vielfältiges Bild von möglichen Erlebensweisen des Kindes oder Jugendlichen, das den Blick der Fachkräfte extrem weitet.

Dritter Schritt: Bietet das Fallverstehen im Team einen ausreichend »Sicheren Ort« für die Professionellen, ist der Einbezug eigener Emotionen aus der pädagogischen Arbeit eine wichtige Möglichkeit, weitere Aspekte der Beziehungsdynamik zu erfassen. Damit wird an das Szenische Verstehen im engeren Sinn angeknüpft. Voraussetzung für das Gelingen dieses Schritts ist es, dass die beteiligten Fachkräfte ein grundlegendes Wissen über Übertragungsdynamiken haben und wissen, dass auch vermeintlich »unpädagogische« Emotionen ein normaler Bestandteil jener pädagogischen Beziehungen sind. Darüber hinaus ist es hilfreich, eine wesentliche Barriere für das Fallverstehen vorab abzubauen: So herrscht in zahlreichen pädagogischen Einrichtungen ein Irrglauben vor, nach dem professionelle Distanz darin bestünde, möglichst wenig zu fühlen. Wird auch heftige emotionale Beteiligung normalisiert und als wichtig und wertvoll markiert, dann gelingt es im Laufe eines Begleitprozesses meist, Räume für die Benennung emotionaler Beteiligungen zu schaffen. Inwiefern in diesem Schritt des Fallverstehens auch Raum für das Spüren und Verbalisieren eigener, biografisch oder aktualgenetisch geprägter Anteile ist, hängt wesentlich von der Dauer der Zusammenarbeit in der Gruppe und dem institutionellen Rahmen ab, in dem das Fallverstehen realisiert wird.

Aus der Analyse dieser drei Informationsebenen lassen sich in einem vierten Schritt relativ leicht Haltungs- und Handlungsmodelle für die pädagogische Praxis ableiten. Zentrale Frage ist dabei weniger, welches Förderkonzept ein Kind oder einen Jugendlichen nunmehr voranbringen würde. Vielmehr lautet die meist angemessene Frage für diesen diagnostischen Schritt: »Was braucht dieses Kind, diese:r Jugendliche von uns, was braucht er/sie von der Institution, was braucht er/sie im Hinblick auf Bewältigung traumatischer Vorerfahrungen?« Mit Hilfe dieser individuumszentrierten Fragen lassen sich die pädagogischen Grundkonzepte der Sicherheit, der Selbstbemächtigung und der Integration in den Lebensalltag auf der Basis der Anfragen an die aktuelle pädagogische Beziehung sinnhaft füllen und anschließend gestalten. Haltende und zumutende Beziehungsmodi sollten dabei immer in einem Wechselspiel gesehen werden. »Haltend« steht für die unbedingte Anerkennung des Seins des Kinds oder Jugendlichen und für die wiederkehrende Spiegelung, dass es in der Institution einen möglichst sicheren Ort findet. »Zumutend« steht für Entwicklungsangebote, die die (aushaltbare) Auseinandersetzung mit den inneren Konflikten ermöglichen und innere Reifung anregen.

Im fünften und letzten Schritt formulieren die Fachkräfte gemeinsam einige wenige Ideen, die in der nächsten Zeit im schulischen oder außerschulisch-pädagogischen Alltag umgesetzt werden können.

3.4 Das Wechselspiel von Professionalisierung und Institutionsentwicklung

Wenn in der Folge nunmehr über Institutionsentwicklung im Kontext psychosozialer Beeinträchtigungen und die Überschneidung zu Professionalisierungsfragen diskutiert wird, dann bleibt festzuhalten: Die Frage der Institutionsentwicklung für die Pädagogik bei psychosozialen Beeinträchtigungen bezieht sich auf sehr unterschiedliche organisationale Rahmungen.

Myschker und Stein (2014) oder auch Willmann (2012) geben einen Überblick über die verschiedenen Organisationsformen, in denen die Pädagogik bei psychosozialen Beeinträchtigungen eine hohe Relevanz hat. Die Frage des »richtigen« Förderorts ist dabei sowohl für Professionalisierungs- wie auch für Institutionsentwicklungsfragen hoch relevant, kann jedoch nicht ohne Weiteres beantwortet werden. So wiesen bereits Ellinger und Stein (2012) in einem Forschungsreview darauf hin, dass die Befunde hinsichtlich besserer Entwicklung von Kindern und Jugendlichen mit psychosozialen Beeinträchtigungen in inklusiven oder separierenden Settings uneindeutig sind. Teilweise lassen sich die Forschungserträge dahingehend interpretieren, dass die akademische Entwicklung in inklusiven Settings besser ist, das Selbstbild hingegen in separierenden Settings gestärkt wird. Eindeutig ist aber auch das nicht. Diesen differenzierten Befund unterstützen auch internationale Forschungsüberblicke (Hennemann, Ricking & Huber, 2024), wenngleich die Autoren zur Erkenntnis kommen, dass wenig für eine generell separierte Beschulung spricht. Eine Sonderform der schulischen Förderung bilden Kleinklassen, die aktuell in mehreren deutschen Bundesländern massiv ausgebaut werden. Dies geschieht in der Regel als Antwort auf den Eindruck zahlreicher Praktiker:innen, dass es eine Gruppe von Kindern und Jugendlichen gibt, die in der derzeitigen inklusiven Beschulung nicht gut gefördert werden kann respektive die Gesamtgruppe in erheblichem Maße beeinträchtigt. Über die fachliche und relationale Qualität der Förderung in Kleinklassen gibt es, abgesehen von einigen Schweizer Studien, wenig empirisch Tragfähiges. Die spärlich vorliegenden Studien aber verweisen darauf, dass die Dichte an Problemlagen, die sich dann in jenen separierten Gruppen wiederfindet, eine extrem hohe Professionalität verlangt (Zimmermann, 2023). Mit Blick auf die Aussagekraft empirischer Forschung, insbesondere der quantitativen, bleibt zudem anzumerken, dass die Frage, um wen es bei der Gruppe psychosozial beeinträchtigter junger Menschen eigentlich geht, weitgehend unklar bleibt (▶ Kap. 1.1). Teilweise wird zumindest im deutschsprachigen Raum lediglich die schulorganisatorische Kategorie des zugewiesenen Förderbedarfs der emotionalen und sozialen Entwicklung genutzt, um eine Gruppe zu definieren. Dies ist schon allein angesichts grotesk unterschiedlicher Zuweisungsquoten in den Bundesländern sehr fragwürdig. In anderen Studien wird über Lehrkräftebefragungen eine deutlich größere und heterogene Gruppe als in ihrer emotionalen Entwicklung beeinträchtigt angenommen, was dann gleichwohl rein der subjektiven Einschätzung einer konkreten Lehrkraft unterliegt. So berichten Grosche, Köning, Huber, Hennemann, Fussangel, Gräsel und Kaspar (2019, S. 118) davon, dass Lehrkräfte den »Integrated Teacher Report Form« mit 16 Items pro Schüler:in ausfüllten, woraus sich für die Studie der Autor:innen dann ergebe, welche Kinder und Jugendlichen Problemlagen der emotional-sozialen Entwicklung aufweisen.

Es lässt sich zusammenfassen:

- Sehr unterschiedliche institutionelle Kontexte benötigen mindestens teilweise verschiedene professionelle und institutionelle Entwicklungswege.
- Dabei ist die Frage, auf wessen Förderung diese professionelle und institutionelle Entwicklung zielt, nicht leicht auflösbar, sollte aber stets zumindest näherungsweise geklärt werden.
- Eine solche Entwicklung findet niemals »nur« als Organisationsentwicklungsprozess statt. Vielmehr sind spezifische Professionalität, Team- und Institutionsentwicklung aufs Engste miteinander verknüpft (für den außerschulischen Kontext: Obens, 2023).

Schaut man sich die übersichtliche Publikationsbasis zu einer spezifischen Professionalität in Verbindung mit institutionellen Entwicklungsprozessen im Kontext psychosozialer Beeinträchtigung an, so zeigen sich grob zwei Linien:

Eine erste Linie von Weiterbildungs- und Institutionsentwicklungskonzepten rekurriert stark auf kompetenzorientierte Ansätze insbesondere in der Etablierung eines so genannten Response-to-Intervention-Prinzips zur Förderung der emotionalen und sozialen Entwicklung. Institutionsentwicklung wird dabei primär über kollegiale Zusammenarbeit definiert, beispielsweise, wenn ko-konstruktive Prozesse zwischen Regelschullehrkräften und Sonderpädagog:innen zur Auswahl der Fördermaßnahmen für emotionale und soziale Entwicklung gestärkt werden sollen. Obwohl zumindest perspektivisch damit auch die Beteiligung der Schüler:innen unterstützt werden soll, besteht Professionalität dieser Logik nach im Wesentlichen in der Idee, emotional-soziale Förderung zu planen, umzusetzen und somit die o.g. pädagogischen Antinomien zu reduzieren (Grosche et al., 2019). Dies führt, so ausgewählte Studien, durchaus zu einem (quantitativ-empirisch) messbaren Zuwachs an Selbstwirksamkeitsempfinden der (angehenden) Lehrkräfte, wenngleich die genutzten Skalen kritisch geprüft werden müssten, da sie letztlich in hohem Maße sozial erwünschte Selbstbilder abbilden und erhebliche Verzerrungen im Kontext von Fort- und Weiterbildung aufweisen könnten. Schüler:innenbefragungen bestätigen das Bild eines Kompetenzzuwachses auf Seiten der Lehrkräfte häufig nicht, auch ein Rückgang der sichtbaren (und nicht nur subjektiv erlebten) Störungen des Unterrichts lässt sich vielfach nicht beobachten (Ophardt, Thiel & Piwowar, 2016). Die Evaluation des Rügener-Inklusions-Modells, das nahezu ausschließlich auf dem Konzept von Response-to-Intervention beruhte, zeigte zumindest mit Blick auf psychosoziale Beeinträchtigungen eher ernüchternde Ergebnisse (Voß, Mahlau, Sikora, Blumenthal, Diehl & Hartke, 2015). Zwar müssen auch hier vereinfachende Rückschlüsse vermieden werden. Im Hinblick auf die an dieser Stelle interessierende Fragestellung aber lässt sich doch begründet schlussfolgern, dass die Schnittstelle von Professionalität und Institutionsentwicklung zu komplex ist und zu viel mit dem Kern pädagogischer Generativität zu tun hat, als dass »echte« Institutionsentwicklung durch einen Zuwachs an Kompetenzen im Sinne von Programmen und Konzepten gefördert werden könnte.

Ein zweiter Zweig des Diskurses richtet sich explizit auf die als »dyadisch« gelesenen Lehrkraft-Schüler:in-Beziehungen (Langer, 2018; Vösgen, Bolz, Casale, Hennemann & Leidig, 2023; ▶ Kap. 2).

Langer (2018, S. 86 f.) arbeitet jene Institutionsentwicklungsperspektive aus Sicht der Bindungstheorie weiter aus. Die Lehrkraft-Schüler:in-Beziehung ist, so die empirisch und theoretisch unterlegte Annahme, in erheblichem Maße vom »Matching« der Bindungstypen geprägt. Beispielhaft würden sekundäre Beziehungspersonen, demnach pädagogische Fachkräfte, die selbst unsicher-vermeidende Bindungsmuster erworben haben, oft eine vermeintlich angemessen-distanzierte Beziehung zu ebenfalls vermeidend gebundenen Kindern aufweisen. Gleichwohl ginge dies, so Langer (ebd.), auf Kosten der Bindungsbedürfnisse der Kinder und Jugendlichen: »Kinder mit einer unsicher-vermeidenden Bindung haben demnach konsistent Erfahrungen von fehlender Responsivität und Verfügbarkeit der Bindungsfigur gemacht sowie deren offene oder verdeckte Zurückweisung erlebt« (Müller & Langer, 2019, S. 395). Jene fehlende Responsivität wiederholt sich dann in generativen Beziehungen im pädagogischen Kontext. Ebenfalls weist Langer (2018) darauf hin, dass die sekundäre Bindungsbeziehung wesentlich durch die institutionelle Rahmung im Hier und Jetzt geprägt ist, also keinesfalls »nur« auf die individuellen Bindungstypen zurückgeführt werden kann. Professionalisierung, so ließe sich begründet ableiten, besteht in diesem Kontext nicht zuletzt darin, sich mit dem eigenen Bindungsmuster auseinanderzusetzen. Dies ermöglicht dann, nicht komplementär zum Bindungsverhalten des Kinds oder Jugendlichen zu reagieren und somit die unsichere Bindung zu reproduzieren. Als »komplementär« wird bindungstheoretisch ein nicht-feinfühliges Verhalten als Reaktion auf unsicheres Bindungsverhalten interpretiert (Langer, 2018, S. 183). Das Professionalisierungskonzept »Care« zielt darauf, die pädagogischen Beziehungen zu Kindern so zu ge-

3 Professionalität und Professionalisierung

stalten, dass sie den bisherigen Erfahrungen widersprechen und die Entwicklung gesunder Beziehungskonzepte fördern (Julius, Uvnäs-Moberg & Ragnarsson, 2020). Einem unsicher-vermeidend gebundenen Kind oder Jugendlichen würde im Rahmen eines solchen Ansatzes zum Beispiel beharrlich, jedoch nicht übergriffig stets aufs Neue professionelle Nähe angeboten (▶ Kap. 5). Obwohl hier also »dyadisch« argumentiert wird, kann sich eine solche Professionalisierung nur im Rahmen einer Institutionsentwicklung entfalten. So benötigen die Lehrkräfte Kolleg:innen mit einer ähnlichen bindungsreflexiven Haltung und Schüler:innen benötigen korrigierende Bindungserfahrungen mit mehreren Fachkräften.

In eine ähnliche Richtung argumentiert Hechler (2018a) mit dem Professionalisierungsprogramm »Feinfühlig Unterrichten«, das in Kapitel 5 (▶ Kap. 5) noch einmal genauer aufgegriffen wird, da sich sein Kern als didaktische Reflexion lesen lässt. Der Autor argumentiert in wesentlichen Aspekten des Aus- und Fortbildungskonzepts bindungstheoretisch, ergänzt dies gleichwohl um eine psychoanalytisch orientierte Selbstreflexion:

> »Berufsbezogene Selbsterfahrung soll den Teilnehmerinnen und Teilnehmern der Gruppe eine Vorstellung davon vermitteln, wie sie unter den berufsspezifischen Anforderungen reagieren. Es geht nicht darum, eine andere Person zu werden, sondern sich seiner Konflikthaftigkeit als menschliches Wesen bewusst zu werden« (ebd., S. 169).

Damit wird eine wichtige Ergänzung zum stärker kognitiv orientierten Zugang des Wissens um eigene Bindungsmuster geschaffen. Emotionale Reflexion, z. B. zur Bedeutung des eigenen Berufungswunsches, hat das Potential, die dann realisierten professionellen Beziehungsangebote nachhaltig zu beeinflussen. Gleichwohl gilt, was mit Blick auf die generative Beziehung (▶ Kap. 2) bereits ausgeführt wurde: Die konkrete Umsetzung einer berufsbiografischen Selbsterfahrung ist auch bei Hechler (2018a) eher oberflächlich ausgeführt. Langer (2018, S. 87) führt mit Blick auf vorsichtig zu interpretierende empirische Studien aus, dass von einer »dramatischen Überrepräsentation unsicherer Bindungsrepräsentationen« bei pädagogischen Bezugspersonen auszugehen sei, was differenzierte Selbstreflexion umso notwendiger erscheinen lässt. Ob diese empirischen Ergebnisse tatsächlich tragfähig sind oder vielmehr auf Schwächen der Bindungstheorie selbst bzw. der damit assoziierten Erhebungsinstrumente verweisen, kann nicht abschließend beurteilt werden. Wie in Kapitel 1 (▶ Kap. 1) ausgeführt, sind zumindest die Skalen der Feinfühligkeit nach Ainsworth (2011) so angelegt, dass sie realistischerweise von Fachkräften nicht »erfolgreich« im Sinne der Dominanz von Feinfühligkeit bewältigt werden könnten.

3.4 Das Wechselspiel von Professionalisierung und Institutionsentwicklung

Nunmehr wurden sehr unterschiedliche Professionalitätsverständnisse aufgegriffen, die sich entweder einem kompetenzorientierten (und damit behavioristischen), einem bindungs- und mentalisierungstheoretischen oder einem psychoanalytisch-pädagogischen Paradigma zuordnen lassen. Allen ist gemein, dass Professionalität sich stets im Spannungsfeld von individueller (Reflexions-)Fähigkeit und institutioneller Rahmung entwickelt. Dies ist in der außerschulischen Sozialpädagogik weitgehender Konsens (Dörr, 2019). Hoyer (2024) merkt allerdings begründeterweise an, dass klare Kriterien für eine organisationale Rahmung, die unterstützend für die Herausbildung und Schärfung von Professionalität ist, in schulischen Settings weitgehend fehlen. Mit der (qualitativen) Analyse intensiver Fallvignetten konnten Freyberg und Wolff (2005) oder Herz (2011) nachzeichnen, wie stark misslingende institutionelle Rahmungen gerade im Kontext psychosozialer Beeinträchtigungen an scheiternden Entwicklungsverläufen beteiligt sind. Dies gilt sowohl für inklusive wie auch für separierende Kontexte (Zimmermann, 2023). Als besonders herausfordernd gilt dabei die multiprofessionelle Zusammenarbeit, die intrainstitutionell wie auch institutionsübergreifend ein Kernmerkmal der pädagogischen Arbeit darstellt. Hoyer (2024) kommt in seiner empirischen Erhebung in der Hansestadt Bremen zu einem differenzierten Ergebnis: eine stabile Teamstruktur, die wiederum in ein Netzwerk eingebunden ist, stellt einen wesentlichen Faktor der institutionellen Haltekraft für Kinder und Jugendliche und für Fachkräfte dar.

> »Grundsätzlich zeigt sich, dass gemeinsame Zieldefinitionen und Erfolgskriterien im überinstitutionellen und multiprofessionellen Zuständigkeitsbereich feststellbar sind und sich berufsfeldspezifische Differenzlinien, Traditionen und Handlungslogiken zumindest für diese Untersuchungsgruppe […] nicht konflikthaft darstellen« (ebd., S. 115).

Ohne dass an dieser Stelle komplexere Ausführungen zur pädagogischen Institutionsentwicklung gemacht werden können, kann schlussfolgernd festgehalten werden, dass professionelle pädagogische Entwicklung stets in zwei institutionelle Grundbedingungen eingebunden sein muss:

Erstens bedarf es einer Team- und Institutionskultur, die an der primären Aufgabe orientiert ist (also der Erziehung und Bildung von Kindern und Jugendlichen) und in denen verschiedenste emotionale Beteiligungen gehalten werden können. Nicht nur, aber gerade separierende Institutionen können eine Dynamik entwickeln, in der die primäre Aufgabe aus dem Blick gerät und die Bedürfnisse der erwachsenen (Para-)Professionellen einen sehr breiten Raum einnehmen (Herz, 2016). Um dies zu vermeiden, bedarf es sowohl Anleihen aus dem kompetenz- als auch aus dem strukturtheoretischen Professionalisierungsparadigma, v. a. aber verpflichtender Reflexionsangebote. Neben ein haltendes Klima muss deswegen auch eine Atmosphäre der Zumutung treten, die durch die Erwartung geprägt ist, sich den o. g. schulischen Antinomien und den eigenen Übertragungsneigungen stets aufs Neue zu stellen. Herrscht hingegen ein Pseudo-Halten vor, das heißt, eine Abschottungs-Mentalität ohne Anforderungen an die Fachkräfte, ist keine Entwicklung möglich, jedenfalls nicht für den großen Teil pädagogischer Mitarbeitender (Jalali & Morgan, 2018, S. 63). Das Wechselspiel von »Halten« und »Zumuten« als institutionelles Merkmal ist zu nicht unwesentlichen Teilen wiederum mit der Position und Professionalität der Leitung verbunden. Hierbei geht es laut Sandner (2013, S. 125) darum, die an die Leitung herangetragenen Fantasien der Omnipotenz abzubauen und mit der Gruppe eine emotionale Übereinkunft über Arbeitsstil, Anforderungen und Reflexionsmöglichkeiten zu erreichen. Hilfreich ist ebenfalls eine Steuerfunktion durch klar vermittelte Aufgaben der Institution. Aus diesem Leitgedanken lässt sich erahnen, warum die pädagogische Professionalität in einem Teil separiert arbeitender Einrichtungen besonderen Risiken ausgesetzt ist: Wenn Leitplanken z. B. im Sinne curricularer Vorgaben fehlen, hat dies negativen Einfluss auf Teamentwicklung und damit auf die Qualität pädagogischer Arbeit mit Kindern und Jugendlichen.

> »Wenn die Steuerungsfunktionen und integrativen Kräfte im Hinblick auf die Bewältigung der institutionellen Aufgaben jedoch nachlassen, löst das unausweichlich vermehrt Unsicherheit und Angst aus, die – sofern es sich um dauerhafte Zustände handelt – zur Ausbildung verfestigter psychosozialer Abwehrformen führen« (Krebs, 2002, S. 51).

Klare Ziele, curriculare Vorgaben und weitere Rahmenbedingungen sind demnach nicht nur Aspekte institutioneller Antinomien, sondern definieren auch die primäre Aufgabe einer Institution. Fehlt diese oder ist sie allzu diffus, zeigen sich mannigfaltige Professionalisierungs- und Institutionsentwicklungsprobleme.

Zweitens lässt sich mit Hoyer (2024) wie auch als Ergebnis einer Berliner Inklusionsstudie (Ahrbeck, Fickler-Stang, Lehmann & Weiland, 2021) argumentieren, dass die Einbindung in ein soziales Netz (Therapie, Soziale Arbeit, Beratungsstellen, Vereine) bedeutsam für die Ausbildung und Festigung teambezogener Professionalität ist. Sind Schulen hingegen im Umfeld isoliert, »leidet« auch die Professionalisierung und Professionalität von Lehrkräften. Ein Beispiel dafür ist die vergleichsweise marginale Verbreitung und Akzeptanz von Supervision in der Schule (Zimmermann & Langbehn, 2023). Eine Einbindung in ein soziales Netz stärkt somit einerseits die Gewissheit der

Schule, mit den Herausforderungen der Arbeit mit psychosozial beeinträchtigten Kindern und Jugendlichen nicht allein zu sein; andererseits wird auch deutlich, dass ohne Interesse am gesamten Leben und Erleben der Kinder und Jugendlichen keine gelingende korrigierende Arbeit mit ihnen möglich ist. Auch der Abgleich von Arbeitsbedingungen und Gehalt innerhalb und außerhalb der Schule hilft, den eigenen Professionalitätsanspruch von Lehrkräften entsprechend hochzuhalten.

In einem solchen Klima, geprägt durch Anerkennung, Unterstützung und die Zumutung, trotz schwieriger Bedingungen im Sinne der Kinder und Jugendlichen zu agieren, können sich engagierte Fachkräfte dann den Herausforderungen einer reflexionsorientierten Professionalisierung stellen. Teams und Institutionen können sich entwickeln, und zwar dann und nur dann, wenn sich der Blick immer auch auf innere Bedeutsamkeiten, Ängste und Nöte von Fachkräften richtet.

4 Psycho- und soziodynamische Perspektiven auf Förderkonzepte

4.1 Wer stört?

In einem schon etwas älteren Beitrag mit dem Titel »Wer braucht eine Monsterschule?«, der an Aktualität nicht eingebüßt hat, beschreibt Regina Clos (1992) ihre emotionalen Heraus- und Überforderungen als junge Lehrerin in einer Schule mit sonderpädagogischem Förderschwerpunkt[5]. Die Verhaltens- und Lernschwierigkeiten lösen bei ihr eine heftige emotionale Reaktion aus: »Kurzum, ich würde mir am Ende des Schultags mal wieder dumm, böse und unfähig vorkommen und meinen Nachmittag mit Gefühlen von Wut und Selbstzweifeln verbringen« (ebd., S. 20). Ganz besonders starke, belastende Emotionen lösen die Schüler:innen in ihr aus, als sie nach einer Abwesenheit, die wenige Tage umfasst, zurück in ihre Klasse kommt und mit heftigen Störungen konfrontiert ist. Die Autorin interpretiert, dass die Trennung bei den Schüler:innen so massive Ängste reaktivierte, dass sie nur mit aggressiven Vernichtungsversuchen gegenüber der Lehrkraft reagieren konnten.

Mit den in einem durch potenziell traumatische Übertragungsdynamiken gekennzeichneten Unterricht auftauchenden Affekten und Gefühlen ist Regina Clos nicht allein. Wenngleich jede einzelne pädagogische Beziehungsdynamik spezifisch ist, so lässt sich doch fundiert schlussfolgern, dass die von Clos (1992) beschriebenen Emotionen die Arbeit mit psychosozial beeinträchtigten Kindern und Jugendlichen in sehr, sehr vielen Fällen in erheblichem Maße mitprägen. Die intensiven Fallstudien von Zimmermann und Lindner (2022) oder Datler und Datler (2023) belegen die besonderen Herausforderungen in der schulischen Arbeit mit dieser Gruppe. Auch qualitative Studien (Kupfer, 2019) und praxisnahe Fallskizzen (Kreiling & Peterschmidt, 2017) aus therapeutischen und sozialpädagogischen Arbeitsfeldern zeigen, wie stark die oft traumatisch aufgeladene Beziehungsdynamik auf die Fach-

---

5 Zeittypisch ist von einer »Lernbehindertenschule« die Rede; die beschriebenen Problemlagen lassen sich aber problemlos auf rezente Förderschulformen und auch die inklusive Grund- und Oberschule übertragen.

kräfte einwirkt. Aus den Erkenntnissen quantitativer respektive mixed-methods-Studien (Ahrbeck, Fickler-Stang, Lehmann & Weiland, 2021; Leidig, Hennemann, Casale, König, Melzer & Hillenbrand, 2016) lässt sich schlussfolgern, dass insbesondere die aggressiv-ausagierenden Verhaltensweisen aus Sicht sehr vieler Lehrkräfte eine Herausforderung darstellen. Zwar fokussieren die meisten der größeren Studien zur inklusiven Schulentwicklung auf die Wahrnehmung von störenden Verhaltensweisen von Kindern und Jugendlichen durch die Fachkräfte, nicht aber auf die emotionale Resonanz der Pädagog:innen selbst. Gleichwohl ist kaum vorstellbar, dass das Gefühl der Belastung bei den Fachkräften, das oberflächlich betrachtet ausgelöst wird durch massive Störungen, vermeintliche Nicht-Erreichbarkeit der Schüler:innen und Ähnliches, nicht auch oder sogar primär mit den in der belasteten pädagogischen Beziehung ausgelösten Emotionen zusammenhängt. Aus psychoanalytisch-pädagogischer Perspektive gilt deshalb, dass den spannungsvollen Dynamiken nur mit einer sehr gut entwickelten Professionalität und hier besonders mit einer Fremd- und Selbstreflexionsfähigkeit begegnet werden kann.

Es ist damit jedoch in einer theoriegeleiteten Perspektive noch nicht beantwortet, wer bzw. was eigentlich die pädagogische Situation so erheblich beeinträchtigt, also »wer stört«. So kommen von Freyberg und Wolff (2005) auf der Basis ihrer psychoanalytisch und soziologisch fundierten Fall- und Institutionsstudien zur Auffassung, dass die »strukturelle Verantwortungslosigkeit« Kernbedingungsfeld für Ausschlüsse genauso wie für massive Überforderungen der Lehrkräfte seien. Diese mangelnde Verantwortungsübernahme durch die Institutionen zeigt sich laut den Autor:innen u. a. in Form von Zuweisungen von vielen besonders herausfordernden Schüler:innen an junge Kolleg:innen, fehlenden Fallbesprechungen und ausbleibender interdisziplinärer sowie -institutioneller Zusammenarbeit. Dies entspricht im Übrigen genau der Strukturlogik der Schule in Clos' (1992) Reflexionen. Steiner (2020, S. 147f.) greift diese Perspektive auf und spricht von der »institutionalisierte[n] Tabuisierung von Unterrichtsproblemen«. Auf der Basis zahlreicher qualitativer Interviews kommt sie zum Schluss, dass fehlende kollegiale Reflexionsstrukturen maßgebliche Verantwortung für Gefühle der Überforderung und Eskalationen trugen:

> »Die Möglichkeit, Hilfeleistung in Anspruch zu nehmen oder überhaupt einen Berufskollegen als Gesprächspartner aufzusuchen, wird durch die Beklommenheit, aufgrund eines öffentlichen Eingeständnisses von Problemen im Unterricht als schlechter Lehrer zu gelten, erschwert« (ebd., S. 147).

4 Psycho- und soziodynamische Perspektiven auf Förderkonzepte

Es zeigen sich also mindestens drei Ebenen, die »stören«: strukturelle Logiken, professionelle Selbstverständnisse und Kinder und Jugendliche, die ihre Belastungen nur wortlos ausdrücken können. Etwas präziser und anknüpfend an ein interaktionistisches Verständnis psychosozialer Beeinträchtigungen (Stein & Müller, 2024) sowie an die in Kapitel 2 (▶ Kap. 2) entwickelten Überlegungen lassen sich »das Störende« und die damit verbundenen Emotionen in nachfolgender Weise konzeptualisieren:

- Psychodynamik:
Sowohl (hoch belastete) Schüler:innen als auch Lehrkräfte bringen wirkmächtige Bedürfnisse mit in die Schule. Diese vor- und unbewussten Anteile begegnen sich im Klassenraum, können aufgrund der institutionellen Logiken aber nur selten in korrigierende Beziehungserfahrungen überführt werden. Da Individuen (sowohl Lehrkräfte als auch Schüler:innen) nunmehr darauf zielen, die eigentlichen Bedürfnisse und damit verbundenen Affekte nicht zu spüren, reagieren sie mit Störverhalten, machtvoller Disziplinierung des Gegenübers oder Kontaktvermeidung.
- Institution:
Anteilig bedingt durch den Ressourcenmangel, mindestens in gleichem Maße jedoch durch die Optimierungsfantasie, die sich in permanentem Leistungsdruck zeigt, dominiert in weiten Teilen der Schullandschaft eine Fokussierung auf Verhaltensanpassung und Disziplinierung (Hofman, 2021). Verletzbarkeit hat in dieser institutionellen Logik wenig Platz (Jopling & Zimmermann, 2023). Dies fördert das allgegenwärtige Gefühl der Überlastung und letztlich entgleisende Dialoge zwischen Lehrkräften und Schüler:innen.
- Kollegialität:
Lehrkräfte erleben, wenngleich es Ausnahmen gibt, auch heute noch einen enormen Handlungsdruck. Neben den oben genannten Optimierungsfantasien tragen fehlender Austausch, der Mangel an einer kritischen Reflexionskultur und an gegenseitigen Unterrichtsbesuchen dafür Verantwortung. Kratz (2022, S. 185) fasst für den schulischen Kontext zusammen, dass Lehrkräfte in »Räumen voller Ungewissheit« tätig seien, ihnen selbst aber handlungsentlastende Räume fehlten. Dies gilt zwar auch allgemein für (schul-)pädagogische Tätigkeiten, aber aufgrund der enormen emotionalen Verwicklungen noch einmal deutlich verstärkt in der Arbeit mit psychosozial erheblich beeinträchtigten jungen Menschen. Einen etwas anderen theoretischen Blickwinkel nehmen Becker, Gasterstädt, Helbig und Urban (2024) ein. Aus einer subjektivierungstheoretischen Perspektive analysieren sie schulische Machtbeziehungen und so die Frage, wie

das Störende respektive der Störer/die Störerin im schulischen Raum konstruiert werden. Die Störung ergibt sich in beiden Perspektiven primär aus ungünstigen, manchmal auch destruktiven kollegialen Prozessen.
- Struktur:
Sowohl die psycho- und gruppendynamischen Anteile des Störens (auf Lehrkraft- wie auch Schüler:innenseite) als auch die Zuschreibungen und damit verbundenen Subjektivierungen sind eingebettet in neoliberale Systemlogiken, die ihren Anteil an als fehlend erlebten Reflexionsräumen und zugleich am Ausschluss- und Marginalisierungserleben der Kinder und Jugendlichen haben (Herz, 2021).

Eine einfache Störungsvorstellung, in der die Kinder und Jugendlichen mit oder ohne zugewiesenem Förderbedarf einseitig für Konflikte und Unterrichtsprobleme verantwortlich gemacht werden, steht dieser auf generative Beziehungen, Relationalität, Institution und soziale Zusammenhänge rekurrierenden Perspektive diametral entgegen. Anders ausgedrückt: Erstere ist fachlich extrem verkürzt und nicht tragfähig.

Gleichwohl erfreuen sich entsprechende Erklärungsmodelle, meist verbunden mit psychiatrisch orientierten und/oder lerntheoretischen Ursachenmodellen, großer Popularität (Scheithauer, Hess, Zarra-Nezhad, Peter & Wölfer, 2023). Dass gerade für die Bereiche sogenannter Aufmerksamkeitsstörung und, in noch ausgeprägterer Weise, für den Kontext von Autismus-Spektrum-Störungen unter dem vermeintlich emanzipatorischen Leitbild der Neurodiversität eine Re-Medizinisierung stattfindet, »erleichtert« die Verengung auf vermeintlich störende Kinder und Jugendliche enorm. Unter Missachtung interdisziplinärer, nicht zuletzt auch neurowissenschaftlicher Forschungserträge lassen sich so Besonderheiten im Erleben und Verhalten als Folge vermeintlich statischer organischer Auffälligkeiten definieren (Zimmermann, 2025b). Folgerichtig ist dann als Begründung für die großen Herausforderungen in den pädagogischen Settings auch vielfach von »psychischen Störungen« die Rede und es wird auf psychologisch oder psychiatrisch fundierte Studien rekurriert (Hövel, Hennemann & Rietz, 2019).

Der Blick sollte an dieser Stelle aber ebenfalls nicht einseitig verengt bleiben: So liegen auch bindungstheoretisch oder psychoanalytisch orientierte Publikationen vor, die die Problematik einseitig beim Kind oder Jugendlichen verorten (▶ Kap. 2.1). Auch durch solche Lesarten geraten die relationalen, institutionellen und gesellschaftlichen Bedingungsfelder allzu schnell aus dem Blick und die fachliche Perspektive wird auf die Reinszenierungen biografischer Belastungen der jungen Menschen verengt.

4 Psycho- und soziodynamische Perspektiven auf Förderkonzepte

Eine solche kritische Perspektive auf individualisierende, lineare Kausalitäten suggerierende Erklärungsmuster für hoch belastete Psycho- und Gruppendynamik bildet den Ausgangspunkt für die Analyse von (populären) Förderkonzepten und Trainingsprogrammen. Es steht die Frage im Mittelpunkt, ob der Komplexität schulischer Konflikte im Rahmen dieser Konzepte Rechnung getragen wird oder reduktionistische Lösungsvorstellungen damit befördert werden.

4.2 Kontrolle und »Management« von Störungen und der Verlust des Sinns von Verhalten

»Aggressive Schüler haben oft nicht nur Defizite im Hinblick auf die kognitive und emotionale Perspektivenübernahme, sie können vielfach auch nicht effektiv mit den eigenen Emotionen, insbesondere Wut und Ärger, umgehen. Ihre Fähigkeit zur Selbstregulation und Impulskontrolle ist nur gering ausgeprägt. Trainings für aggressive Kinder und Jugendliche zielen einerseits auf eine Modifikation des Verhaltens, andererseits aber auch auf die Veränderung von Einstellungen« (Ophardt & Thiel, 2013, S. 118f.).

Das obige Zitat lässt sich als Beispiel für ein individualisierendes Verständnis von auffälligem Verhalten lesen. Angesichts einer sehr flexibel eingesetzten theoretischen Basis des hier zitierten Einführungsbuchs in Klassenmanagement – u. a. wird auf verschiedene Kommunikationstheorien zurückgegriffen – lassen sich die im Zitat aufscheinenden Erklärungsmodelle für psychosoziale Beeinträchtigungen fachlich nur schwer verorten. Gleichwohl zeigt sich durchgängig, dass die Problembeschreibung nahezu ausschließlich auf die »störenden« Kinder und Jugendlichen rekurriert. Noch weitergehend: Die »Einstellungen« der Kinder und Jugendlichen werden, ohne dass die explizitiert wird, als rein kognitive Fähigkeit der Schüler:innen konstruiert, die es entsprechend zu modifizieren gelte. Affektive Anteile des Erlebens werden nahezu gänzlich ausgeklammert. Schüler:innen sollten, den Autor:innen folgend, in der Schule lernen, dass

- »in vielen, vor allem beruflichen Interaktionen, affektiv neutrales Verhalten und gerade keine persönliche Zuwendung erwartet wird und
- sie selbst für die Gestaltung ihres Lebenslaufs Verantwortung übernehmen müssen« (ebd., S. 12).

4.2 Kontrolle und »Management« von Störungen und der Verlust des Sinns von Verhalten

Jene Verursachungstheorie gegenüber Störverhalten mit eindeutiger Verantwortungszuweisung an Schüler:innen lässt sich empirisch auch in subjektiven Theorien von Lehrkräften nachweisen: So benennen Lehrkräfte in zwei qualitativen Studien mehrheitlich personeninterne oder (familiär-) kontextuelle Ursachen für Störungen, sehr selten hingegen schulbezogene-interaktionelle Bedingungsfelder (Lauth-Lebens, Lauth & Rietz, 2018; Schroeder, 2022).

Wie umfänglich jene Idee die Praxeologie des Classroom Managements prägt, zeigt sich noch einmal stärker, wenn die »Fragen zur Reflexion« für Lehrkräfte betrachtet werden. Diese lauten:

- »Haben Sie in Ihrer Klasse Schüler oder Schülerinnen, die nicht über grundlegende soziale Kompetenzen verfügen?
- Beschreiben Sie genau, welche Kompetenzen den betreffenden Schülerinnen und Schülern aus Ihrer Sicht fehlen!
- Welche Möglichkeiten zur Vermittlung dieser Kompetenzen haben Sie bereits genutzt, welche Möglichkeiten könnten Sie noch nutzen?« (Ophardt & Thiel 2013, S. 119).

Die »Problemlösung« besteht dementsprechend in einer Disziplinierung der als störend erlebten Schüler:innen:
»Die wichtige Botschaft ist: Durchsetzungsvermögen kann gelernt werden. Durchsetzungsvermögen zeigt sich:

- in einer klaren Benennung des unerwünschten Verhaltens oder Problems,
- in einer eindeutigen Haltung,
- im Bestehen auf einem angemessenen Verhalten bzw. der Lösung des Konflikts« (ebd., S. 120).

Das Lernen angemessener Verhaltensweisen finde auf der Basis einer Gleichbehandlung aller Schüler:innen im Rahmen von Klassenmanagement statt. Auftrag der Lehrkräfte sei es folgerichtig, einen »flüssigen und störungsarmen Unterricht« (ebd., S. 45) zu gewährleisten, in dessen Rahmen auch »Zurechtweisungen und Strafen« (ebd.) einen zentralen Platz haben. Pädagogische Professionalität besteht also den Autor:innen zufolge darin, Verhalten zu kontrollieren, Veränderungen zu erzwingen und die Schüler:innen (mit psychosozialen Beeinträchtigungen) zu disziplinieren. Der Begriff des »Managements«, in die Pädagogik vor vergleichsweise wenigen Jahren importiert, scheint dabei einerseits im Widerspruch zu allen pädagogischen Professionalisierungstheorien, insbesondere mit Blick auf die institutionellen

Antinomien zu stehen (▶ Kap. 3.1). Andererseits lässt sich aus einer kompetenzorientierten Professionalisierungsperspektive durchaus begründen, dass »doppelter Kontingenz« (Baumert & Kunter, 2006, S. 476), also durch Unsicherheit und Unbestimmtheit geprägtem professionellen Handeln, mit Steuerung und disziplinierender Durchdringung jeglicher Relationalität begegnet werden muss.

Es bleibt aus fachdisziplinärer Sicht dennoch offen, wieso Ophardt und Thiel (2013) weder Habitus- noch rezente Intersektionalitätstheorien zur Kenntnis nehmen. Zu fragen wäre, ob die komplexeren Interaktions- und Störungstheorien nicht etwa aus Unkenntnis, sondern ganz bewusst ausgeklammert werden, weil sich auf deren Basis ein solch monokausales Erklärungsmodell für Unterrichtsstörungen gar nicht aufrechterhalten ließe und somit »Management«-Ideen ad absurdum geführt würden. Da ohnehin »keine persönliche Zuwendung« erwartet werden darf, werden die als »unpädagogisch« gebrandmarkten emotionalen Beteiligungen bei Lehrkräften (Mitgefühl, Angst, Überforderung) durch eine kleinteilige Didaktisierung, extrem ausdifferenziertes »Classroom Management« und – nicht zuletzt – vielfältige Formen der Verhaltensmodifikation bekämpft (Nye, Gardner, Hansford, Edwards, Hayes, & Ford, 2016). Dies allerdings ist nicht nur ein Beitrag zur Lehrkräfteprofessionalität, der im Widerspruch zum differenzierten Fachdiskurs steht. Wichtiger für den vorliegenden Zusammenhang ist die Überlegung, dass auf der Basis von Steuerung, Modifikation und Disziplinierung der Blick dafür, was »hinter dem Verhalten steht«, weitgehend oder in Gänze verloren geht. Obwohl es eine eindeutige empirische Evidenz dafür gibt, dass präventive Maßnahmen wirksamer sind als reaktive, zeigt sich am Einführungswerk von Ophardt und Thiel (2013), dass jenseits aller vermeintlich wertschätzenden Sprachregelungen entsprechende Steuerungsmaßnahmen primär als Möglichkeit der (auf Störungen reagierenden) Dressur von Kindern und Jugendlichen mit erheblichen Problemlagen verstanden werden. Das Ergebnis einer solchen Popularisierung von Disziplinierungsmaßnahmen zeigt sich auch in der viel zitierten Metaanalyse von Korpershoek, Harms, de Boer, van Kuijk und Doolaard (2016, S. 644):

> »Teachers, however, also frequently use reactive strategies (e.g., punishing disruptive students), although it is unclear whether these strategies effectively change student behavior.«

Der Theorie-Praxis-Transfer im Bereich »Umgang mit Störungen« (hier ist auch das Einführungswerk von Ophardt und Thiel (2013) einzuordnen) unterscheidet sich, dies sei noch angemerkt, in nicht unerheblicher Weise vom differenzierteren fachlich-empirischen Diskurs zum Classroom Manage-

4.2 Kontrolle und »Management« von Störungen und der Verlust des Sinns von Verhalten

ment[6]: In Deutschland hat sich wissenschaftlich im Laufe der Zeit ein Konzept von Classroom Management etabliert, welches die Dimensionen Etablierung von Regeln, den Aufbau von Routinen und den Umgang mit Störungen und Disziplinarproblemen umfasst (Helmke, 2022). Auch in der sonderpädagogischen Forschung zum Unterricht bei psychosozialen Beeinträchtigungen wurde das Konzept aufgegriffen und um die spezifischen Aspekte Strukturierung des Klassenraums, abwechslungsreiche Unterrichtsgestaltung, Peer Interventionen, Token-Systeme und Self-Management-Strategien erweitert (Hennemann & Hillenbrand, 2010). Auch wenn nicht alle Studien zu eindeutigen Ergebnissen kommen, so lässt sich doch aus empirischer, sowohl deutschsprachiger als auch internationaler Perspektive festhalten, dass insbesondere partizipative Elemente (z.B. die Beteiligung der Schüler:innen an der Regelfestlegung), eine transparente Beziehungsgestaltung wie auch ein individuell angemessenes Curriculum und wertschätzende Rückmeldungen als erfolgreiche Strategien im Rahmen von Klassenmanagement gelten können (Skiba, Ormiston, Martinez & Cummings, 2016; Wubbels, 2011). Auch in diesem differenzierteren fachlichen Diskurs zeigen sich aus einer psychodynamisch orientierten pädagogischen Perspektive zweifelsohne Verkürzungen: Die inneren Bedürfnisse, Nöte und Ängste von hoch belasteten Kindern und Jugendlichen werden ja aus gutem Grund über das Verhalten ausgedrückt. Über präventive Maßnahmen können sie womöglich eingedämmt werden, was aber nichts daran ändert, dass sie Ausdruck im Rahmen der generativen pädagogischen Beziehung finden müssen. Zugleich erscheint auch die affektive Beteiligung der Fachkräfte über Steuerung, permanente Präventionsarbeit und Monitoring von Verhalten reduzier- oder sogar eliminierbar. Dies jedoch darf und kann theoriegeleitet gar nicht Ziel von pädagogischer Professionalität sein, da nur eine emotionale Beteiligung überhaupt den Zugang zum Erleben hoch belasteter Kinder und Jugendlicher erlaubt. Gleichwohl bleibt festzuhalten: Der wissenschaftliche Diskurs und die demselben zugrundeliegenden empirischen Studien betonen eindeutig die Bedeutung von Partizipation und Prävention. Ebenso eindeutig verweisen sie auf die Grenzen und Risiken der von Ophardt und Thiel (2013) propagierten disziplinierenden Strategien.

Damit ist ein Widerspruch benannt, der praxeologisch von höchster Relevanz ist. Trotz der theoretischen Verkürzungen, die die fachliche Fundierung des Classroom Managements aufweist, sollte es eigentlich keine ein-

---

6 Dies ändert jedoch nichts daran, dass eine solch einseitige und diskriminierende Perspektive auf Störungen erhebliche negative Folgen für die Praxis mit psychosozial beeinträchtigten Kindern und Jugendlichen hat.

seitige Fokussierung auf problematisches Verhalten der Schüler:innen zulassen. Vielmehr geht es in dieser Ausrichtung um eine zielorientierte Gestaltung von Unterricht, die präventive und strukturelle Maßnahmen einschließt. Dennoch zeigt sich – sowohl in den zitierten Passagen als auch in Rückmeldungen von Lehrkräften nach Fortbildungen zum Classroom Management –, dass in der Praxis oft die Modifikation von als störend empfundenem Verhalten im Vordergrund steht. Dies könnte darauf hindeuten, dass Lehrkräfte selbst mit erheblicher Unsicherheit und emotionaler Belastung im Umgang mit herausfordernden Situationen konfrontiert sind. Die Vorstellung, Verhalten gezielt steuern und kontrollieren zu können, erscheint dann als Versuch, mit dieser Verunsicherung umzugehen – was empirisch allerdings noch nicht eindeutig nachgewiesen werden kann.

4.3 Die (verleugnete) emotionale Seite von Interventionskonzepten

Der Ruf nach Förder- und Interventionskonzepten seitens der pädagogischen Praxis ist unüberhörbar. Ebenso jedoch ist es durchaus Markenzeichen des Theorie-Praxis-Transfers aus der Fachdisziplin Pädagogik bei psychosozialen Beeinträchtigungen in die Schulen geworden, dass einfache Lösungen für komplexe Problemlagen versprochen werden. Mit anderen Worten: Ein vermeintlicher Bedarf auf Seiten der Praxis entsteht nie nur aus der Praxis heraus, sondern wird von Vertreter:innen der Disziplin zweifelsohne auch erzeugt. So werden in einem Fachbeitrag (Hartke, Diehl & Vrban, 2008) und einem Transferbeitrag (Vrban & Hartke, 2009) zur Methodensammlung »Schwierige Schüler – Handlungsmöglichkeiten«[7] (Hartke & Vrban, 2014) die spezifische Herausforderung in der Arbeit mit Kindern und Jugendlichen mit psychosozialen Beeinträchtigungen und die Schwierigkeiten, Lehrkräfte für theorie- und empiriegeleitetes Handeln zu gewinnen, dargestellt. In der Folge jedoch wird eine Problemvorstellung angeboten, die ausschließlich auf spezifisches Problemverhalten (seitens der Schüler:innen, nicht der Lehrer:innen!) und deren Veränderung abzielt. Folglich besteht auch die »Erfassung der Ist-Lage« (Hartke et al., 2008, S. 224) nur aus einer Beurteilung des

---

7 Das Heft erscheint mit variablen Titeln und einer unterschiedlichen Anzahl von Methoden für verschiedene Schulformen und findet in der Praxis enorme Verbreitung.

4.3 Die (verleugnete) emotionale Seite von Interventionskonzepten

Schülers respektive der Schülerin: »Die Planungshilfe I erwies sich demnach als ein praxisnahes Verfahren zur Beschreibung des Verhaltens eines Schülers und zur Bestimmung von Verhaltenszielen« (ebd., S. 225). Die dazugehörige Fortbildung ist konzipiert als »eintägige Fortbildung über klassische und kognitive Verhaltensmodifikation im Unterricht« (ebd., S. 226). Laut einer Evaluation dieser Fortbildung hätten die Teilnehmenden positiv eingeschätzt, dass sich die meisten Maßnahmen auf konkretes Störverhalten von Schüler:innen bezogen.

Abschließend kommen die Autor:innen zu folgendem Fazit: »[...] so erscheint die hier eröffnete Option einer wissenschaftlich fundierten, frühzeitigen, kleinschrittigen Förderung im Unterricht als eine unter verschiedenen Varianten eher günstige Wahlmöglichkeit« (Vrban & Hartke, 2009, S. 62). Zwar wird ein gewisser Aufwand für Einschätzung von Problemverhalten und Auswahl der Methoden eingeräumt, gleichwohl: »Dieser erscheint aber im Vergleich zu dem in der Fachliteratur beschriebenen täglichen Aufwand in aufreibenden Interaktionsprozessen mit auffälligen Schülern und dem Aufwand einer multiprofessionellen Einzelfallhilfe deutlich geringer« (Hartke et al., 2008, S. 232). Vermittelt wird also, dass die aufwändige Arbeit am pädagogischen Miteinander, inklusive kollegialer Verstehensversuche und Selbstreflexion, ersetzt werden könne durch den Einsatz der im Buch dargestellten Methoden. Dass es sich bei einer Vielzahl der in den Heften vorgestellten Methoden um – eigentlich allen Lehrkräften bekannte – Alltagspraktiken handelt, wird nicht weiter thematisiert. Auch die zitierten Evaluationsergebnisse lassen viele Fragen offen: Die Spezifik der Problemlagen der an der Evaluationsstudie teilnehmenden Schüler:innen, die Anzahl der teilnehmenden Kinder und Jugendlichen mit gravierenden emotionalen Schwierigkeiten und die Merkmale des sozialen Umfelds der Schulen bleiben in den Veröffentlichungen leider unklar.

Entscheidend für den vorliegenden Zusammenhang ist deshalb nicht, jede einzelne der in den Heften beschriebenen Maßnahmen auf ihren fachlichen Gehalt hin zu untersuchen. Die Popularität dieser Maßnahmensammlung und einzelner Programme illustriert als Ganzes den realen Unterstützungsbedarf und zugleich die Beteiligung der Fachdisziplin an der Erzeugung des Rufs nach einfachen Lösungen. Dies lässt sich in einer Art Kreislaufmodell illustrieren:

- In der Schule kommt es zu erheblichen und schwer aushaltbaren Störungen, die einseitig den meist hoch belasteten Kindern und Jugendlichen zugeschrieben werden.

4 Psycho- und soziodynamische Perspektiven auf Förderkonzepte

- Kollegiale und Professionalisierungsdefizite werden auf diesem Weg häufig verschleiert.
- Die Fachkräfte sehen dabei nicht nur ihren Unterricht gefährdet, sondern sind auch in hohem Maße mit Scham, Wut und Ängsten konfrontiert.
- Die Handlungskonzepte (z. B. Classroom Management-Strategien, 49 Methoden bei Verhaltensstörungen, ...) versprechen nunmehr nicht nur, dass damit die Probleme »in den Griff zu kriegen« seien, sondern auch, dass man sich mit den »aufreibenden Interaktionsprozessen« (s. o.) nicht beschäftigen müsse.
- In der Folge werden besonders belastete Kinder und Jugendliche vielfach ausgeschlossen (z. B. über den Trainingsraum), beschämt (z. B. über Verhaltensampeln) oder schutzlos ihren Affekten ausgesetzt (z. B. über unreflektierte Rollenspiele).
- Da diese Methoden und Konzepte natürlich niemals langfristige Verbesserungen des Miteinanders mit sich bringen können, verstärken sich die belastenden Emotionen bei den Lehrkräften. In der Folge greifen sie zu noch schärferen, autoritäreren und – schließlich – endgültig ausschließenden Maßnahmen (z. B. Umschulung der Störer:innen) (Baumann, Bolz & Albers, 2017, S. 11).
- Da die hoch belasteten Kinder und Jugendlichen erleben, dass ihre Bedürfnisse ignoriert und ihre Emotionen nicht gesehen werden, müssen viele von ihnen zu noch stärker störenden Verhaltensweisen greifen, in der (verzweifelten) Hoffnung, wahrgenommen zu werden.

Gleichwohl soll der Bedarf seitens der Lehrkräfte und die Notwendigkeit, auch vergleichsweise einfach umzusetzende Hinweise aus der Fachdisziplin zu geben, gar nicht als solches diskreditiert werden. Es sollte eben stets vermittelt werden, dass jene Hinweise allerhöchstens ein kleines Puzzlestück im komplexen Professionalisierungsprozess sein können und dass erhebliche Gefahren von einem unreflektierten Einsatz der Methoden ausgehen.

Die emotionale Dynamik von Interventionskonzepten soll in der Folge beispielhaft an drei aktuell sehr populären und im Vergleich zu den o. g. Kurzmethoden deutlich komplexeren Konzepten respektive Rahmen diskutiert werden:

- dem grundschulorientierten Trainingsprogramm »KlasseKinderSpiel« (Good Behavior Game)
- dem Rahmenmodell der »Neuen Autorität« und der darin enthaltenen Handlungsanweisungen

♦ dem Trainingsraumkonzept als Beispiel für eine an konfrontativer Pädagogik orientierte Punitivität in der Schule.

Good Behavior Game

Das Good Behavior Game ist in Deutschland auch unter dem Namen »KlasseKinderSpiel« bekannt (Hillenbrand & Pütz, 2008). Dabei handelt es sich um ein so genanntes »Interdependentes Gruppenkontingenzverfahren«. Sollen die Kinder erfolgreich am Programm teilnehmen, erfordert dies ein »kollektives Level von Gruppenverhalten«. Das Programm kommt vor allem in Grundschulen zum Einsatz.

> »Konkret handelt es sich um eine präventive Intervention, die während des Unterrichts im Klassenraum durchgeführt wird und bei der es darum geht, sich an zuvor vereinbarte Verhaltensregeln zu halten. Zunächst wird die Klasse in zwei bis vier Teams aufgeteilt. Während der Spielzeit, die meist auf zehn bis zwanzig Minuten begrenzt ist, gelten einfach verständliche Regeln, die am besten mit den Kindern gemeinsam definiert werden (bspw. Ich sitze still, Ich arbeite leise, Ich melde mich). Jeder Verstoß wird als »Foul« für die ganze Mannschaft mit einem Punkt geahndet. Das Team mit der geringsten Punktzahl am Ende der Spielzeit gewinnt eine Gruppenbelohnung. Demnach erhalten die Schüler:innen einer vorgegebenen Kleingruppe im Anschluss an die Spielphasen Gratifikationen, wenn sie gemeinsam zuvor definierte Verhaltensziele erreicht haben« (Hagen, Nitz, Brack, Hövel & Hennemann, 2023, S. 216).

Die Bedeutung der gruppenbezogenen Intervention im Kontext der pädagogischen Arbeit mit Kindern mit psychosozialen Beeinträchtigungen liegt laut den oben zitierten Autor:innengruppen darin, dass diese einerseits mannigfaltig von sozialen Ausgrenzungsprozessen betroffen seien, andererseits besonders häufig negatives, individuelles Feedback erhielten. Obwohl lerntheoretisch gerahmt, wird die Dynamik von (Unterrichts-)Störungen doppelbödig verhandelt. Einerseits folgt das Good Behavior Game einem lerntheoretischen Konstrukt aus Stimulus (dem Aussprechen eines Fouls, die erhoffte Belohnung), Reaktion (die Verhaltensänderung) und anvisierten, förderlichen und regelmäßigen Feedbacks in Verbindung mit Theoriefiguren der kognitiven Psychologie (Verein Programm Klasse 2000 e.V., 2017, S. 5). Andererseits werden terminologisch Zugriffe der Psychoanalyse in dieses Modell verwoben: »Durch das Setzen von Hinweisreizen, Kontingenz-Erzeugung, soll das *affektive* Verhalten *zurück ins Bewusstsein* geholt und schließlich mit einer Konsequenz verknüpft werden« (Hagen, Hennemann, Hillenbrand, Rietz & Hövel, 2020, S. 163, Hervorh. D.Z.).

Es gibt also, so ließe sich interpretieren, die Annahme, dass als auffällig erlebtes Verhalten un- oder vorbewusst bedingt ist. Jedoch sei eine Bewusstmachung dadurch zu erreichen, dass die Gruppe ausreichend Druck auf das einzelne Kind ausübe (respektive das Kind sich kognitiv vornehme, sich im Sinne der Gruppenkohärenz anders zu verhalten) und eine Anpassung an die Regeln eine Belohnung verspreche. Durch den Einsatz rein gruppenbezogener Rückmeldungen sollen belastete Kinder weniger individuumsbezogenes negatives Feedback erhalten (ebd., S. 164).

Die Autor:innen beider genannter aktueller Publikationen (ebd.; Hagen et al., 2023) berichten über vorliegende (primär amerikanische) Studien, die einen Rückgang von Störverhalten im Unterricht sowie eine Zunahme des lernförderlichen Verhaltens durch Einsatz des Good Behavior Games zu belegen scheinen. Dabei bleibt teilweise unklar, ob sich diese Effekte nur auf die »Spielzeit« oder auch auf den gesamten Unterricht beziehen. Ebenso ist angesichts unterschiedlicher Designs der Studien uneindeutig, ob es sich um einen Rückgang des Störverhaltens allein in der Wahrnehmung von Lehrkräften handelt oder ob noch weitere Erhebungsmethoden (z. B. Videografierungen) zum Einsatz kamen. Die Autor:innen merken an, dass die meisten Studien Effekte auf Klassenebene erheben; spezifische Effekte des Good Behavior Game auf Kinder mit erheblichen psychosozialen Beeinträchtigungen ließen sich so nicht fundiert nachvollziehen.

Es drängen sich einige Fragen auf, auf die sich aus den Anleitungen zum KlasseKinderSpiel (Verein Programm Klasse 2000 e.V., 2017) sowie aus den hier zitierten empirischen Studien keine Antworten ableiten lassen:

- Sind die Regeln wirklich und für alle Kinder so eindeutig?
- Welche Macht hat die Lehrkraft, die die »Fouls« vergibt?
- Wie steht es um die subjektive Einschätzung von Regeleinhaltung und -übertritt und deren Veränderung, wenn doch die Lehrkraft gleichzeitig engagierte:r Durchführende:r des Good Behavior Games und Bewertende:r/Rater:in von Sozial- und Lernverhalten ist? (Hagen et al., 2023).
- Was passiert mit Kindern, die wiederholend den Erfolg der Gruppe gefährden? Wie wird mit ihnen umgegangen?

Aus einer theoriegeleiteten pädagogischen Perspektive lassen sich die vorliegenden Erkenntnisse zur Wirksamkeit des Good Behavior Games deshalb durchaus fundiert ergänzen und teils kritisch hinterfragen:

Hagen et al. (2023) verweisen in ihrer Einzelfallstudie auf die ausführliche Einweisung der Lehrkräfte in das Programm. Es ist also davon auszugehen, dass es sich dabei um engagierte Fachkräfte handelt, die die Regeln des Spiels sicher zum Teil auch mit der Gruppe aushandeln. Ob die dann in der Klasse vermittelten respektive abgesprochenen Regeln aber wirklich von allen

Schüler:innen wahrgenommen werden, dürfte sehr stark vom emotionalen Zustand gerade der hoch belasteten Kinder abhängen. Durch die eher kurze »Spielzeit«, häufig nur zehn Minuten, kann der erlebte Druck in der Gruppe – bis hin zu dissoziativen Anteilen – durchaus erheblich sein, was das Spielverständnis (in teils unsichtbarer Weise) nachhaltig beeinträchtigt. Ob eine klare Anleitung für die Fachkräfte dazu führt, dass »Fouls« wirklich nur am situativen Verhalten bzw. am Regelübertritt orientiert sind, muss unter Berücksichtigung von Labeling- und intersektionalen Theorien ebenfalls hinterfragt werden. Die Aufmerksamkeit der einzelnen Lehrkraft in der Klasse richtet sich wohl zwangsläufig stärker auf die vermeintlichen »Störer:innen«, so dass es nicht unwahrscheinlich ist, dass es doch wieder zu einer verstärkten Zuweisung von »Fouls« an jene Gruppen kommt, in denen die ohnehin bekannten »Störer:innen« mitwirken. Entscheidend für die pädagogische Reflexion sind jedoch die zwei Fragen, welche die obige Aufzählung abschließen:

Nicht nur die situative Wahrnehmung von Regeleinhaltung und -verletzung ist stark durch das Engagement der Lehrkraft beeinflusst. Noch mehr ist es die Einschätzung der Verhaltensänderung im Laufe der Projektdurchführung (Hagen et al., 2023, S. 219), die deshalb nur schwerlich als valide Basis des Monitoring eines Trainings angesehen werden kann. Studien, die im Wesentlichen auf Erhebungen der Wahrnehmung von durchführenden Fachkräften beruhen, müssen also mit erheblich verzerrenden Effekten angesichts des Engagements der Professionellen für das Programm rechnen. Auch wenn die Studien zusätzlich die Veränderungen über den ganzen Schultag hinweg erheben, verschwindet jene Problematik nicht, da die Anzahl der Unterrichtsstörungen weiterhin subjektiv gefärbt durch die beteiligten Lehrkräfte gemessen wird.

Ebenso bleibt kritisch anzumerken, dass sich die vorliegenden Studien rein auf die Messung von Verhaltensänderungen beschränken. Hagen et al. (2020) schlagen für das Projekt TEACH WELL, das sich ebenfalls auf das Good Behavior Game und dessen Effekte bezieht, ein differenziertes Design vor. Dabei sollen das Wohlbefinden der Kinder u. a. mit dem Fragebogen zur Erfassung sozial-emotionaler Schulerfahrungen (Rauer & Schuck, 2004) erhoben und Videografierungen zur Unterrichtsbeobachtung eingesetzt werden. Leider liegt aktuell kein weiterer Fachbeitrag vor, der die Ergebnisse dieses Projekts berichten würde.

Kinder, die den Erfolg ihrer Teilgruppe gefährden, erhalten – zumindest, wenn den Regeln des »Spiels« gefolgt wird – zwar weniger negative individuelle Rückmeldungen durch die Lehrkraft; jedoch wurde bislang nicht wissenschaftlich gemessen, ob es zu verstärkten negativen Rückmeldungen durch Peers kommt (hierzu wäre die längsschnittliche Erhebung des Wohlbefindens mittels des o.g. Fragebogens zur Erfassung sozial-emotionaler Schulerfahrungen ein wichtiger Hinweis). Theoriegeleitet kann angenommen werden, dass sowohl Ausgrenzungs- als auch Beschämungserfahrungen gerade jene Schüler:innen betreffen, die erhebliche Probleme in der psychosozialen Entwicklung aufweisen. Da die ganze Teilgruppe die Konsequenzen von »Fouls« spürt, ist darüber hinaus mit Versuchen des Ausschlusses aus der Gruppe durch ihre Mitglieder und ggf. sogar mit Mobbingdynamiken zu rechnen.

Jene kritische Perspektive ist übrigens kein Widerspruch dazu, dass häufig gerade engagierte Lehrkräfte derartige Präventions- und Interventionskonzepte in ihrem Unterricht einsetzen. Die Zeiten eines solchen »Trainingsspiels« könnten vor dem Hintergrund intensiver Gruppen- und Beziehungsarbeit, von demokratischen Aushandlungsprozessen der Spielregeln und der möglicherweise begleitenden Reflexion des Geschehens zumindest für einen Großteil der Gruppe auch sinnstiftenden Charakter haben. Darüber sollte aber die latente Bedeutung solcher Trainingsspiele für »Störer:innen« (die erheblich beeinträchtigten Schüler:innen) und »Gestörte« (die Lehrkräfte und ihre inneren Anteile) nicht vergessen werden. Erstere können insbesondere Peer-Gruppen-bezogen durchaus zusätzliche Belastungen, Ausschlüsse und Beschämungen erfahren und erleben sich womöglich nur als akzeptierter Bestandteil einer Gruppe, wenn sie »funktionieren«. Letztere führen das Programm engagiert durch und erhoffen sich die ihnen versprochenen Effekte. Treten diese nicht ein, können zumindest theoriegeleitet verstärkte Versagens- und Insuffizienzgefühle erwartet werden.

Ein letzter Gedanke: Die terminologische Rahmung als »Spiel« verschiebt die Anpassungsforderung an die Schüler:innen auf etwas vermeintlich Lustvolles, eben Spielerisches. Womöglich ist sie deshalb gerade für engagierte, im Sinne der Kinder advokatorisch eintretende Lehrkräfte gut aushaltbar. Dies ändert aber nichts an der hierarchischen Konfiguration und den möglichen negativen Effekten. Auch das Nicht-Erreichen einer Gratifikation als Teilgruppe ist am Ende eine Zurücksetzung und wiederholt die tief verinnerlichten Erfahrungen psychosozial beeinträchtigter Kinder.

Neue Autorität

Die Notwendigkeit einer »Neuen Autorität« wird von den Urhebern mit Grenzverletzungen durch Kinder und Jugendliche und damit verbundenen Belastungen für die Fachkräfte sowie für die Gruppen, in denen diese Grenzverletzungen stattfinden, begründet.

»Der systemische Ansatz ›Neue Autorität‹ stellt die selbstwirksame Präsenz pädagogischer Fachkräfte in den Mittelpunkt der pädagogischen Arbeit. Er findet in unterschiedlichen psychosozialen Feldern und im Schulkontext Anwendung« (Behringer, 2023, S. 200).

Ob es sich tatsächlich um einen systemischen Ansatz handelt, ist umstritten. Von der Recke (2019, S. 45) begründet die systemische Verortung u. a. damit, dass er (von der Recke) Omer in die »Hall of Fame der systemischen Therapie« aufgenommen habe. Bei aller theoretischen Offenheit des systemischen Ansatzes dürfte die Annahme unumstritten sein, dass Systeme (Familien, pädagogische Gruppen) stets durch unterschiedliche Perspektiven geprägt werden und es keine linearen Ursache-Wirkungs-Zusammenhänge gibt. Es muss deshalb kritisch hinterfragt werden, ob die in der Neuen Autorität vorherrschenden Erklärungsmodelle für normverletzendes Verhalten sowie die präferierten Interventionen (vor allem die so genannte Präsenz, s. u.) mit pädagogisch-systemischem Gedankengut kompatibel sind. Von der Recke (2019, S. 48) schreibt dazu: »Systemtheoretisch mag diese Form normativer Autorität streitbar sein, aus unserer Sicht ist sie trotzdem richtig.«

Die theoretischen Begründungen der einzelnen Bausteine des Konzepts verweisen insgesamt auf eine geringe Kohärenz und eine additive Nutzung. Womöglich ist dies mit dem auch eher flexibel genutzten Begriff des »systemischen Konzepts« zu begründen. Eine Auseinandersetzung mit der gegebenenfalls brüchigen fachlichen Basis des Ansatzes soll hier genau deshalb nicht im Vordergrund stehen. Denn jene Fragestellung wird auch von den Vertreter:innen des Konzepts zugunsten einer angenommenen Praxiswirkung zurückgestellt. So schreiben von Schlippe und Omer im Diskurs mit Behringer (Schlippe, Omer & Behringer, 2024, S. 168):

»Es sei allerdings daran erinnert, dass der Ausgangspunkt des Konzepts die Unterstützung von hilflosen Eltern angesichts hocheskalierter häuslicher Situationen war – und so wie die Feuerwehr sich auch zunächst auf das Löschen konzentriert und nicht auf die Analyse der Brandursachen, geht es bei uns primär um die Frage, wie in hoch eskalierte Sozialsysteme möglichst schnell Beruhigung und Schutz eingeführt werden können.«

Diese Metapher, es gebe einen nicht mehr zu kontrollierenden Brand in Form von Eskalationen und damit verbundener elterlicher und pädagogisch-professioneller Hilflosigkeit, ist überaus prägend für das Konzept der Neuen Autorität (Seefeldt, 2019). Im Folgenden wird nunmehr auf die schulische Adaption des Konzepts, das in seiner ursprünglichen Form für Familien konzipiert war, Bezug genommen. Im schulischen Problemaufriss wird im Anschluss an zahlreiche öffentliche Diskurse eine permanente Überforderung des Systems angenommen: »Wie soll ein System mit ständig wechselndem und von immer neuen Anforderungen ausgelaugtem Personal Kindern und Jugendlichen Orientierung und Sicherheit bieten?« (Omer & Haller, 2020, S. 12). Es gibt also eine Vorannahme der kontinuierlichen Überforderung von Lehrkräften, die sich zumindest anteilig auch empirisch belegen lässt (Rothland & Klusmann, 2016, S. 361f.). Die zweite und mithilfe der erziehungswissenschaftlichen Forschung nicht belegbare Aussage bezieht sich auf die vermeintlich zu große Macht von Kindern und Jugendlichen, bedingt durch antiautoritäre Erziehung (Omer & Haller, 2020, S. 18f.), auf die mit Präsenz und Authentizität zu reagieren sei. Zugleich sei die Schule ein Opfer medialer Skandalisierungen, denen die herkömmliche Pädagogik (die von den Autor:innen nicht genauer beschrieben wird) nichts entgegenzusetzen habe (ebd., S. 17).

Um die Chancen und Grenzen des Konzepts – und mögliche inhärente Widersprüche – diskutieren sowie klarer herausarbeiten zu können, wie das Konzept in der schulpädagogischen Praxis rezipiert werden dürfte, lohnt es also, sich auf der Basis einer praxisnahen und schulbezogenen Publikation (ebd.) zentrale Aspekte des pädagogischen Ansatzes genauer anzuschauen.

Die Grundprinzipien der »Neuen Autorität« in der Schule werden weitgehend aus dem familienbezogenen Modell übernommen:

- Präsenz – die Lehrkraft zeigt Interesse, ist anwesend. Der Lehrer ist aber zugleich »Wächter seines Territoriums« (Omer & Schlippe, 2016, S. 225). Jenes Prinzip des Territoriums und dessen Bewachung findet sich an zahlreichen Stellen des Konzepts.
- Vernetzung und Öffentlichkeit – beide Prinzipien stellen das Konzept der einzelnen und damit häufig isolierten Beziehungsperson infrage und betonen professionelle Kollegialität und Zusammenarbeit mit den Eltern.
- Beharrlichkeit und Deeskalation – die Lehrkraft vermittelt, anstelle einer sofortigen Reaktion, sie käme auf das Verhalten zurück, das sie nicht dulde (Omer & Haller, 2020, S. 28).
- Selbstkontrolle – die Lehrkraft kennt ihre eigenen »Triggerpunkte« (ebd.) und kann deshalb Autorität zurückgewinnen.
- Widerstand und Wiedergutmachung – Schüler:innen lernen im Rahmen des Erziehungsgeschehens, zu ihren Fehlern zu stehen.

Die Verfechter:innen des Konzepts nehmen für sich in Anspruch, mit diesen Prinzipien im Sinne der individuellen Entwicklung und der Gemeinschaft zu handeln und die Unterdrückung einzelner zu vermeiden.

4.3 Die (verleugnete) emotionale Seite von Interventionskonzepten

« [...] fördert die Neue Autorität Eigenverantwortung, Empathie, Urteils- und Kritikfähigkeit der Kinder und Jugendlichen. Sie unterstützt ihren Entwicklungsprozess hin zu mündigen Menschen. Dieser lernfördernde Ansatz entspricht dem Verständnis einer modernen Pädagogik« (ebd., S. 8).

Im hier zum Ausgangspunkt genommenen Praxisbuch werden die o.g. Prinzipien nunmehr ausführlich diskutiert. Besonders wichtig für ein Verständnis der Praxiswirkung erscheinen die im Buch publizierten Fallvignetten[8].

Als ein Beispiel für die Prinzipien Präsenz und Vernetzung stellen Omer und Haller (2020, S. 114–116) den Lesenden den Konflikt der Lehrkraft Angela mit dem Schüler Markus vor. Letzterer störe den Unterricht und verlasse den Klassenraum trotz mehrerer Aufforderungen nicht. Die Lehrerin teilte dem Jungen daraufhin mit, dass sie sich mit ihren Kolleg:innen beraten werde und ihm dann mitteilen würde, was sie beschlossen hätten (dies entspricht der Idee des zeitlichen Aufschubs). Das Ergebnis dieser Beratungen wird folgendermaßen dargestellt: Mehrere Lehrkräfte erwarten den Jungen und seine Eltern zu einem Gespräch am nächsten Morgen (Prinzip Vernetzung und Öffentlichkeit). Hierin wird den Eltern (und, ohne ihn direkt anzusprechen, dem Jungen) Folgendes mitgeteilt:

> »›Wir sind an einer positiven Lösung interessiert. Zunächst einmal verlangen wir von Markus[9] ein Entschuldigungsschreiben. Wir schlagen vor, dass dieses auch Sie als Eltern unterschreiben. Markus wird sich dadurch unterstützt und nicht erniedrigt fühlen. Wir wollen ihm eine Chance geben, seinen Fehler wiedergutzumachen. Es ist nicht nötig, ihn zu demütigen, seine Selbstachtung ist uns sehr wichtig.‹ Es folgte eine kurze Diskussion über den Inhalt des Briefes. [Die Lehrerin] Angela stellte klar, dass sie nicht nur eine an sie gerichtete Entschuldigung erwartete, sondern auch eine an die Klasse. Markus hatte ihren Unterricht massiv gestört. Die Eltern und Markus willigten ein, er würde die Entschuldigung am nächsten Morgen vor dem Unterricht abgeben. Angela war noch nicht fertig: ›Dieser Brief ist der erste Schritt zur Wiedergutmachung. Danach wird Markus noch etwas zum Wohl der ganzen Schulgemeinschaft tun müssen, um den Schaden zu beheben!‹ Nun wartete der Sportlehrer mit einer Lösung auf. Markus solle ihm während einer Woche nach dem Unterricht eine halbe Stunde lang helfen, den Turnsaal aufzuräumen. Am nächsten Morgen erschien Markus mit dem von ihm selbst

---

8 Im Diskurs zwischen von Schlippe, Omer und Behringer (2024) verweisen von Schlippe und Omer darauf, dass Behringer in ihrer Lesart unglücklicherweise ein eigenes Fallbeispiel genutzt habe, man solle doch auf die in ihren Büchern publizierten Fallskizzen zurückgreifen. Dem komme ich hiermit nach.
9 Laut Darstellung der Fallskizze ist der Junge im Gespräch tatsächlich anwesend. Die Lehrkräfte scheinen aber kontinuierlich nur mit den Eltern *über* Markus (in der dritten Person) zu reden.

und seinen Eltern unterschriebenen Brief. Noch am selben Tag war er dem Sportlehrer im Turnsaal behilflich« (ebd., S. 115 f.).

Wie lässt sich diese Fallskizze pädagogisch verstehen?

Zunächst einmal kommt es zu einem Konflikt im Klassenraum und es ist davon auszugehen, dass sowohl Angela als auch Markus (und Teile der Klassengruppe) in erheblicher Weise emotional involviert waren. Die Bedingungsfelder für diesen Konflikt werden allerdings nicht thematisiert. Es könnte z. B. eine hohe psychische Belastung auf Markus' Seite vorliegen, es gab womöglich schlechten Unterricht oder eine Eskalation in einer vorherigen Unterrichtsstunde, die ihre Schatten bis in Angelas Unterricht warf. All diese Fragen bleiben (vermutlich nicht nur in der Fallskizze, sondern auch konzeptionell) ungeklärt. Die professionelle Kooperation (deren grundsätzliche Bedeutung niemand infrage stellen wird) besteht nunmehr darin, dass sich die Lehrkräfte verbünden und gemeinsam die Konsequenzen festlegen. Hier legen die Autor:innen Wert auf die Feststellung, dass der Sportlehrer ein gutes Verhältnis zu Markus habe; was genau aber die Festlegung der als »Wiedergutmachung« gekennzeichneten Aufgabe durch ihn legitimiert, bleibt unklar. Im Gespräch, zu dem beide Eltern geladen werden, gibt es, so zumindest die Fallskizze, keine Einladung an Markus, seine Wahrnehmung des konflikthaften Geschehens zu formulieren. Auch die Eltern scheinen keine Meinung oder gar eine widersprüchliche Einschätzung haben zu dürfen. Gefordert wird eine Entschuldigung vom vermeintlichen Täter, also von dem Jungen.

Eine erhebliche Nähe zu punitiven Konzepten wie »Bei Stopp ist Schluss« (Grüner & Hilt, 2016) lässt sich unschwer im Aspekt der vermeintlichen Einigkeit der Lehrkräfte erkennen. Theoretisch lässt sich diese Forderung nach Einigkeit und einem gemeinsamen Feindbild (hier: Markus) übrigens als Grundannahmengruppe »Kampf/Flucht« nach Bion (Lazar, 1994, S. 99) konzeptualisieren. Neben dem recht offensichtlichen Aspekt der geforderten Unterwerfung und der damit verbundenen potentiellen Beschämung des Jungen drängt sich noch eine andere Überlegung auf: Geht man einmal davon aus, dass es sich möglicherweise um eine Familie handelt, die auch in anderen Zusammenhängen Ausgrenzung, Nicht-Gehört-Werden und Punitivität erlebt (z. B. im Kontext von arbeitsmarktbezogenen Maßnahmen oder aufenthaltsrechtlichen Restriktionen), so wiederholt dieses vermeintlich pädagogische Vorgehen hier emotional die der Familie bekannten Dynamiken. Es wäre dann wenig verwunderlich und zugleich komplett destruktiv, dass Markus am nächsten Tag mit dem Entschuldigungsschreiben kommt. Nunmehr wird zwar betont, dass dieser Konflikt genutzt worden sei, um das

Problem von Demütigungen und Beleidigungen in der ganzen Klasse zu thematisieren (Omer & Haller, 2020, S. 116 f.). Gleichwohl: Dass diese Gruppendynamik auch von Lehrkräften ausgehen oder von ihnen zumindest mitbedingt sein könnte, wird an keiner Stelle thematisiert.

Es lohnt deshalb, die Brüche zwischen konzeptionellen Ansprüchen und der hier wiedergegebenen Fallskizze in den Blick zu nehmen. So betonen die Urheber des Konzepts im schon erwähnten Diskurs (von Schlippe et al., 2024, S. 171) folgendes:

> »In jeder unserer Publikationen wird die Bedeutung betont, dass Eltern wie Lehrpersonen in ihren Schritten transparent dem Kinde gegenüber sein sollen, auch wenn es für sie unangenehm ist. Und immer wieder betonen wir, dass Erwachsene das Kind nicht kontrollieren können, sondern dass wir nur uns selbst (und auch das nur teilweise) ändern können.«

Auch von anderen Formen »alter« Autorität grenzen sich die Verfechter des Konzepts (u. a. Omer & Haller, 2020, S. 124) ab. Als Beispiel nennen sie die folgende Ansprache an eine:n Schüler:in:

> »Was bildest du dir eigentlich ein, wer du bist? Solange du dich nicht entschuldigt hast, gehörst du nicht mehr zu dieser Klassengemeinschaft!«

Allerdings erscheint es fragwürdig, inwiefern das Vorgehen im Fall Markus sich davon wirklich unterscheidet. Wird ihm nicht ebenfalls die Mitgliedschaft in der Gemeinschaft abgesprochen, sofern er sich nicht vollumfänglich entschuldigt und eine einseitig und autoritär ausgesprochene »Wiedergutmachung« akzeptiert, die noch dazu in seinem Beisein als Konsequenz an seine Eltern vermittelt wird?

Weitere Fallskizzen aus dem Kindergarten (z. B. Omer & Haller, 2020, S. 132 f.) bestätigen die Widersprüchlichkeit: Einerseits wird Kollegialität betont, andererseits müssen Kinder einseitig Entschuldigungsbriefe verfassen, die öffentlich ausgehängt werden. Selbst Eltern, so die Autor:innen, die als »problematisch« galten, unterstützten nunmehr dieses Vorgehen. Welche Perspektive Eltern und Kinder auf die Auseinandersetzungen haben, scheint dabei völlig irrelevant zu sein – zumindest so lang, wie diese dem Vorgehen nicht offen widersprechen.

Auch in zahlreichen weiteren Fallskizzen und Ausführungen lassen sich Tendenzen ausmachen, die pädagogische Grundsätze infrage stellen, etwa Respekt, wechselseitige Generativität oder Transparenz als institutionelles Merkmal. Zudem wirken viele Methoden auch in sich widersprüchlich:

> »Mit erhöhter Präsenz, Ankündigungen, Sit-ins und Schulausschluss mit Präsenz sowie Wiedergutmachungen verfügt sie über ein breites Spektrum an Methoden, das den

herkömmlichen Sanktionen weit überlegen ist. Die Schule wird damit eine geeinte und offene Gemeinschaft, die Kinder und Jugendliche einlädt, ihr anzugehören« (ebd., S. 233).

Wie Behringer (2023, S. 200 f.) zusammenfasst, besteht das Prinzip »Präsenz« nicht zuletzt in der »Verteidigung des Territoriums«. Lehrkräfte sind dabei berechtigt, Schüler:innen im Klassenraum festzuhalten und den Gang auf die Hofpause zu verhindern. Ein »Sit-In« ist ein Gespräch von mindestens drei Erwachsenen mit einer:m Schüler:in, wie es durch den Fall »Markus« bereits bekannt war. Ob solche Prinzipien Schüler:innen dazu einladen, Teil einer Gemeinschaft zu sein? Völlig unklar bleibt, wie ein Schulausschluss mit dem Prinzip der Präsenz vereinbar sein soll.

Ein letzter Punkt: Im Konzept der »Neuen Autorität« wird für einen Blick auf den Affekt Scham plädiert, der dessen entwicklungsförderliche Komponente in den Fokus rückt. In der Tat scheint es eine solche Perspektive auch fachlich zu geben: Dörr (2016, S. 20) konzipiert Scham als »Wächterin unserer Integrität« und meint damit, dass ein erlebtes (potenzielles) Verletzungsgefühl Menschen davor schützt, sich (noch) stärker und wiederholt zu großer Nähe oder übergriffigen Situationen auszusetzen. Omer und Haller (2020, S. 124–126) jedoch sprechen eine ganz andere Perspektive und Herangehensweise an. Ihnen geht es um ein bewusstes Initiieren von Schamgefühlen, was jedoch in einem haltgebenden Rahmen (z. B. unter Anwesenheit einer nahen Beziehungsperson) geschehen soll. Als Fallbespiel dient hier eine Sequenz, bei der ein Kindergartenkind andere Kinder in sexualisierter Weise berührt. Neben dem (nun wirklich nicht unwichtigen) fachlichen Missverständnis zur entwicklungsförderlichen und -hemmenden Scham zeigt sich erneut: Welche möglicherweise traumatische Subjektlogik hinter dem Verhalten des Kindes steht, welche nicht sprachfähigen Affekte die Konfrontation mit dem Verhalten auslöst, interessiert genauso wenig wie die grundlegende Frage, ob es womöglich auch andere Perspektiven auf das Geschehen geben könnte.

Insgesamt bleibt es aus Perspektive der Pädagogik bei psychosozialen Beeinträchtigungen bei erheblichen fachlichen Unklarheiten einerseits sowie klar erkennbaren Verletzungen kindlicher und jugendlicher Selbstbestimmungsrechte und Würde andererseits.

Fraglich ist deshalb, ob das Konzept der Neuen Autorität einen Beitrag zu Fragen der Erziehung unter hoch erschwerten sozialen Umständen leisten kann. Bereits weiter oben wurde der paradigmatische Anspruch einer »modernen Pädagogik« (ebd., S. 8) thematisiert. Dieser Aussage folgt allerdings eine Klage über die Hilflosigkeit der Schule in der heutigen Zeit:

4.3 Die (verleugnete) emotionale Seite von Interventionskonzepten

»Herkömmliche Erziehungsmethoden sind nicht mehr legitim. Wenn Lehrkräfte im Bemühen um einen geordneten Unterricht trotzdem darauf zurückgreifen, setzen sie sich nicht nur der Kritik der Eltern, sondern auch der vorgesetzten Stellen aus« (ebd., S. 21).

Was genau könnte damit ausgedrückt werden? Dass Lehrkräfte keine Grenzen mehr setzen, keine Klassenregeln festlegen und keine Peer-Gewalt verhindern dürfen? Oder dass sie nicht mehr schlagen, Kinder und Jugendliche erniedrigen oder in die winterliche Kälte aus dem Klassenraum verbannen dürfen? Eine solch pauschale Aussage wie oben lässt in jedem Fall mannigfaltigen Interpretationsspielraum. Es ist nicht leicht, hier keine Nähe der »Neuen Autorität« zu punitiven Weltbildern der konfrontativen Pädagogik (Weidner, 2013) oder auch zu Disziplinierungsfantasien nach Winterhoff (2009) zu sehen. Ein Großteil der Fallskizzen zeigt auf, dass sich hinter den oft partizipativ und demokratisch klingenden Prinzipien sehr scharfe hierarchische Beziehungsmuster, Macht-Ohnmacht-Konstellationen und Beschämungspraktiken verbergen. Am Anfang dieser Überlegungen stand die (so nicht durchgängig gültige) Vorannahme, das System Schule sei kontinuierlich überlastet. Verantwortung wird im Sinne der »Neuen Autorität« nunmehr aber nicht in strukturellen Rahmenbedingungen, fehlender Professionalität oder gar persönlichen Eigenschaften der Lehrkräfte gesucht. Vielmehr scheinen es die (antiautoritär erzogenen) Kinder und Jugendlichen zu sein, die Lehrkräften das Leben schwer machen. Dass diese Diagnose der antiautoritären Erziehung und deren teils problematischer Folgen für die Entwicklung, wenn überhaupt, nur auf einen kleinen Teil von jungen Menschen zutrifft und massive psychosoziale Problemlagen deutlich komplexer bedingt sind und auch die Schule daran einen Eigenanteil hat, all dies lässt sich hinter diesem populären Diskursfragment, das sich gegen die vermeintliche »Erziehungsverweigerung« wendet, verbergen.

Trainingsraum-Konzept

Die Idee des heute vielfach an Schulen eingesetzten Programms hat ihre Ursprünge im ›Responsible Thinking Process‹ von Ford (1997) und wurde von Balke (2003) für den deutschen Sprachraum adaptiert.

Der »Prozess des eigenverantwortlichen Denkens« soll eine konstruktive Bearbeitung von Unterrichtsstörungen und Disziplinproblemen in Schulen ermöglichen, die darauf abzielt, dass die Schülerinnen und Schüler selbst Verantwortung für ihr Lernen übernehmen und in einen Reflexionsprozess eintreten, in dem sie sozial verträgliche Handlungsalternativen zu zuvor gezeigtem Störverhalten im Unterricht generieren (Bründel & Simon, 2013). Auch in diesem Fall soll die Auseinandersetzung mit theoretischen Grundlagen eines Praxiskonzepts nicht im Fokus stehen, zumal sie nicht klar greifbar sind. Eines sei jedoch erwähnt: Dem Programm liegt ein Verständnis von Gefühlen zugrunde, nach dem diese bewussten Willensentscheidungen entstammen und weitgehend steuerbar sind:

> »In einem ›Six-Step-Reframing‹ gelangen Schüler zu der Erkenntnis, dass es sich für sie lohnt, ein anderes Verhalten zu zeigen. Indem sie sich zunächst gedanklich damit vertraut machen und es in der Vorstellung einüben, integrieren sie neue Handlungsweisen in ihr Handlungsrepertoire und entwickeln dabei positive Gefühle« (ebd., S. 62).

Wichtiger jedoch als die Prüfung des theoretischen Fundaments des Interventionskonzept ist folgendes: Das Konzept greift zentrale aktuelle Herausforderungen aus der pädagogischen Praxis auf, wenn es durch die (meist als schulweit begriffene) Anwendung des Trainingsraums hervorgerufene Veränderungen in folgenden Dimensionen verspricht:

- Entlastung der Lehrkräfte
- Störungsfreier Unterricht für die Mitschüler:innen (kritisch dazu: Bröcher, 2010).

Auf der konzeptionellen Ebene lassen sich im Zuge der Adaption ins Deutsche einige Veränderungen feststellen. Im Original stehen die Übernahme von Eigenverantwortung und der dafür maßgebliche Beziehungsprozess stärker im Vordergrund:

> »But in almost all schools, there is no person analogous to a reading teacher who helps students lacking the understanding of how to look within themselves and decide how they want to be, and, when they are finally committed to following the rules, teaches them how to get what they want while respecting the rights of others.« (Ford, 1994, S. 3).

Hinsichtlich der Lösungsvorschläge für Konflikte wird das Miteinander von Lehrkraft und Schüler:innen stark betont. Diese Aspekte haben in der deutschsprachigen Adaption (Balke, 2003) deutlich an Gewicht verloren (Hövel, Zimmermann, Meyer & Gingelmaier, 2020).

Eigenverantwortliches Denken bedeutet dem Trainingsraumkonzept folgend nunmehr, dass die Kinder und Jugendlichen lernen, ihre eigenen Ziele in Relation zu den Zielen anderer zu setzen und daraufhin verantwortungsvoll, reflektiert und unter Berücksichtigung der Konsequenzen handeln zu können (Bründel & Simon, 2013, S. 55). Der Trainingsraum soll das Setting für diesen Reflexions- und Einstellungsänderungsprozess bieten, er wird als »Herzstück« (ebd., S. 60) des Rahmenkonzepts bezeichnet.

In Anlehnung an Balke (2003, S. 35–71) kann der Ablauf folgendermaßen skizziert werden:

- Ein:e Schüler:in hält sich nicht an eine Klassenregel und stört den Unterricht, sodass die Lehrkraft eine ausdrückliche Ermahnung ausspricht und durch einen ritualisierten Frageprozess Reflexionsanstöße für das gezeigte Störverhalten einbringt.
- Das betreffende Kind oder der/die Jugendliche wird nunmehr durch die Lehrkraft verbal vor die Wahl gestellt, ob es das gezeigte Verhalten ändern und im Klassenraum bleiben, oder ob es in den Trainingsraum gehen möchte.
- Stört der/die Schüler:in erneut oder entscheidet sich für zweitgenanntes, so stellt die Klassenlehrkraft einen Informationszettel aus, auf dem Grund und Uhrzeit für die Ausweisung aus dem Klassenzimmer festgehalten werden.
- Die/der Schüler:in soll nun direkt in den Trainingsraum gehen – ein separater Raum mit Stühlen und Tischen, der während der Schulstunden stets von einer eigens dafür abgestellten pädagogischen Fachkraft beaufsichtigt wird. Unter Anleitung wird nun ein Rückkehrplan erarbeitet, der die Störsituation sowie Besserungsvorschläge berücksichtigt.
- Wird der Plan abgesegnet, so kehrt das Kind »auf Probe« ins Klassenzimmer zurück, wo die Klassenlehrkraft entscheidet, ob sie den Rückkehrplan akzeptiert. Wird erneut gestört, muss der/die Schüler:in direkt zurück in den Trainingsraum gehen.

Hövel et al. (2020) legten ein systematisches Review zum quantitativen und qualitativen Forschungsstand zum Trainingsraum vor. Die Ergebnisse des Reviews verweisen auf eine mindestens widersprüchliche Befundlage hinsichtlich vermeintlich positiver Veränderungen durch den Trainingsraum, viele Studien verweisen auch auf negative Effekte.

Erneut ist aus einer pädagogischen Perspektive kritisch zu diskutieren, dass die Ursachen des Störverhaltens, des Konflikts oder der Eskalation einseitig auf Seiten der Kinder und Jugendlichen verortet werden. Nicht nur fehlen gänzlich Perspektiven auf die innerpsychisch und sozial bedingte Subjektlogik der Schüler:innen. Darüber hinaus sind Lehrkräfte nicht angehalten, zu reflektieren, ob das Störverhalten eines Kindes in einer mangelnden Vorbereitung oder Differenzierung, in Mobbingdynamiken oder ganz grundlegend in einer problematischen Leitung des Klassengeschehens begründet liegt (Bröcher, 2010).

Warum aber wird das Trainingsraum-Konzept dennoch so häufig in Schulen angewandt? Zu vermuten ist: Es ist das Spiel mit einer (realen oder vermeintlichen) Hilflosigkeit von Lehrkräften, die genutzt wird, um autoritäre und an Unterwerfung orientierte Maßnahmen zu legitimieren. Ein fiktiver Dialog einer Lehrkraft mit einem:r Schüler:in lautet: »Bist du bereit, dich an die Klassenregeln zu halten? Wie willst du uns zeigen, dass du nicht mehr in den Trainingsraum geschickt werden willst?« (Balke, 2003, S. 101).

Nimmt man nunmehr den oben beschriebenen Ablauf des Verweises in den Trainingsraum zum Ausgangspunkt, so lassen sich die emotionale Dynamik, sein Reiz und die Gefahren des Programms am besten in einem Kreislaufmodell beschreiben:

- Als Ausgangspunkt dienen zwei unterschiedliche Perspektiven auf die emotional aufgeladene pädagogische Beziehung: Einerseits sind es nicht zu verleugnende Herausforderungen der Schule, Ressourcenmangel und gesellschaftliche Verwerfungen, die zu erheblichen Belastungen bei Lehrkräften führen. Andererseits ist es das nicht selten traumatisch aufgeladene Beziehungsgeschehen in einer komplexen, durch die Gruppe noch verschärften Übertragungsdynamik, die bei Lehrkräften teils massive Entwertungs- und Hilflosigkeitsgefühle auslöst. Das »eigenverantwortliche Denken« ist hierbei affektbedingt nicht nur auf Seiten der Schüler:innen stark eingeschränkt, sondern nicht selten in ähnlicher Art und Weise bei den Lehrkräften (Göppel, 2003, S. 69 f.).
- Der machtvolle Verweis in den Trainingsraum (das entleerte Ritual des vorherigen Fragens, ob der/die Schüler:in sich nun an die Regeln halten wolle, kann hier nahezu unberücksichtigt bleiben, weil es die Eskalationsspirale nur vorantreibt) entlastet somit punktuell die Lehrkraft emotional, zugleich werden auf einer Tiefenebene auch Affekte des Versagens reaktiviert. Schüler:innen erleben eine Form der Beschämung und sozialen Isolation, auf die sie nur mit Unterwerfung oder weiterer Störung als Selbstbehauptung reagieren können.
- Die Wiederkehr in den Klassenraum, über die die Lehrkraft entscheidet, verschärft diese erlebte Macht-Ohnmacht-Spirale zusätzlich. Bei den Schüler:innen kommt es entweder zu (subjektiv notwendigen) weiteren störenden Verhaltensweisen oder zur oberflächlichen Anpassung.

Aus einer soziologischen Perspektive ist eine strukturelle Herrschaftspraxis (Pongratz, 2010) ein wesentlicher Kritikpunkt am Trainingsraum. Kennzeichnend hierfür ist, dass Lehrkräfte sowie Schüler:innen nur eine vermeintliche Augenhöhe als Vertragspartner haben, die Macht bleibt einseitig aufseiten der Lehrkraft. Kernmerkmal dieser Herrschaftspraxis ist eine Strafideologie, die in der Schule nur einen unter vielen institutionellen Räumen findet, in denen sie vermeintlich pädagogisch ausagiert wird (Heuer, 2021). Wird nach Gründen einer solchen Punitivierung von pädagogischer Praxeologie gefragt, geraten aus einer psychoanalytisch-pädagogischen Perspektive zentrale Emotionen im sozialen Miteinander in das Blickfeld, die das Bedingungsfeld einer machtvollen, ausgrenzenden, v.a. aber beschämenden Pädagogik bilden. Obwohl hier nicht im Mittelpunkt stehend, lassen sich diese emotionalen Dynamiken auch als gesamtgesellschaftliche Phänomene rekonstruieren: Dominiert in einer Gesellschaft erhebliche Angst (vor sozialem Abstieg, vor Krieg, vor dem Verlust von Macht), dann fungieren Institutionen der Erziehung von nicht selten ohnehin diskriminierten Menschen als Angst-Container (Gratz, 2020). Die unaushaltbaren (und oft gar nicht symbolisierten Ängste) werden dorthin verlagert, möglicherweise auch projiziert, und mittels punitiver Strategien aggressiv bekämpft. Pongratz (2010) arbeitet heraus, dass das Vorgehen des Trainingsraums als »Vorwarnung« der sozialen Isolation für die Störer:innen und Lernverweiger:innen zu verstehen sei. Zugespitzt formuliert Pongratz (2010, S. 73): »Der Fall, dass Schüler einen Lehrer in den Trainingsraum schicken, ist schlicht nicht vorgesehen und würde das Konzept aus den Angeln heben.« In der Anwendung nach dem vorgestellten Konzept verkörpert der Trainingsraum also die Gefahr einer einseitigen Machtausübung, die unter dem Deckmantel der Pädagogik eine punitiv-beschämende Herrschaftspraxis etabliert und strukturell gesellschaftliche Ängste auf vermeintlich störende Schüler:innen projiziert.

Einfache Antworten, warum sich der Trainingsraum dennoch erheblicher Popularität erfreut, lassen sich selbstverständlich nicht finden. Theorie- und empiriegeleitet aber steht fest, dass ein entpersönlichendes Konzept, das auf Unterwerfung und soziale Isolation setzt, keine pädagogischen Antwortmöglichkeiten auf komplexe Problemlagen anbietet.

5 Pädagogik bei psychosozialen Beeinträchtigungen und Unterricht

5.1 Überlegungen zu einer Didaktik bei psychosozialen Beeinträchtigungen

Zahlreiche praxeologische Entwürfe der Pädagogik bei psychosozialen Beeinträchtigungen beziehen sich auf das Handlungsfeld Schule, wenngleich damit nur ein Ausschnitt der institutionellen Verortungen der Fachdisziplin beschrieben ist. Innerhalb dieses institutionellen Rahmens ist das Fach in der bundesdeutschen Tradition eng mit dem Förderschwerpunkt der emotionalen und sozialen Entwicklung assoziiert. Auch zahlreiche Hochschulabteilungen heißen deshalb wie der schulische Förderschwerpunkt. Aus einer fachlichen Perspektive ist dies allerdings nicht unproblematisch, und zwar aus zwei Gründen:

- Zum einen entstehen Problemlagen nicht ausschließlich in der Schule, ebenso zeigen sich Konflikte, die schulischen Ursprungs sind, auch außerhalb davon. Gerade mit Hilfe der in diesem Buch vertretenen Theoriebildung, die un- und vorbewusste Psycho- und Soziodynamiken in den Fokus rückt, lässt sich unschwer aufzeigen, wie komplex verschiedene Lebensbereiche emotional und sozial miteinander verwoben sind (Herz, 2018). Hilfreiche Interventionen müssen deshalb in der Regel über die Institution Schule hinaus gedacht und praktiziert werden.
- Die Anlehnung eines Fachs an eine schulorganisatorische Kategorie (Förderschwerpunkt) legt zugleich nahe, dass die mit diesem Förderschwerpunkt gelabelten Kinder und Jugendlichen eine abgrenzbare Gruppe bildeten, was angesichts der viel größeren Anzahl an (hoch) belasteten Kindern und Jugendlichen im Vergleich zur Schüler:innenanzahl mit Förderbedarf jeglicher Plausibilität entbehrt. Aufgrund der personellen Zuweisung eines Förderbedarfs an eine:n Schüler:in wird zudem ein personengebundenes Modell von Beeinträchtigung nahegelegt, das systemische Faktoren ausspart (Stein & Müller, 2024, S. 26). Zugespitzt: Bis-

5.1 Überlegungen zu einer Didaktik bei psychosozialen Beeinträchtigungen

lang ist dem Autor kein Fall bekannt, in dem eine Lehrkraft oder eine Schulstruktur einen sonderpädagogischen Förderbedarf aufgrund von sozial unangemessenem oder emotional unreifem Verhalten zugewiesen bekommen haben.

Es bleibt also festzuhalten, dass die enge Anbindung der Pädagogik bei psychosozialen Beeinträchtigungen an den schulischen Förderschwerpunkt emotionale und soziale Entwicklung sowohl die Reichweite des Fachs unangemessen verengt als auch die Gefahr birgt, komplexe soziale Problemlagen individualisierend zu deuten. Dennoch: Wird über *unterrichtliche* Fragen im Kontext (erheblicher) psychosozialer Beeinträchtigungen gesprochen, dann kann die Theorie- und Praxisentwicklung im Förderschwerpunkt emotionale und soziale Entwicklung zum Ausgangspunkt genommen werden – immer im Wissen, dass es sich bei der Zielgruppe bei Weitem nicht nur um die jungen Menschen handelt, die den Förderschwerpunkt auch zugewiesen bekommen haben. Der sonderpädagogische Förderschwerpunkt emotionale und soziale Entwicklung bildet somit den Referenzpunkt, um Fragen der Vermittlung von Lerngegenständen inklusive der zu beachtenden Psycho- und Gruppendynamiken zu reflektieren und – im Vergleich mit populären didaktischen Modellen – anders zu denken.

In den seit 2025 gültigen KMK-Richtlinien für den Förderschwerpunkt heißt es:

> »Von besonderer Bedeutung sind unterrichtliche Angebote, die darauf zielen, Schülerinnen und Schüler jeweils zu unterstützen, ihre Selbstlern- und Reflexionskompetenzen systematisch nachhaltig aufzubauen und zu stabilisieren, insbesondere die Wahrnehmung für ihr eigenes sowie fremdes Empfinden zu stärken (Bereitschaft und Fähigkeit zu Empathie), ihre Selbststeuerungskräfte zu aktivieren und dadurch die Motivation für dauerhafte Veränderungen zu unterstützen sowie die Steuerungsfähigkeit ihres Verhaltens langfristig zu stabilisieren.« (Kultusministerkonferenz, 2024, S. 9).

Obwohl hier also explizit von »unterrichtlichen Angeboten« die Rede ist, werden fast ausschließlich Erziehungsziele thematisiert. Der Begriff »Didaktik« findet sich in den neuen Empfehlungen kein einziges Mal, der Begriff »Unterricht« zwar häufiger, ohne aber Fragen der Auswahl und Vermittlung von Unterrichtsgegenständen zu beleuchten. Und auch insgesamt ist die didaktische Diskussion im Förderschwerpunkt emotionale und soziale Entwicklung auffallend lückenhaft. In der Fachzeitschrift ESE finden sich in den ersten sechs Jahrgängen genau zwei Beiträge, deren Titel genuin auf didaktische Fragen verweisen (Ricci, 2021; Schmalenbach, Ross, Müller & Grieser,

2019), darunter kein einziger Originalbeitrag, der im Peer-Review-Verfahren veröffentlicht wurde. Müller (2021, S. 131) schreibt: »Das integrativ didaktische Modell von Alexandra und Roland Stein (2020) ist das einzige, das explizit mit Blick auf den Unterricht mit verhaltensauffälligen Kindern und Jugendlichen entstanden ist. Es begründet sich in der Enthaltsamkeit der allgemeinen Didaktik, was die Frage der *Komplexität und Vielfalt von Störungen* im Unterrichtsgeschehen betrifft« (Herv. i.O.). Zumindest teilweise kritisch blickt Müller (2021, S. 132) auf jenes Modell: So komme »[...] die Frage nach dem *Gegenstand von Unterricht* und seiner Berechtigung vor dem Hintergrund spezifischer Lern- und Lebenserfahrungen zu kurz« (Herv. i.O.).

Einen gleichwohl breit gefächerten Überblick über die didaktischen Ansätze im Förderschwerpunkt (die manchmal auch nur Fragmente sein mögen) gibt Hillenbrand (2011). Gerahmt von historischen Aspekten sowie im letzten Teil des Buches inklusionspädagogischen Fragestellungen stellt der Autor elf unterschiedliche didaktische Modelle vor. Da der Band übersichtlich konzipiert ist, die didaktischen Modelle theoretisch angebunden sowie einer empirischen Bewertung durch den Autor unterzogen werden, müssen jene Zugänge hier nicht im Detail rezipiert werden (dies wäre eine reine Wiederholung der dortigen Analyse). Zahlreiche der didaktischen Ansätze, so zeigt sich in der Zusammenschau, haben ein lerntheoretisches Fundament, nicht selten unter Berufung auf organische Verursachungsmodelle von Hyperaktivität und Störverhalten.

Dennoch stellt Hillenbrand (ebd.) auch psychodynamisch orientierte Unterrichtsmodelle vor, z. B. jenes von Baulig (1982). Weitere, sich zumindest anteilig an Subjektperspektiven und innerpsychischen Problemen, die den Unterricht beeinflussen, ausrichtende Zugriffe sieht Hillenbrand (2011) im Entwicklungstherapeutischen Unterricht von Bergsson (1995) und im alltagsästhetischen Ansatz von Bröcher (1997): »Bröchers didaktischer Vorschlag basiert damit auf einer Kombination von Kunsttherapie und Lebensweltorientierung für den Unterricht« (Hillenbrand, 2011, S. 199). Hierbei liegt eine gewisse Nähe zu dem genuin psychodynamisch orientierten Modell von Baulig vor, erweitert um den kunsttherapeutischen Aspekt. Auch der von Hillenbrand nicht erwähnte Ansatz des Projekts Übergang (Becker & Prengel, 2016) enthält ähnliche didaktische Prinzipien wie etwa Reizreduktion, aber auch Lebensweltorientierung und Konfliktverarbeitung.

Steht die Aufzählung verschiedener didaktischer Zugriffe durch Hillenbrand (2011) nunmehr im Widerspruch zu Müllers (2021) oben zitierter Aussage, dass nur das integrative Konzept von Stein und Stein (2020) ein explizit für die Zielgruppe der Pädagogik bei psychosozialen Beeinträchtigungen entwickeltes didaktisches Modell darstelle? Dies kann nicht abschließend beantwortet werden und ist abhängig davon, welche Anforderungen an ein didaktisches »Modell« gestellt werden (viele der von Hillenbrand vorgestellten Zugriffe sind tatsächlich eher Ansätze). Unabhängig davon sollte Müller (2021) in einem zentralen Aspekt zugestimmt werden: Bei den allermeisten von Hillenbrand (2011) vorgestellten didaktischen Zugriffen liegt der Fokus auf

- Reizreduktion und Raumgestaltung,
- Verhaltensmodifikation,
- Integration therapeutischer Aspekte in der Lehrkraft-Schüler:innen-Beziehung,
- entwicklungspsychologischen Zielstellungen.

Fundierte Konzepte und empirisch gestützte Beiträge einer Didaktik im Förderschwerpunkt emotionale und soziale Entwicklung, die Unterricht und damit die Erschließung von Welt und Weltbezügen als zentralen Ort pädagogischer Wirksamkeit ernst nehmen, sind rar gesät. Die Ansätze von Baulig (1982) und Bröcher (1997) sind dabei zumindest teilweise als Ausnahmen zu verstehen. In jüngerer Zeit hat Schroeder (2022) eine theoretische und empirische Analyse zur Schnittmenge der Didaktik des Sachunterrichts und dem Unterricht im Förderschwerpunkt der emotionalen und sozialen Entwicklung vorgelegt.

Stein, Müller und Hascher (2023, S. 15 f.) halten noch generalisierter fest, dass sich die Pädagogik bei psychosozialen Beeinträchtigungen mit Bildungsprozessen nur sehr zögerlich befasst habe. Selbst die fachdisziplinäre Unterrichtsforschung beziehe sich eher auf das darin verwobene Erziehungsgeschehen (was sich auch in der KMK-Empfehlungen widerspiegelt). Eine Folge sei es, so die Autoren, dass es zu erheblichen Defiziten in der Konzeptualisierung »der Einschränkungen von Bildung gleichsam als Ursache von Verhaltensstörungen sowie als deren Folge« (ebd., S. 15) komme. Dies mag einerseits schulorganisatorisch bedingt sein, weil der Unterricht im Schwerpunkt der emotionalen und sozialen Entwicklung nicht zieldifferent erfolgt, sondern entweder nach den allgemeinen Leistungsanforderungen der jeweiligen Schulstufe oder aber nach denen eines primären Förderschwerpunkts, insbesondere »Lernen« oder »geistige Entwicklung«.

Andererseits fällt auch jenseits des Mangels an konkreten didaktischen Entwürfen auf, dass der fachlich-didaktische Diskurs in der Fachdisziplin insgesamt zwar nicht zum Erliegen gekommen ist, aber seit vielen Jahren nur punktuell geführt wird. Der Mangel an Beiträgen in der einschlägigen Jahresschrift (s. o.) ist ein Symptom dieser disziplinären Leerstelle. Schroeder

(2022, S. 206) schlägt als mögliche Bedingungsfelder für diese Tatsache zwei gegensätzliche Hypothesen vor: Einerseits könne dies Ausdruck einer »pädagogischen Hilflosigkeit« sein, andererseits darauf verweisen, dass keine eigene Didaktik notwendig sei.

In welchem teils auch spannungsreichen Verhältnis Beziehungsarbeit und Didaktik zueinander stehen, wird deshalb wenig diskutiert (Dietrich, Hofman & Zimmermann, 2024). Die psychodynamisch orientierten didaktischen Modelle sind fast alle mehrere Jahrzehnte alt und lassen deshalb Bezüge zu aktuellen unterrichtlichen Fragestellungen vermissen. Genauer: im Wesentlichen entstammen die meisten Modelle den Unterrichtserfahrungen in sehr spezifischen Settings, entweder Förder- oder Heimschulen oder dem Klinikunterricht[10]. Diese Beschränkung auf spezifische Unterrichtssettings spiegelt die bereits angesprochene problematische Verengung des Fachs auf den schulischen Förderschwerpunkt wider – hier mit der Folge, dass kaum Anschluss an aktuelle wissenschaftliche Fragestellungen im inklusionspädagogischen Kontext besteht. Als Ausnahme können die didaktischen Anteile im Projekt Übergang gesehen werden, wenngleich genuin auf den Unterrichtsgegenstand bezogene Aspekte dabei eher randständig behandelt werden.

5.2 Warum das Lernen aus gutem Grund gestört ist – und was dies für eine psychodynamisch orientierte Didaktik bedeutet

Zum oben benannten Forschungs- und Theoriedefizit in einer förderschwerpunktspezifischen Didaktik hat, so die Analyse von Werning und Reiser (2002), die Einteilung von Förderbedarfen in Schwerpunkte, insbesondere »Lernen« und »emotionale und soziale Entwicklung« erheblich beigetragen. Diese Einteilung spiegele ohnehin letztlich nichts anderes wider als unterschiedliche Perspektiven der Betrachter:innen. Es handelt sich also

---

10 In den Veröffentlichungen der psychoanalytischen Pädagogik finden sich zudem einige wenige didaktische Entwürfe, die primär Unterrichtserfahrungen im Gymnasium entstammen (Hirblinger, 2006; Würker, 2012). Da diese aber die spezifischen Voraussetzungen psychosozial beeinträchtigter Menschen nicht oder unzureichend beachten, werden sie für diese Zusammenstellung vernachlässigt.

keinesfalls um klinisch gelesene Komorbiditäten, sondern um ein und dasselbe Phänomen beschädigter Sozialisation, das zwar nicht linear-kausal aber häufig sowohl erhebliche Schwierigkeiten in der psychosozialen Entwicklung als auch im Lernen mit sich bringe (Reiser, 2016, S. 81 f.). Es lohnt deshalb, auch aus Perspektive der Pädagogik bei psychosozialen Beeinträchtigungen, die Bedingungsfelder von Lernstörungen und -blockaden genauer in den Blick zu nehmen – wofür eine psychodynamische Perspektive als relevant gelten muss.

Für Kinder und Jugendliche, deren Lernen umfänglich beeinträchtigt ist, lassen sich fast immer zentrale Bedingungsfelder in den Sozialisationserfahrungen, insbesondere in familiären und schulischen Beziehungen rekonstruieren (die wiederum in gesellschaftliche, insbesondere klassenbezogene Diskriminierungen und Benachteiligungen eingewoben sind). Lernstörungen lassen sich etwas spezifischer sowohl als Folge von massiven Trennungs-, Gewalt- und Diskriminierungserfahrungen als auch als Ausdruck von an anderer Stelle gebundener Energie nachvollziehen:

> »Ich finde es oft bewundernswert, was Kinder aus dieser Situation noch alles machen konnten, um ein Stück Autonomie und Zugehörigkeit zu erobern und zu bewahren. Oft reicht dann die Energie nicht mehr, um Interesse für die schulischen Anforderungen aufzubringen. Die generalisierte Lernstörung, die in der fortschreitenden Kluft zwischen der Lernbeteiligung dieser Kinder und den Lernerlebnissen der Mehrzahl der Kinder immer stärker wächst und sich über die gesamte kognitive Entwicklung ausbreitet, reproduziert dann unentwegt Frustrationen und Selbstwertbeschädigungen. Das Lernen wird zum Feind. Das Bewahren der Eigeninitiative und des Selbstwerts spielt sich auf anderen nicht-legalen Feldern ab« (Reiser, 2016, S. 82).

Grundlage der hier rezipierten Perspektive auf Störungen des Lernens sind also drei Aspekte, die im obigen Zitat bereits skizziert sind:

a) Im Wechselspiel mit psychosozialer Entwicklung ist auch das Lernen abhängig von der Verinnerlichung relationaler und sozialer Erfahrungen.
b) Ein wesentlicher Anteil der Lernstörungen wird durch die Schule und die permanenten Misserfolgserlebnisse gleichsam selbst hergestellt (Katzenbach, 2006, S. 85).
c) Diese Erlebnisse interagieren innerpsychisch und relational mit den von den Kindern und Jugendlichen in die Schule hineingetragenen (unbewussten) Repräsentanzen.

Mit Blick auf den hier unter a) angenommenen Zusammenhang von extremer emotionaler und sozialer Mangelerfahrung und Lernstörungen erscheint sowohl die Hypothese zugrunde liegender Intelligenz- oder Begabungsprobleme als auch die Idee, es sei *ausschließlich* die Schule selbst, die Lernstörungen produziere, doch etwas zu kurz gegriffen (Katzenbach, 2006, S. 89). Angemerkt, wenn auch hier nicht differenziert darlegbar, sei, dass für Kinder und Jugendliche im Förderschwerpunkt »geistige Entwicklung« die gleichen Zusammenhänge von primärer und sekundärer Sozialisation, Verinnerlichung und Lernproblemen gelten.

Wenn nun die Subjektlogik von Lernstörungen genauer konzeptualisiert werden soll, so können die im Kapitel 1 (▶ Kap. 1) ausgeleuchteten Bezugstheorien der Pädagogik bei psychosozialen Beeinträchtigungen wieder aufgegriffen und auf ihre Bedeutung für Lernprozesse untersucht werden. Dies kann und soll hier jedoch nur in Auszügen geschehen:

Reiser (1972) bezog sich in frühen Entwürfen stark auf ein therapeutisches Unterrichtsmodell von Redl (1971/1987) und somit auf einen klassisch psychoanalytischen Zugriff. So genannte »Ich-Störungen« und massive, schwer aushaltbare Übertragungsprozesse lassen die Grenze zwischen Therapie und Erziehung sowie Unterricht verschwimmen (Reiser, 1972, S. 55). In späteren Veröffentlichungen (Reiser, 2016) bezieht sich der Autor sowohl auf die genetische Entwicklungspsychologie Piagets als auch auf psychoanalytische Objektbeziehungstheorie und rückt die fehlende Objektkonstanz von psychosozial beeinträchtigten Kindern und Jugendlichen in den Fokus. Dies bedeutet: Die Kinder und Jugendlichen haben zunächst einmal keine innere Vorstellung davon, dass es verlässliche und ggf. sogar vertrauenswürdige Beziehungspersonen gibt, die sie unabhängig von ihrer Leistung annehmen, liebhaben und wertschätzen. Da dieses Mangelerleben so wirkmächtig ist, können sie sich auch Aufgaben und den damit verbundenen Unsicherheiten nicht zuwenden, da bei einem Scheitern subjektiv permanent Isolation und/oder Bestrafung drohen.

Im Kontext fehlender Objektkonstanz kommt mangelnden Triangulierungsfähigkeiten eine spezifische Bedeutung zu. Es besteht dann keine innere Vorstellung von Beziehungen in komplexer, eben triangulärer Struktur; entweder sind frühe und spätere relationale Erfahrungen tatsächlich (fast) ausschließlich im Zwei-Personen-Setting verhaftet geblieben oder aber das dritte Element war in hohem Maße bedrohlich (Katzenbach & Ruth, 2008). Es besteht in der Übertragung deshalb auch keine komplexere Beziehung zwischen Schüler:in und Lehrkraft sowie dem Unterrichtsgegenstand. Vielmehr sind diese Kinder und Jugendlichen geradezu existentiell angewiesen auf unmittelbare Unterstützung durch die erwachsene Beziehungsperson. Der Kontakt zum Gegenstand gelingt nicht, auch nicht punktuell, ohne diese Unterstützung. Dies hat zur Folge, dass ausschließlich »sicherheitsbewahrende« Lernarrangements und Lernangebote wahrgenommen werden können. Die mutige, autonome Hinwendung zum Lerngegenstand – also eine (teilweise) Abwendung von der erwachsenen Beziehungsperson – wird dann als besonders bedrohlich empfunden.

Katzenbach (2006, S. 102–104) geht von einer hoch beeinträchtigten narzisstischen Stabilität der Kinder und Jugendlichen aufgrund der emotionalen Mangelerfahrungen aus. »Die Reorganisation bestehenden Wissens verlangt es, bestehende Gewissheiten auf die Probe zu stellen und, wenn notwendig, auch aufzugeben. Dies ist ohne einen zumindest temporären Kontrollverlust nicht zu machen« (ebd., S. 103). Doch wenn die Vorstellung von sich selbst derart fragil ist, Kinder und Jugendliche deswegen so extrem abhängig von äußerer Gratifikation sind, dann ist jeder Kontrollverlust im Lernen bedrohlich. Beide Kernaspekte, fehlende Objektkonstanz und Bedrohung narzisstischer Stabilität, belegen eindrücklich, wie eng emotionale Entwicklung und Lernmöglichkeiten aufeinander bezogen sind und wie wichtig die psychoanalytische Perspektive zum Verständnis solcher Lernstörungen ist.

Eine weitere theoretische Orientierung psychoanalytisch fundierter Didaktik findet sich in der psychoanalytischen Sozialisationstheorie (Lorenzer, 1972). Demnach ist Unterricht als Szene zu begreifen, in der sich die relationalen und sozialen Erfahrungen der Schüler:innen und Lehrkräfte widerspiegeln (Neidhardt, 1977, S. 65 f.). Ebenso zeigt sich im Unterrichtsgeschehen das Verdrängte von Seiten der Lehrkraft sowie das in der Institution Tabuisierte. Die inneren Anteile aller Beteiligten spiegeln insofern in gebrochener Art und Weise gesellschaftliche Zustände, so, wie dies umfänglich in den Kapiteln 1 (▶ Kap. 1) und 2 (▶ Kap. 2) herausgearbeitet wurde. Unterrichtsszenen sind demnach – exemplarisch – als Wiederholung der Demütigungs- und Ausgrenzungserfahrung von Kindern und Jugendlichen aus Armutsverhältnissen oder mit Fluchthintergrund zu verstehen. Dies lässt sich am präzisesten am Beispiel illustrieren: Der absolute Fokus auf Deutsch als Zweitsprache in so genannten Willkommensklassen repräsentiert nicht etwa nur den Wunsch, dass die neu zugewanderten Schüler:innen schnell am sozialen Leben teilhaben können. Vielmehr taucht darin auch das Fantasma des »integrationsfähigen Flüchtlings« (Schlachzig, 2022), demnach die Leitidee von Assimilation und Nützlichkeit auf. Zugleich zeigen sich in diesem Fokus auch gesellschaftliche Optimierungsfantasien, denen insbesondere junge Lehrkräfte und Seiteneinsteiger:innen ausgesetzt sind. Diese sind – ähnlich wie die jungen Geflüchteten, welche möglichst schnell Deutsch lernen sollen – einem subtilen gesellschaftlichen Anpassungsdruck ausgesetzt, der sie dazu drängt, Effizienz, Kontrolle und Anpassungsfähigkeit als Maßstab ihres beruflichen Selbstverständnisses zu verinnerlichen.

Hoanzl (2008) greift diese Perspektive der psychoanalytischen Sozialisationstheorie für eine didaktische Reflexion auf. Das von ihr als »befremdlich« markierte (Lern-) Verhalten der Schüler:innen verweist einerseits auf noch nicht ausgebildete Möglichkeiten der sprachsymbolischen Übersetzung. Stattdessen spiegeln die Lernblockaden u.a. leib-sinnlich repräsentierte Verlusterfahrungen. Lerngegenstand und Schüler:in bleiben sich also fremd, weil Worte für das eigene Erleben, mithin für individuelle Anknüpfungspunkte an den Gegenstand fehlen. Lernstörungen sind somit als Folge misslingender primärer Sozialisationserfahrungen zu lesen. Andererseits ist das Erleben auch zwischen Lehrkraft und Schüler:in befremdlich, weil sich die gesellschaftliche Sozialisationserfahrung der Interaktionspartner:innen so stark unterscheidet. Es kommt zu misslingenden Dialogen, die letztlich gesellschaftliche Spaltungen widerspiegeln. Auch im Sammelband von Bittner und Ertle (1985) lassen sich weitere Bezugnahmen auf jene Tradition psychoanalytischer Sozialisationstheorie finden, die einerseits soziale und ökonomische Verhältnisse als die innere Welt prägend, andererseits die Schule als Reproduktionsstätte (diskriminierender) Verhältnisse definierend zur Grundlage haben.

Eine letzte Anmerkung, die sich zumindest in ihrer gedanklichen Herkunft etwas abseits der genuin schulpädagogischen Überlegungen bewegt:

Wie in Kapitel 1 (▶ Kap. 1) schon einmal kurz skizziert, diskutiert Davids (2020) anhand eines therapeutischen Beispiels, wie sich Ängste der Patient:innen, die aufgrund der rassistischen Strukturiertheit der Gesellschaft mit eben jenen Projektionen aufgeladen werden, in der therapeutischen Beziehung widerspiegeln und sich beim Adressaten (hier: dem Therapeuten) mit eigenen, teils früh erlebten Diskriminierungserfahrungen verbinden. Der Autor kann so eindrücklich belegen, wie sich ubiquitäre Affekte, insbesondere Ängste, mit einer entsprechenden gesellschaftlichen Projektionsneigung verbinden.

Überträgt man dies nun auf das Setting Schule, dann sind auch migrantisch gelesene Schüler:innen Adressat:innen solcher angstbesetzten Projektionen von Lehrkräften und Mitschüler:innen. Das lässt sich exemplarisch folgendermaßen nachzeichnen: Lehrkräfte wie Schüler:innen stehen im neoliberalen Bildungssystem massiv unter Druck, sind u.a. permanenten Leistungsvergleichen ausgesetzt. In diesem Kontext tauchen im Klassenraum die gesellschaftlichen Verwerfungen (Demütigungen, Ausgrenzungen) wieder auf, z.B. über Noten oder im Kontext von Disziplinierungs- und Trainingsprogrammen. Und es sind dann scheinbar die »Fremden«, die Schüler:innen mit Migrationserfahrung, die »Veranderten« (Leitner, 2022), die schuld sind an Missständen im Bildungssystem und am Scheitern an gesellschaftlichen Erwartungen. Im Prozess einer projektiven Identifizierung nehmen die so Adressierten Anteile der ihnen mit aller Macht vermittelten Bilder als Störer:innen, Lernbehinderte, nicht-Deutsch-Sprechende usw. auf. Es ist dann nicht mehr verwunderlich, dass das reale Lernverhalten dieser Kinder und Jugendlichen tatsächlich auf die auf sie projizierten Dimensionen (eben jene als »Verweigerer:innen«, »Störer:innen«, »Behinderte«) zurückverweist. Angemerkt und hier nicht weiter ausgeführt sei noch, dass auch Lehrkräfte mit Migrationserfahrung nicht selten ähnlichen Projektionen ausgesetzt sind. Empirisch noch nicht umfänglich untersucht, verweisen Erfahrungsberichte darauf, dass diese Projektionen vor allem in Elternkontakten eine erhebliche Belastung darstellen können.

Die psychoanalytischen Perspektiven auf Lernstörungen lassen sich den hier auszugsweise vorgestellten Rekonstruktionen nach unterteilen in:

- Am Instanzenmodell orientierte Zugriffe (»Ich-Störungen«)
- Objektbeziehungstheoretische Zugriffe, insbesondere mit Bezug zur Triangulierungstheorie
- Sozialisationstheoretische Zugriffe unter besonderer Bezugnahme auf rezente Rassismustheorien.

Unabhängig davon, welche Perspektive nun genau eingenommen wird: Alle vorgestellten Theoriefiguren verweisen auf ein enges Zusammenspiel sozialer Marginalisierung und Demütigung, massiv beeinträchtigter innerer Welt und generativer Beziehung, Herstellung von Lernstörungen in der Schule und tatsächlich gestörten Zugängen zu Lerngegenständen. Somit müssen emotionales, soziales und fachliches Lernen zwangsläufig miteinander verknüpft werden (Leidig, Hennemann & Hillenbrand, 2020), stets beruhend auf einer ausgeprägten professionellen Reflexionsfähigkeit zur subjektlogischen Lernblockade von Kindern und Jugendlichen.

5.3 Entwürfe einer subjektlogisch orientierten Didaktik im Förderschwerpunkt emotionale und soziale Entwicklung

5.3.1 Lernleitern

Das Konzept der Lernleitern rückt Prozesse des Miteinanders zwischen Kindern und Jugendlichen, den Lern- und Bildungsangeboten und ihren pädagogischen Beziehungspersonen in den Fokus. Dem Ansatz liegt kein in sich geschlossenes theoretisches Fundament zugrunde. Vielmehr werden soziologische Theoriefiguren (Resonanz), vertrauens- und bindungstheoretische und psychoanalytische Aspekte sowie Erkenntnisse der pädagogischen Unterrichtsforschung miteinander verbunden und daraus die Bedeutung eines sinnstiftenden Lernens für Kinder und Jugendliche abgeleitet. Dieses sinnstiftende Lernen wird gleichsam weit über ein Lerndreieck aus Schüler:in, Lehrkraft und Gegenstand hinaus gedacht und als systemisches Merkmal definiert. Es gehe im Sinne der Lernleitern um

> »Schulen, die ein Lernen in Verbundenheit mit sich, anderen und der Welt initiieren und viel dafür unternehmen, um die Handlungsfähigkeit ihrer Schülerinnen und Schüler, aber auch ihrer Lehrkräfte zu kultivieren und zu intensivieren – und Lernprozesse auszuhalten, in denen Widerständiges, Brüchiges und Fremdes ebenso wie Eigensinniges und auf den ersten Blick nicht sinnhaft oder verwertbar Erscheinendes Raum erhält« (Müller, Schaller & Würzle, 2024, S. 10).

»Existentielles Eingebundensein« (ebd., S. 11) als Kernelement von Bildungsprozessen betrifft demnach nicht nur die Kinder und Jugendlichen, sondern ebenso alle Erwachsenen, nicht zuletzt die Lehrkräfte selbst. Es zeigt sich somit eine Nähe zu einem pädagogischen Milieu, wie es in der Psychoanalytischen Pädagogik ausbuchstabiert wurde (Zimmermann, 2018), wenngleich von den Urhebern der Lernleitern nicht primär oder ausschließlich psycho- und soziodynamisch argumentiert wird.

Obwohl oder gerade weil mit den Lernleitern konsequent der Aspekt der Verbundenheit (mit sich, mit Erwachsenen, der Gruppe und dem Setting) betont wird, verorten sich die Lernleitern als didaktisches Prinzip in einer ausgeprägten Individualisierung des Lernangebots. Dies hat ganz wesentlich mit der Herkunft des Konzepts zu tun: Als MultiGradeMultiLevel-Methodology (MGML) im indischen Bundesstaat Andhra Pradesh ins Leben gerufen, sahen sich die Gründer:innen eines Bildungsinstituts mit der Realität extremer Heterogenität in den Lerngruppen sowie einer mangelnden Identifikation von Eltern und Lehrkräften mit der Schule konfrontiert (Schmalenbach et al., 2019, S. 176). Leitende Fragen waren deshalb, wie einerseits die Einzigartigkeit der Kinder und Jugendlichen gewürdigt werden und andererseits sowohl Verbundenheit mit der Gruppe als auch mit dem Leben (außerhalb) der Schule trotz einer hohen Individualisierung gewährleistet werden konnten.

> »Ein Kernelement von MGML sind die so genannten Lernleitern, welche den Lernprozess strukturieren und absichern. Sie ermöglichen den Lernenden, ihre Lernprozesse in ihrem eigenen Rhythmus zu gestalten. Durch die weitestgehend eigenständige Arbeit der Lernenden mit den Materialien eröffnen sich für die Lehrkräfte Spielräume, um die Schülerinnen und Schüler flexibel zu begleiten und zu fördern« (ebd., S. 177).

Als didaktisches Prinzip orientiert sich das Modell Lernleiter demnach einerseits an den ganz unterschiedlichen Voraussetzungen der Schüler:innen in einem Lernraum. Andererseits aber berücksichtigt das Konzept auch, dass ein und der-/dieselbe Schüler:in in verschiedenen Fächern auf unterschiedlichem Stand sein kann. Demnach ist es möglich, in einem Unterrichtsfach auf einer höheren Komplexitätsstufe zu lernen als in einem anderen Fach und auch während eines laufenden Schuljahres auf die nächstanspruchsvolle Lernleiter zu wechseln (Müller et al., 2024, S. 15). Das dementsprechend komplexe Lernmaterial und die hohen Anforderungen an die Lehrkräfte können an dieser Stelle nicht differenziert diskutiert werden. Die Verbreitung des Zugriffs und die mittlerweile gute Veröffentlichungslage sprechen gleichwohl für eine Anwendbarkeit und eine fachlich gut durchdachte Alternative zu zahlreichen herkömmlichen didaktischen Ansätzen:

> »Besonders das schulische Fähigkeitsselbstkonzept verbesserte sich. So stieg beispielsweise die Bereitschaft, sich mit einer Aufgabe auseinanderzusetzen, ebenso wie die Freude am Mathematikunterricht insgesamt an. Die Angst vor schlechten Noten dagegen sank und die Schülerinnen und Schüler trauten sich mehr zu als im herkömmlichen Mathematikunterricht. Zugleich sahen die untersuchten Kinder und Jugendlichen den größten Gewinn darin, in ihrem eigenen Tempo lernen zu können« (Müller, Grieser, Roos & Schmalenbach, 2022, S. 16).

Emotionales und soziales Lernen und fachlicher Fortschritt sind demnach konzeptionell unmittelbar miteinander verknüpft. Schmalenbach et al. (2019, S. 181 f.) verweisen darüber hinausgehend auf die Entwicklung einer Lernleiter zur Förderung der emotional-sozialen Kompetenzen im Rahmen eines Projekts:

> »Dabei nähern sich die Lernenden behutsam der Auseinandersetzung mit der eigenen Wahrnehmung und dem Erleben, indem die linear angeordneten Themen beziehungsweise Milestones Kooperation, Kommunikation und Biografie die Grundlagen für

5 Pädagogik bei psychosozialen Beeinträchtigungen und Unterricht

die Lernleiter und das Kooperative Lernen schaffen und gleichzeitig eine erste Ebene der Wahrnehmung, Erarbeitung und Selbstreflexion bieten. Die darauffolgende Ebene der Lernleiter thematisiert die Grundemotionen Wut, Trauer, Angst und Freude« (ebd., S. 181).

Diese Unterrichtsmaterialien richten sich explizit an Schüler:innen der Sekundarstufe eins, für die es im Vergleich zur Grundschule sehr wenige strukturierte Materialien zur emotional-sozialen Förderung gebe und die doch zugleich in einer hoch sensiblen Entwicklungsphase seien (Müller et al., 2022, S. 4). Wie im Zitat bereits skizziert, steht zunächst eine Auseinandersetzung mit unterschiedlichen Emotionen im Fokus, gleichsam jedoch soziale Prozesse, etwa die Themen Kooperation und Konflikt. Auch methodisch orientiert sich das Material des sozial-emotionalen Lernens mit Lernleitern an der Zielstellung: Formen der Einzel-, Partner:innen- und Gruppenarbeit wechseln sich ab (ebd., S. 22).

Neben anderen Aspekten (Schulentwicklung, Professionalisierung, Bildungsgedanke) zeigen die Lernleitern auch als didaktisches Prinzip eine hohe Innovationskraft. Die ersten Studienergebnisse deuten darauf hin, dass die Schüler:innen tatsächlich *erleben*, dass sie in ihrer Individualität ernst genommen werden. Die Erweiterung im Sinne des emotional-sozialen Lernens knüpft an Grundgedanken der Pädagogik bei psychosozialen Beeinträchtigungen an, da ein zumindest ausreichend guter Zugang zu den eigenen (und fremden) Emotionen als Basis für Lernprozesse verstanden werden muss bzw. sich Lernschwierigkeiten als emotionale Blockade verstehen lassen (Katzenbach, 2006). Gerade letzterer Aspekt stellt gleichwohl auch hohe Anforderungen an die Pädagog:innen. Bei Weitem nicht jede:r Schüler:in wird in der Lage sein, sich in wechselnden Settings mit Emotionen auseinander zu setzen und die Gefahr, dass am Ende eher im Sinne kognitiven Wissens über Emotionen und nicht im Sinne des Spürens von Emotionen Entwicklung stattfindet, muss mitgedacht werden. Dies spricht sicherlich nicht gegen das hier (kursorisch) vorgestellte didaktische Konzept. Vielmehr verweisen die didaktischen Wechsel aus Einzel-, Partner:innen- und Gruppenarbeit auf die unabdingbare Bedeutung der Schulgemeinschaft, die schon in der frühen psychoanalytischen Pädagogik von herausragender Bedeutung war (Fickler-Stang, 2019, ▶ Kap. 5). Denn solche Sozialformen müssen erstens behutsam angebahnt, zweitens aber stets auch von allen Professionellen getragen und unterstützt werden; als Konzept einer einzelnen Lehrkraft ist jenes didaktische Prinzip zumindest in der Arbeit mit psychosozial beeinträchtigten Lernenden nur schwer vorstellbar. Auf dieses systemische Prinzip verweisen die Autor:innen, wie oben mit einem Zitat belegt, selbst.

Aus einer psychodynamisch orientierten Perspektive bedarf es – mit dem Ziel des Gelingens solcher emotional-sozialer Lernprozesse – hoch sensibler und selbst sehr gut in Kontakt mit komplexen Übertragungsprozessen stehenden Fachkräften. Sie müssen in der Lage sein, die aufkommenden Krisen und Problemlagen wahrzunehmen und die damit verbundene Unsicherheit im Sinne einer Alpha-Funktion im Modell des Container-Contained (Bion, 1963) halten zu können.

5.3.2 Bindungs- und mentalisierungstheoretische Didaktik

Dass die Bindungstheorie – bei aller berechtigten Kritik – wichtige Haltungs- und Handlungsaspekte für pädagogisches Arbeiten bereithält, dürfte im fachlichen Diskurs weithin unbestritten sein (Jungmann & Reichenbach, 2013). Auch für die Schule und speziell die Pädagogik bei psychosozialen Beeinträchtigungen lässt sich eine Reihe von Veröffentlichungen finden, die eine Bindungsorientierung als maßgeblich für pädagogische Beziehungsgestaltung und deren Reflexion nahelegen (Dlugosch, 2010; Langer, 2018). Gleichwohl muss auch konstatiert werden, dass eine didaktische Orientierung, die bindungsorientierte Fragestellungen tatsächlich in den Fokus rückt, bislang nur in Ansätzen vorliegt. Neben anderen didaktischen Grundlegungen bieten zwar die kritisch-kommunikative Didaktik (Winkel, 2016) oder die systemisch-konstruktivistische Didaktik (Reich, 2008) zahlreiche Bezüge zum pädagogischen Interaktionsgeschehen sowie zur Bedeutung der emotionalen Voraussetzungen auf Seiten der Schüler:innen. Gleichwohl ist eine engere Bezugnahme zur Bindungstheorie und deren Bedeutung für didaktische Planung und Gestaltung auch in diesen Zugriffen höchstens fragmentarisch zu erkennen. Die Mentalisierungstheorie ist schon aufgrund ihrer vergleichsweise kurzen wissenschaftlichen Historie bislang für didaktische Überlegungen ebenfalls noch sehr wenig in den Fokus gerückt worden. Aus den Untersuchen Langers (2018), dem Professionalisierungskonzept CARE (Julius, Uvnäs-Moberg & Ragnarsson, 2020) sowie den Entwürfen von Geddes (2006) und Hechler (2016, 2018b) lassen sich gleichwohl einige didaktische Prinzipien ableiten.

Eine bindungs- und mentalisierungsorientierte Didaktik fokussiert die bereits mehrfach erwähnte Bedeutung eines didaktischen Dreiecks zwischen Schüler:in, Lehrkraft und Unterrichtsgegenstand. In den meisten didaktischen Entwürfen wird eine Beziehung respektive Bindung oder zumindest eine grundlegende Beziehungsfähigkeit zwischen der/dem Schüler:in und dem Gegenstand, zwischen der Lehrkraft und dem/der Schüler:in sowie zwischen Lehrkraft und Gegenstand vorausgesetzt. Gleichwohl ist keine dieser Dimensionen selbstverständlich – weshalb eine genauere Diskussion der dann notwendigen didaktischen Modifikationen lohnenswert ist.

Einerseits ist eine positive Beziehung zwischen der Lehrkraft und dem Unterrichtsgegenstand bei Weitem nicht immer gegeben und kann – wenn Unsicherheit oder ambivalente Emotionen dominieren – durchaus zu erheblichen Störungen in der didaktischen Gestaltung führen (Hofman, 2025). Diese Beziehungsdimension innerhalb des didaktischen Dreiecks verweist nicht nur auf grundlegende Fragen der Lehrkräfteprofessionalität, sondern auch auf psychoanalytische Aspekte im engeren Sinn: Welche (unbewussten) Konflikte, nicht selten aus der Schulzeit der Lehrkräfte stammend, zeigen sich in der Beziehung der Erwachsenen zum Unterrichtsgegenstand? Wie steht es um belastete sinnlich-unmittelbare Interaktionsformen, insbesondere in Bezugnahme auf potenziell affektiv stark aufgeladene Unterrichtsthemen wie »Körper«, »Sexualität« oder »Generativität« (Kollinger, 2023)? Es stellen sich also durchaus didaktisch relevante Fragen, die gleichwohl stark zurückverweisen auf Aspekte der notwendigen Selbstreflexion, die in Kapitel 3 (▶ Kap. 3) bereits behandelt wurden. An dieser Stelle nicht noch einmal dezidiert aufgegriffen, zeigt sich doch sehr klar: Nur durch die Auseinandersetzung mit den eigenen Beziehungsmustern, Affekten und »blinden Flecken« kann eine pädagogisch stimmige und sensible Vermittlung gelingen.

Andererseits können sowohl die Beziehung des/der Schüler:in zum Gegenstand als auch zur Lehrkraft erheblich beeinträchtigt sein, weshalb jene Seiten des didaktischen Dreiecks nunmehr einer genaueren Analyse unterzogen werden sollen.

Hechler (2016) beschreibt Bezug nehmend auf die Überlegungen der amerikanischen Lehrerin Heather Geddes (2006), dass das klassische Modell des didaktischen Dreiecks auf den Bindungsrepräsentanzen von sicher gebundenen Kindern beruht (▶ Kap. 5.1). »So kann ein sicher-gebundenes Kind seine Aufmerksamkeit sowohl auf das Thema als auch auf die Lehrerin/den Lehrer richten. Beide Beziehungen sind, auch wenn es manchmal schwierig wird, von einer milden positiven Übertragung getragen« (Hechler, 2016, S. 197).

Diese Kinder und Jugendlichen haben also Interesse am Gegenstand und können dieses Interesse auch aufrechterhalten, weil sie die Unsicherheit, die definitorisch mit dem Bildungsprozess verbunden ist, gut aushalten können. Sie spüren auch das Interesse der Lehrkraft am Gegenstand und haben zugleich die (Bindungs-)Sicherheit, dass die erwachsene Person ihnen nicht böse sein wird, wenn sie eine Aufgabe nicht lösen können, sie scheitern oder abgelenkt sind.

Unsicher-vermeidend gebundene Kinder hingegen wenden sich (zumindest vermeintlich) dem Unterrichtsgegenstand zu. Sie sind geprägt durch ihre große Angst vor Zurückweisung, weshalb sie den Kontakt zur erwachsenen Bezugsperson (der Lehrkraft) vermeiden. Deshalb zeigen sie in der Schule nicht selten durchaus viel Interesse an neuen Lerngegenständen und fallen schulisch häufig nicht auf (Hechler, 2016, S. 197 f.). Es kann jedoch sinnvollerweise geschlussfolgert werden, dass dieses Interesse in vielen Fällen nur temporär besteht, weil eine echte Beziehung zum Gegenstand ohne Beziehung zur erwachsenen Person und zu den Peers nur schwer vorstellbar ist.

Unsicher-ambivalent gebundene Kinder hingegen sind stets auf der Suche nach Kontakt zur Lehrkraft, zu Lasten der Beziehung zum Unterrichtsgegenstand (ebd., S. 198). Aufgrund der instabilen Bindungsrepräsentanzen und dahinterliegenden Erfahrungen müssen sie sich wiederkehrend vergewissern, ob die Beziehungsperson noch verfügbar ist. Dies schließt ein Interesse am Gegenstand nicht aus. Gleichwohl wird die Auseinandersetzung dann häufig durch wenig Autonomie, stattdessen durch Sicherheit schaffendes Lernen (und nicht Unsicherheit erzeugendes Entdecken) und durch eine hohe Hilfebedürftigkeit gekennzeichnet sein.

Desorganisiert oder hoch unsicher gebundene Kinder zeigen im Lernen hingegen kein klar erkennbares Muster. Dennoch lässt sich vermuten, dass die Herausforderung des Neuen, des Unsicheren (also der Bildung) für sie nahezu unaushaltbar ist. Denn sie haben aufgrund häufig traumatischer Bindungserfahrungen keine Vorstellung von zugewandten und verlässlichen Erwachsenen (Müller & Langer, 2019). Dementsprechend können sie sich meist nicht über einen etwas längeren Zeitraum dem Gegenstand zuwenden. Es dominiert die massive und häufig überwältigende Angst, dass jederzeit etwas Schlimmes passieren könnte, was dann nicht selten als vermeintliche Lernverweigerung oder AD(H)S gelesen wird. Laut Geddes (2005, S. 87) entspricht dies nicht nur einer extremen Aktivierung des Flucht- und Kampfmodus', sondern vor allem der Vermeidung von potenziell Hilflosigkeit auslösenden Lernsituationen. Mentalisierungstheoretisch zeigt sich in der Unmöglichkeit des Lernens die nicht-ausgebildete Fähigkeit, die innere Bedeutung von Verhalten bei sich und anderen zu erkennen, insbesondere in Stresssituationen.

Aus diesen Überlegungen ergibt sich nun gerade keine Handlungsanleitung, wie auch Hechler (2016, S. 200 f.) anmerkt:

»Unser Konzept des feinfühligen Unterrichtens hält keine didaktisch aufbereiteten Maßnahmen und Handlungsanweisungen bereit, denen man als Lehrer und Lehrerin nur zu folgen braucht und die man wie Techniken ohne Berücksichtigung der eigenen Person anwenden kann, [...] sondern verweist kategorisch auf die Ungewissheitsmomente im erzieherischen Verhältnis – hierauf bezieht sich ja gerade das bindungstheoretische Konzept der Feinfühligkeit.«

Die Erkenntnisse zur Transmission von Bindungsmustern in die pädagogischen Beziehungen legen gleichsam nahe, dass Lehrkräfte aktiv die Bindungsmuster ihrer Schüler:innen reflektieren sollten (Langer, 2018, S. 75–77). Hierbei ist übrigens bei Weitem nicht nur von einer Transmission früher, v. a. familiärer Bindungserfahrungen auszugehen, sondern auch von der Widerspiegelung jener Erfahrungen mit früheren Lehrkräften. Aufbauend auf diesen Reflexionen besteht das Ziel nunmehr darin, nicht die Bindungserfahrungen des Kinds oder Jugendlichen zu wiederholen.

In Folge des theoriegeleiteten Nachdenkens über die dominanten Bindungsmuster im Lernprozess können nunmehr auch didaktische Entscheidungen getroffen werden. Koch und Gingelmaier (2018, S. 205) bestätigen dies aus mentalisierungsbasierter Perspektive. So ließen sich die biografisch-lebensweltliche Bedeutung von Lerngegenständen und absehbare Erarbeitungsschwierigkeiten auf der Basis von Bindungstypen und damit verbundener Erfahrung der Schüler:innen in die Unterrichtsplanung einbeziehen. Viele Aufgaben müssten deshalb modifiziert werden, da sie – zumindest äußerlich – auf sichere Bindungserfahrungen der Kinder und Jugendlichen ausgerichtet sind.

So werden beispielhaft im Fach Mathematik oftmals Sachaufgaben gestellt, deren Kontexte den Sozialisationserfahrungen von unsicher respektive desorganisiert gebundenen Kindern diametral entgegenstehen. Überaus häufig ist da von Kleinfamilien die Rede, die in der Freizeit kostspielige Ausflüge unternehmen. Haben Kinder nunmehr solche Erfahrungen nicht oder erleben jede Form familiären Miteinanders als hoch bedrohlich, ist auch das Lösen der Aufgaben affektiv in sehr vielen Fällen überfordernd. Ebenso können die komplexen Sozialformen – beispielhaft seien hier Gruppenpuzzle oder Laufdiktate genannt – für Kinder und Jugendliche mit vermeidendem, teils aber auch mit ambivalentem Muster angstauslösend sein.

Es bedarf didaktisch demnach zuvorderst der Anerkennung der Unsicherheiten und zugleich der vorsichtigen Anbahnung von Peer- und generativer Nähe. Dies geschieht nicht zuletzt über den Lerngegenstand selbst, der durch Lebensnähe und Offenheit sowie durch Eingebundenheit in die Gruppe und die generative Beziehung gekennzeichnet sein sollte:

»Sowohl die veränderte Funktion der Lehrkraft als auch die sich verändernde Lehrer-Schüler-Beziehung tragen dazu bei, dass sich die Kinder angstfreier, voraussetzungsloser, mit Neugierde und Lust den Phänomenen zuwenden und beim Verstehen – und auch gerade beim Nicht-Verstehen – auf die Unterstützung der Lehrkräfte bauen können« (Hechler, 2016, S. 190).

Das heißt, statt eines »Managements« von Lernprozessen setzt eine bindungsgeleitete Didaktik auf die Akzeptanz auch der durch unsichere Bindungsmuster geprägten Lernwege. Und durch die offene, entdeckende Auseinandersetzung mit dem Gegenstand definiert sich die Lehrkraft als permanente Unterstützung – was eine hohe Schnittmenge zum Prinzip der Lernleitern aufweist. Zugleich ist damit insbesondere für desorganisiert (und teilweise auch für ambivalent) gebundene Kinder und Jugendliche noch nicht beantwortet, ob diese das offenere, entdeckende Arrangement aushalten können.

Geddes (2003, 2005) konkretisiert diese Überlegungen für die drei unsicheren Bindungstypen und den Kontext Grundschule, wenngleich auch von ihr nicht im engeren Sinne ein didaktisches Modell formuliert wird:

Für unsicher-ambivalent gebundene Kinder, deren Kernbedürfnis sich über einen hohen Nähe-Wunsch zur Lehrkraft ausdrückt, besteht das Ziel in einer langsam anzubahnenden Nähe-Distanz-Regulierung über den Unterrichtsgegenstand. Methodisch hat das parallele Arbeiten mit der Lehrkraft hier besondere Relevanz, weil damit einerseits die Verlustangst des Kinds oder Jugendlichen ernst genommen wird, andererseits Schritte zu größerer Autonomie unternommen werden (Geddes, 2003, S. 239). Hechlers (2018a, S. 183–185) Leitgedanke eines entdeckenden, mentalisierungsförderlichen Unterrichts schließt daran an. Mit Blick auf den Erwerb von Kulturtechniken fokussiert er gerade die Mehrdeutigkeit von Textverständnissen und deren Berechtigung. Mit Hilfe der selbstverständlichen Anerkennung offener und gleichwertiger Zugänge zu Texten und Naturphänomenen wird laut dem Autor die Perspektivübernahme geübt. Für unsicher-ambivalent gebundene Kinder und Jugendliche ist dieses entdeckende Lernen womöglich eine Chance, sich in der Auseinandersetzung mit dem Lerngegenstand sowohl verbunden mit der Lehrkraft als auch getrennt von ihr zu erleben.

Das Lernprinzip unsicher-vermeidend gebundener Kinder und Jugendlicher beschreibt Geddes (2005, S. 80) als auf den Unterrichtsgegenstand fokussiert, allerdings nur so lang, wie unabhängig von Hilfe Lösungen gefunden werden können. Der Gegenstand kann somit als eine Quelle emotionaler Sicherheit zwischen dem/der Schüler:in und den Gefühlen, die die Lehrkraft erzeugt, verstanden werden. Geddes (ebd., S. 82) beschreibt, wie selbstbestimmtes Lernen bei jenen Kindern und Jugendlichen das didaktische Dreieck stärken kann und über die – ebenfalls weitgehend selbstbestimmte – Auswahl von Unterrichtsgegenständen auch punktuell eine Bearbeitung innerer Konflikte möglich wird. Da der Kontakt mit der Lehrkraft zunächst ausschließlich über den Gegenstand initiiert wird, könne es gelingen, die Angst vor Zurückweisung durch die erwachsene Person zu reduzieren. Darüber hinaus nimmt die Autorin Bezug zur hinter dem vermeidenden Verhalten liegenden Verlusterfahrung. So hält sie die Berechenbarkeit von Abschieden und sämtlichen schulischen Aktivitäten für ein zentrales Merkmal gelingender schulischer Lernprozesse für und mit vermeidend gebundenen Kindern (ebd., S. 84).

Als Grundbedingung von Lernprozessen bei desorganisiert gebundenen Kindern benennt Geddes (ebd., S. 89) zunächst ein räumliches Containment. Die Autorin (ebd., S. 90) schreibt in Anlehnung an einen Buchtitel von Bruno Bettelheim (1950): »Love may not be enough.« Es bedarf demnach eines schulischen, nicht zuletzt räumlich ausbuchstabierten Milieus; die Bindungs- und Beziehungsarbeit komme sonst an ihre Grenzen. Containment könne z. B. über einen abgegrenzten, kontrollierbaren Raum realisiert werden. Lindner (2024) zeichnet die Umsetzung eines solchen Prinzips mit einem Fallbespiel nach: Im Klassenraum der Autorin und Lehrerin saß ein Schüler über Wochen hinter einer Regalwand und nahm Schritt für Schritt Kontakt zur Klasse auf. Die Kontaktaufnahme geschah über eine Lücke in der Bücherreihe der Regalwand. Mit Ähnlichkeiten zum pädagogischen Prinzip der Verlässlichkeit (Müller & Langer, 2019) beschreibt auch Geddes (2005, S. 91) die Bedeutung von überschaubaren und sicheren, plan- und berechenbaren Strukturen. Dies gilt auch für den Umgang mit Aufgaben und Unterrichtsthemen. Darüber hinaus arbeitet die Autorin die Bedeutung von »metaphorischem Containment« heraus, d. h. von Unterrichtsinhalten, die für Sicherheit und das Aushalten überwältigender Gefühle stehen. Mit den letzten beiden Leitgedanken, der Sicherheit in Strukturen sowie der Auswahl an Unterrichtsgegenständen sind bereits Ideen formuliert, die auch eine Didaktik aus genuin psychoanalytischer Sicht prägen (Datler & Schedl, 2016, S. 156 f.).

Auch das oben erwähnte CARE-Programm bietet zumindest punktuell Ansätze, die für eine bindungstheoretisch orientierte Didaktik genutzt werden könnten (Julius et al., 2020). CARE steht für Curative Attachment Relationships und soll auf (unterrichtliche) Beziehungsangebote für unsicher gebundene Kinder fokussieren. Für didaktische Überlegungen ist vor allem die Ebene der von den Autor:innen so genannten »Symbolischen Interaktionen« interessant. Dabei interagiert die Lehrkraft über eine Handpuppe mit dem Kind oder Jugendlichen (ebd., S. 164–168). Die u. a. von Langer (2018) festgestellte Komplementarität bindungsbezogener Interaktionen im Kontext von Schule kann über die Arbeit mit Handpuppen laut Julius et al. (2020) unterbrochen werden. Wählt die Lehrkraft eine Handpuppe, die für das Kind oder den/die Jugendliche:n nicht oder zumindest weniger bedrohlich ist, so ließe sich leichter eine korrigierende Bindungserfahrung etablieren:

> »Am Ende dieses – natürlich noch langen – Weges sollte ein sicheres ›Internales Arbeitsmodell‹ von Bindung für die Beziehung zur Erzieherin stehen. Für den Aufbau eines solchen ›Internalen Arbeitsmodells‹ sind sichere Beziehungserfahrungen im Kontext von Bindung und Fürsorge unabdingbar. Diese Beziehungserfahrungen lassen sich auf der symbolischen Ebene viel leichter und effektiver herstellen, als auf der realen Ebene« (ebd., S. 168).

Jene Überlegungen lassen sich nunmehr didaktisch nutzbar machen: Dort, wo in der Lehrkraft-Schüler:in-Beziehung Angst dominiert, werden alternative Figuren benötigt, die den Unterrichtsgegenstand und die Aufgaben vermitteln können. Didaktisch können Handpuppen auch als unterstützende Figuren am Arbeitsplatz eingesetzt werden – im psychoanalytischen Sinne Übergangsobjekte darstellend. Zentral ist es dabei, so auch die Autor:innen, dass die Lehrkraft eine bindungstypspezifische Feinfühligkeit ausbildet. Es gibt demnach keine für alle Kinder oder Jugendlichen gültige Feinfühligkeit. Vielmehr müssen sich die Wahrnehmungen und die darauf folgenden Verhaltensweisen der Lehrkraft an den individuellen bindungsbezogenen Erlebensmustern der Kinder oder Jugendlichen ausrichten.

Nicht verschwiegen werden sollten weitreichende offene Fragen dahingehend, ob durch die Konzeption des CARE-Programms ein fachlich fundierter Beitrag zur bindungsgeleiteten Didaktik vorliegt. So erscheint die theoretische Fundierung des Programms überaus flexibel. Psychoanalytische Theoriefiguren, Zugriffe der mentalisierungsbasierten Pädagogik und die behavioristische Idee der »Gegenkonditionierung« wechseln sich teils nahtlos ab – wobei die Nutzung der jeweiligen Termini oft nur schwerlich nachvollziehbar ist. So ist als Begründung für den Einsatz der Handpuppen vom »Mechanismus der Projektion« (ebd., S. 165) als didaktisch nutzbares Prinzip die Rede. Es wird also eine Theoriefigur genutzt, die einen psychisch hoch belastenden, »primitiven« Abwehrmechanismus beschreibt. Im Kern handelt es sich bei diesem Mechanismus um die Verlagerung innerer, unaushaltbarer Anteile ins Gegenüber (Laplanche & Pontalis, 2016, S. 400). In ähnlicher Weise legen die Autor:innen von CARE dies auch zunächst dar (Julius et al., 2020, S. 165). Dann aber sprechen sie davon, dass die Handfigur weniger Ängste auslösen soll, weshalb häufig die Figur der Großmutter zu wählen sei (ebd., S. 167). Psychoanalytisch-pädagogisch wäre demnach beim didaktischen Einsatz von Handpuppen wohl eher von einer Form der erhofften mild-positiven Übertragung anteilig guter Erfahrungen (im konkreten Beispiel der Autor:innen zu einer großmütterlichen Figur) und dem Ziel einer symbolischen Konfliktverarbeitung über die Beziehung zu eben jener Handfigur die Rede. Mit der Projektion von inneren, desymbolisierten Anteilen auf die Figur hat das hier anvisierte Geschehen jedenfalls nichts mehr zu tun. Auch hinsichtlich der empirischen Evidenz des Konzepts »CARE« müssen zumindest erhebliche Zweifel bestehen. So schreiben die Autor:innen von »über einem Dutzend Studien« (ebd., S. 190), mit denen CARE evaluiert worden sei. Während im Buch mehrfach gar keine Quellen für diese vermeintliche empirische Evidenz genannt werden, finden sich an der genannten Stelle vier Verweise. Von diesen vier Studien handelt es sich in zwei Fällen um Dissertationen zum Bindungsverhalten von Kindern respektive Jugendlichen und Fachkräften, nicht jedoch um Evaluationsstudien zum Förderkonzept. Eine weitere als Dissertation im Literaturverzeichnis aufgeführte Arbeit ist nicht veröffentlicht und findet sich auch nicht auf der Homepage der angegebenen Universität, die vierte Quelle taucht erst gar nicht im Literaturverzeichnis auf. Trotz einiger interessanter Impulse bleiben also viele offene Fragen zum theoretischen und empirischen Fundament von CARE.

Aufbauend auf den diesen Abschnitt einleitenden Gedanken kann die Quintessenz einer bindungsgeleiteten Didaktik in einer präziseren Neuformulierung des didaktischen Dreiecks gesehen werden:

Die Voraussetzung zum Lernen bildet die *Beziehung der Lehrkraft zum Unterrichtsgegenstand*. Gerade für *unsicher-vermeidend* gebundene Kinder stellt das gemeinsame, auf den Gegenstand gerichtete Interesse das Einfallstor für eine korrigierende Bindungserfahrung dar. Gleichwohl steht die Bewahrung der Autonomie im Lernen für jene Gruppe im Vordergrund. Da das Annehmen von Hilfe und somit das Erschließen von Unbekanntem hoch erschwert ist, bedarf es umsichtiger Versuche, punktuell generative Nähe herzustellen. Die o.g. Handpuppen oder Tierfiguren können dabei eine Unterstützung speziell im Grundschulbereich darstellen.

Für *unsicher-ambivalent* gebundene Kinder und Jugendliche ist die pädagogische Nähe-Distanz-Regulierung von herausragender Bedeutung, damit sie sich nach und nach dem Lerngegenstand zuwenden können. Nicht die punktuelle Nähe ist dabei das Ziel (dies wäre komplementär zur ambivalenten Bindungserfahrung), sondern Kontinuität und sprachlich sinnvoll begleitete Zuwendung. Auch didaktisch sinnvolle Trennungen (z.B. in Form von Einzelarbeit oder direktes Lehrkraftfeedback) sollten gut vorbereitet und begleitet werden. Um also das Ziel der *Beziehungsfähigkeit des/der Schüler:in zum Lerngegenstand* zu erreichen, müssen einerseits die Gegenstände bindungssensibel ausgewählt, anderseits die Lehrkraft-Schüler:in-Beziehung hochverlässlich gestaltet werden, was Begrenzungen der Zuwendung unbedingt einschließt.

Der Unterrichtsgegenstand, die damit verbundene Aufgabe und die Sozialform bedürfen darüber hinaus einer *bindungstypspezifischen Feinfühligkeit*, auf deren Grundlage die Lehrkraft die didaktischen Entscheidungen trifft. Hierbei stehen Angstreduktion und Berechenbarkeit im Fokus, insbesondere mit Blick auf *desorganisiert* gebundene Kinder und Jugendliche. Letztere Gruppe kann nicht über die vorschnelle Idee nachholender positiver Bindungserfahrungen erreicht werden, da solche Nähe-Erfahrungen massive Ängste bis hin zu dissoziativen Reaktionen auslösen können. Vielmehr steht eine geduldige Anbahnung korrigierender Erfahrungen im pädagogischen Milieu und unter Beachtung räumlicher Sicherheit sowie sorgsam ausgewählter Unterrichtsgegenstände im Fokus. Dies betont, dass für jene Seite des didaktischen Dreiecks, *die Lehrkraft-Schüler:in-Beziehung,* keine stets wirksamen Handlungsanweisungen vorliegen (können).

5.3.3 Psychoanalytische Pädagogik und ihre didaktischen Ansätze

»Wer es wagt, die in der Überschrift dieses Beitrags [›Psychoanalytische Didaktik?‹, D.Z.] genannte Begriffskombination zu bilden, setzt sich trotz des Fragezeichens eben schon aufgrund der Begriffsbildung zweifacher Kritik aus. Wer die Psychoanalyse in den Bereich der institutionell und unterrichtlich festgelegten Didaktik hinüberzieht, muß mit dem Vorwurf rechnen, daß er weder etwas von der Psychoanalyse als Wissenschaft und ihrer therapeutischen Anwendung noch etwas von der Didaktik als einem wissenschaftlich bestimmten Begründungszusammenhang für die Inhaltsauswahl des Unterrichts und einem Erklärungsmodell für die historisch und gesellschaftlich bedingten Zielbestimmungen versteht« (Neidhardt, 1985, S. 95)

Auch noch nach 40 Jahren ist der Einschätzung Neidhardts in vielen Aspekten zuzustimmen. Zwar hat sich im deutschen Sprachraum die Psychoanalytische Pädagogik als erziehungswissenschaftliche Teildisziplin ab 1984 re-etabliert (Datler, Fürstaller & Wininger, 2015). Die Beiträge dieser Teildisziplin zur schulischen Didaktik sind gleichwohl überschaubar geblieben. Und im inklusionspädagogisch-fachdidaktischen Diskurs dominieren kompetenztheoretische Modelle, die Unterrichtsmanagement, Lernverlaufsdiagnostik und anteilig noch Lebensweltorientierung fokussieren (Dziak-Mahler, Hennemann, Jaster, Leidig & Springob, 2018), nicht jedoch die der Psychoanalytischen Pädagogik eigene Tiefendimension der emotionalen Beziehung zum Unterrichtsgegenstand.

Von einer tatsächlich eigenständigen didaktischen Theoriebildung mit psychoanalytischem Fundament soll deshalb hier auch nicht die Rede sein. Wie oben schon angedeutet, liegen dennoch einige psychoanalytisch orientierte didaktische Zugriffe vor; die empirische Basis aber kann fast durchgängig als schmal oder inexistent bezeichnet werden, viele Konzepte (Baulig, Bröcher, Becker & Prengel) entstammen fast ausschließlich eigenen Erfahrungen der Autor:innen und/oder wurden von den Urheber:innen selbst evaluiert. Einige dieser Ansätze werden im Folgenden gemeinsam dargestellt, da sie hohe Schnittmengen aufweisen. Im Mittelpunkt dieser didaktischen Konzepte respektive Konzeptideen steht nicht die Anpassung (des Lernverhaltens der Schüler:innen an eine Zielperspektive), jedoch auch keine unmittelbare Bearbeitung innerpsychischer Konflikte. Vielmehr sollen im Rahmen eines »konfliktverarbeitenden Unterrichts« (Baulig, 1982) die Unterrichtsgegenstände und die Sozialformen einen Beitrag zur innerpsychischen Stabilisierung leisten. Einzelne psychodynamische Ansätze, die stärker am Durcharbeiten von Konflikten im therapeutischen Sinne orientiert sind, wurden im Fachdiskurs aufgrund der als problematisch empfundenen Nicht-Passung mit dem Setting Schule eher kritisch rezipiert. Der nicht genuin psychodynamische, aber eine Übersetzung therapeutischer Zugriffe für schulische Praxis anvisierende Entwurf von Vernooij (1994) kann als Beispiel für einen solchen tendenziell kritisch rezipierten Beitrag zur fachdisziplinären Didaktik gelten. Neidhardt (1985, S. 99 f.) nennt als weiteres Beispiel für eine Therapeutisierung von Unterricht einen frühen Entwurf von Reiser (1972, S. 55), vermutlich, weil Unterricht darin als Teil eines Therapieplans bezeichnet wird. Die Terminologie mag irritieren. Schaut man sich den Entwurf von Reiser gleichwohl genau an, tauchen – ausgehend von einer dezidiert multidisziplinären Orientierung – die oben benannten Grundprinzipien des erst später so benannten konfliktverarbeitenden Unterrichts auf:

> »Der Lehrer muß die Stoffe und Verarbeitungsangebote so präsentieren, daß im Zuge der unterrichtlichen Bearbeitung möglicherweise der Widerstand sichtbar und benennbar wird. [...] Der Stoff und die Vermittlung des Lehrers geben Hilfen bei der Deutung und der Bewältigung. Gleichzeitig bietet der Unterricht entspannende und konfliktarme Betätigungen, bei denen durch Leistungserfolge das Selbstwertgefühl gefestigt werden kann« (Reiser, 1972, S. 60).

Der Autor legt darüber hinausgehend dar, dass es in dem als Teil eines Therapieplans konzipierten Miteinander im Klassenraum nicht um die Ver-

5.3 Entwürfe einer subjektlogisch orientierten Didaktik

meidung des schulischen Charakters von Unterricht, insbesondere der Leistungsforderung[11] ginge. Im Gegenteil:

> »Vielmehr handelt es sich bei der bewußten Vermeidung jeder Leistungsforderung um den Versuch, nicht die Formen der Vermittlung der Realität zu verändern, sondern aus ›therapeutischen Gründen‹ eine völlig verfälschte Realität zu präsentieren, eine Realität, in der die freie Entfaltung des Individuums an keine harten Eingrenzungen stößt« (ebd., S. 56).

Anders ausgedrückt: Die Vermittlung der äußeren Realität und mit ihr die Leistungsforderung der Schule solle Kerngedanke von Unterricht bleiben, die didaktische Umsetzung aber müsse angepasst werden. In Abgrenzung dazu könnte ein pädagogisches Paradigma gesehen werden, das sich auch heute noch in einigen Institutionen separiert-sonderpädagogischer Förderung findet: eine Auflösung des Unterrichtsgedankens zugunsten einseitiger Beziehungsorientierung, wie diese dann auch immer aussehen mag. Reiser (ebd., S. 56 f.) wendet sich deutlich gegen solche Auflösungstendenzen der Pädagogik. An diese Erkenntnis schließen auch mehrere andere psychoanalytisch-didaktische Entwürfe an. Mit Blick auf einen Schulversuch der frühen Psychoanalytischen Pädagogik im Wien der 1920er Jahre schreibt Hirblinger (2006, S. 202), dass es im Unterricht stets um Auseinandersetzung mit der Umwelt gehe. Sowohl die von Hirblinger zusammengefassten als auch die von Reiser aus eigener Lehrerfahrung abgeleiteten Gedanken entsprechen damit der vielfach geforderten Lebensweltnähe von Unterricht. Die Spezifik einer psychoanalytisch fundierten Didaktik jedoch liege darin, dass in der Auseinandersetzung mit den Unterrichtsinhalten die Bearbeitung psychischer Realität anvisiert werde. Dies werde möglich, indem die Übertragungen der Schüler:innen auf den Gegenstand als existentieller Bestandteil des didaktischen Dreiecks mitbedacht und in die Unterrichtsgestaltung einbezogen würden (Hirblinger, 2006, S. 210 f.). Dies lässt sich nunmehr als der Kern aller psychoanalytisch verankerten didaktischen Entwürfe genauer ausbuchstabieren:

Der Unterrichtsgegenstand und der mit diesem intendierte Lernprozess sind nicht »irgendwie« mit der äußeren Lebensrealität der Schüler:innen verbunden. Vielmehr geht es darum, Thema und Sozialform so zu wählen, dass emotionale Nähe zum Gegenstand, ein Berührtsein im Unterricht ermöglicht, zugleich aber Überwältigung durch den Lerninhalt vermieden

---

11 Reiser beschreibt mit dem Begriff »Leistungsforderung« keine normative Orientierung an einheitlichen Zielen, sondern die pädagogische Zumutung, sich mit Neuem, Unbekanntem und damit Verunsicherndem auseinanderzusetzen.

werden. Die mögliche Verarbeitung innerer Konflikte findet im Kontext des Berührtseins von und somit über die Auseinandersetzung mit dem Gegenstand statt, wodurch im Umkehrschluss Bildungsprozesse ermöglicht werden.

Neidhardt (1977) hat diesen Leitgedanken aufgegriffen und in mehrfacher Hinsicht mit kreativen Unterrichtsinhalten verbunden. Im Unterschied zu weiten Teilen didaktischer Entwürfe, in denen es für die situativ bedingten Äußerungen der Schüler:innen und vor allem deren emotionale Verwicklung mit dem Gegenstand wenig Raum gebe, orientiere sich psychoanalytisch fundierte Didaktik stets an »spontanen Interaktionsdefinitionen« (ebd., S. 53). Es geht also theoretisch gesprochen um ein Reinszenierungsgeschehen im Unterricht. Lebensgeschichtlich bedeutsame Erfahrungen und die damit verbundenen inneren Repräsentanzen werden auf die Auseinandersetzung mit dem Gegenstand übertragen und können durch die Verfremdung (denn es ist ja vom Lerngegenstand und nicht direkt von biografischer Erfahrung die Rede!) punktuell bearbeitet werden. Beispielhaft können Ängste, Wünsche und tief verinnerlichte Bedürfnisse während des Lesens eines Gedichts nicht nur auftauchen, sondern weitgehend unbewusst im Erleben der im Gedicht handelnden Figuren wiedergefunden werden. Über die Auseinandersetzung mit diesem Gedicht findet dann – so die Hoffnung – auch eine partielle Bewältigung des inneren Konflikts statt. Die Schüler:innen geben dem Unterrichtsgegenstand demnach eine biografisch-emotionale Bedeutung; diese Bedeutung wird von Seiten der Lehrkraft ernst genommen und als Ausdruck einer möglichen Konfliktverarbeitung verstanden. Das heißt auch: Zwar können Unterrichtsgegenstände auf der Basis von kollegialen Fallverstehensprozessen durchaus gezielt ausgewählt werden. Die Unsicherheit über die spontanen Reaktionen auf den Gegenstand bleibt gleichwohl unhintergehbarer Bestandteil des Geschehens.

Im Sinne der psychoanalytischen Sozialisationstheorie (Lorenzer, 1972) handelt es sich bei den Unterrichtsgegenständen insofern um Bedeutungsträger, die den sinnlich-symbolischen Interaktionsformen zum Ausdruck verhelfen. Das, was vorbewusst repräsentiert ist (die inneren Konflikte), taucht durch die Übertragung im Unterrichtsgegenstand wieder auf und kann mit Hilfe desselben sprachfähig werden. Jene anvisierte Konfliktverarbeitung geschieht dann im Wechselspiel mit personalen Bedeutungsträgern, etwa Gesten und Mimik sowie Formen der Kontaktaufnahme mit Peers oder der Lehrkraft (Dammasch, 2024, S. 31). Auch dies soll illustriert werden: Ausgangspunkt sind hier exemplarisch Erfahrungen des Verlusts im Kontext einer Inobhutnahme und damit verbundene massive Ängste vor Alleinsein und Trennung. Diese Ängste können in der Schule oder im Beratungskontext aufgrund der fehlenden sprachlichen Symbolisierung und der drohenden Überwältigung nicht direkt thematisiert werden. Die Lehrkraft wählt nun einen Unterrichtsgegenstand aus (hier beispielhaft das Thema »Zusammenleben«) und weiß, dass einige der Schüler:innen der Klasse affektiv stark darauf reagieren werden. Aufgrund vorgängiger Reflexion kann die Lehrkraft den Unterrichtsgegenstand aber so aufbereiten, dass unterschiedliche Lebensmodelle als gleichwertig vorgestellt, zugleich über individuelle künstlerische Ausdrucksformen eine emotionale Annäherung ermöglicht wird. Auf diesem Weg gelingt es der Fachkraft, eine Überwältigung zu vermeiden. Während der Einführung in das Unterrichtsthema stellt sie sich selbst emotional zur Verfügung und merkt an, dass es normal sei, wenn Kinder oder Jugendliche traurig seien. Die sonst nur sinnlich-symbolisch abgebildete Repräsentanz der Verlusterfahrung wird so – zumindest über den künstlerischen Ausdruck – Teil des Interaktionsgeschehens und kann in der weiteren Folge auch unterrichtlich fruchtbar gemacht werden. Die sinnlich-unmittelbaren Interaktionsformen (die dem Unbewussten zuzurechnen sind) tauchen hingegen im Unterrichtsgeschehen nicht direkt auf. Vielleicht aber spürt die Lehrkraft im Kontext des Unterrichts zum Thema »Zusammenleben« etwas davon, z.B. von der Angst vor Verlassensein, und kann über ein angemessenes Nähe-Distanz-Verhältnis eine anteilig korrigierende, aushaltbare Beziehungserfahrung ermöglichen.

Mit einem solchen Unterrichtsverständnis verändere sich laut Neidhardt (1985, S. 98 f.) die Zielrichtung des didaktischen Dreiecks: »Der Schüler erfährt den Lehrer und der Lehrer erfährt den Schüler über die Vermittlung des Unterrichtsinhalts.« Dies gilt zunächst einmal unabhängig von der didaktischen Orientierung der Fachkraft. Es ist also auch bei einer die psychische Dimension vernachlässigenden Unterrichtsgestaltung davon auszugehen, dass über den Gegenstand nicht nur Erkundungen über das Gegenüber möglich werden, sondern in vielen Fällen überhaupt nur über das unterrichtliche Miteinander Beziehung hergestellt werden kann. Wenn nun aber der Unterrichtsgegenstand bewusst so ausgewählt wird, dass die biografischen und aktualgenetischen Konflikte der Schüler:innen berührt werden, so kann der Unterricht nach Neidhardt (1985, S. 99) zu einem Übergangsraum werden, in dem sich – ausgehend von Winnicotts (1968) Konzeption desselben – Innen- und Außenwelt begegnen. Dieser Übergangsraum bedingt, dass die Lehrkraft sich punktuell als Identifikationsfigur anbietet, gerade auch, wenn die Schüler:innen vermeintliche Lernverweigerungen zeigen (Ertle, 1994). Schüler:innen mit erheblichen psychosozialen Problemlagen können demnach diesen Übergangsraum noch nicht selbst füllen. Sie benötigen eine für den Stoff begeisternde und begeisterte Lehrkraft (also eine intensiv ausgeprägte, stimmige Lehrkraft-Gegenstandsbeziehung als eine Seite des didaktischen Dreiecks), die zugleich die emotionalen Beteiligungen der jungen Menschen wahr- und ernstnimmt.

Die somit sowohl lernförderlich als auch konfliktverarbeitend konzipierte Unterrichtsgestaltung entspricht dem psychoanalytisch-pädagogischen Grundgedanken des Fördernden Dialogs. Auch bei diesem ergänzen sich haltende, verstehende Beziehungsanteile mit aushaltbaren Zumutungen (Heinemann, Grüttner & Rauchfleisch, 2003, S. 70-78). Im Sinne des Fördernden Dialogs ist die gewährende Resonanz auf die »spontane Definition« als haltender Anteil zu interpretieren, wenngleich im Eingehen auf die den individuellen Bedürfnissen, Ängsten, Wünschen folgenden Äußerungen der Schüler:innen auch zumutende Anteile enthalten sind. Vor allem aber ist die Forderung, die äußere Welt, das Gruppengeschehen und die curricularen Anforderungen ernst zu nehmen, als Zumutung zu verstehen. Rauh (2022, S. 220 f.), der hier von »Bildendem Trialog« spricht, ergänzt: »Dabei muss die pädagogische Antwort bzw. das Bildungsangebot an die derzeitigen Aufnahme- und Verarbeitungsfähigkeiten des betreffenden Menschen bzw. der Gruppen- und Organisationsmitglieder angepasst sein.« Beide Aspekte, Halten und Zumuten, verstehen sich als ausdrücklich emanzipatorisch. Es kann demnach auch im Sinne der schulischen Zumutung nicht primär darum gehen, Anpassung an soziale Normen oder gar strukturelle Demütigungen zu erreichen:

> »Das setzt voraus, daß der Lehrer die Leistungsforderung nicht deshalb erhebt, weil er sich als Agent der Gesellschaft fühlt, sondern nur deshalb, weil sie ein notwendiger Bestandteil des Therapieplans ist, der darauf abzielt, das Kind zur Veränderung seiner Umwelt zu befähigen. Es ist selbstverständlich, daß dies vom Lehrer verlangt, auf die Attitüde der Amtsperson zu verzichten, die mit ihrer Rolle nahtlos eins ist« (Reiser, 1972, S. 60).

In jüngerer Zeit greift Hoanzl (2002, 2008) jene psychoanalytisch-didaktischen Überlegungen auf und reflektiert auf dieser Grundlage Fallgeschichten, die primär aus separiert arbeitenden sonderschulischen Settings stammen. Dabei zeigt sich deutlich, dass die psychoanalytische Sicht der Arbeit mit und Reflexion von Übertragungen auf den Lerngegenstand etwas gänzlich Anderes meint als bloße Lebensnähe. Einem von der Autorin (Hoanzl, 2008, S. 19-21) ausführlich vorgestellten Fallbeispiel lassen sich folgende Hauptinformationen entnehmen:

Ein Schüler, Daniel genannt, zeigt massive Lernschwierigkeiten und aggressiv vorgetragenes Störverhalten im Mathematikunterricht. Einer längeren Begleitung und Beobachtung folgend stellt sich heraus, dass insbesondere die Subtraktionsaufgaben einen emotional schwerwiegenden aktuellen Konflikt des Jungen berühren, weil »Trennung« als Familienthema hoch präsent ist. Hoanzl (2008, S. 19) interpretiert, dass sich für den Jungen ein unauflösbarer Konflikt im Unterricht ergibt, denn was kognitiv richtig erscheint (das korrekte Subtrahieren), sei affektiv falsch (da ein Verlust vorliege) und umgekehrt. Da Außenwelt (der Mathematikunterricht) und Innenwelt (die Angst vor Verlust) hier also in einen unauflöslichen Konflikt geraten, kommt es zu den erwähnten Lernstörungen und Verhaltensproblemen.

Dies lässt sich nun sowohl genuin didaktisch als auch psychoanalytisch interpretieren. Im Sinne von Neidhardts (1985) »anderem« didaktischen Dreieck, bei dem die Lehrkraft den/die Schüler:in durch die Aufgabenbewältigung, der/die Schüler:in zugleich die Lehrkraft durch die Aufgabenstellung sieht, lässt sich verstehen: Die Übertragung des inneren Themas Daniels und besonders der damit verbundenen Ängste auf die Unterrichtsaufgabe ist unübersehbar. Jedoch ist das didaktische Dreieck insofern fragil, als dass die Lehrkraft den mit der Aufgabe verbundenen Konflikt (noch) nicht erkannt hatte, die Übertragung des inneren Kernthemas auf die Aufgabe demnach nicht mitbedenken konnte. Erst die Möglichkeit, das sinnlich-symbolisch repräsentierte Thema (die Trennungsangst) mit Hilfe des Unterrichtsgegenstands zu verbalisieren, führt zum besseren Verstehen und somit zur Möglichkeit, Unterricht als Übergangsraum zu definieren. So ruft Daniel in einer späteren Unterrichtsstunde aus: »Nein... Wegnehmen geht nicht!« (Hoanzl, 2008, S. 20). Er bringt also vorbewusst ein eigenes, inneres Thema zur Sprache, bewusst jedoch spricht er über die Mathematikaufgabe. Die Lehrkraft kann nunmehr verstehen, worin Daniels Problem besteht. Reiser (2016, S. 91) argumentiert in ganz ähnlicher Art und Weise:

> »Diskontinuitäten in der eigenen Lebensgeschichte, die mit dem Verschwinden geliebter Personen verbunden sind, können zu einer Abwendung von der Vorstellung führen, eine eigenständig wachsende Person zu sein, und die Erfahrung der Zahlenreihe am eigenen Leibe unterminieren. Später kann die Beschäftigung mit mathematischen Aufgaben [...] mit symbolischen Bedeutungen aufgeladen werden, die belastende Momente der Lebensumstände des Kindes artikulieren. Daraus kann eine Ablehnung des gesamten Lernbereichs resultieren, insbesondere, wenn sich mit Lehrpersonen Inszenierungen ergeben, in denen Übertragungen und Gegenübertragungen aggressiv ineinandergreifen und die familiäre Konfliktsituation auf den Schauplatz Schule verlagert wird.«

Daraus ergibt sich zwar keine unmittelbare Handlungsanweisung, gleichwohl eine veränderte pädagogische Haltung. Ebensowenig, wie bloße Lebensnähe ausreicht, geht es im Anschluss an Reisers (1972) Überlegungen darum, die

Außenwelt zu vermeiden und konkret die Subtraktion aus dem Mathematikunterricht auszuschließen. Vielmehr kann das didaktische Dreieck gelingen, wenn die Lehrkraft viel um mögliche Übertragungen und damit einhergehende affektive Beteiligungen gegenüber einem Unterrichtsgegenstand weiß. Auch wenn die sprachsymbolischen Interaktionen nicht allein für eine korrigierende Erfahrung verantwortlich sein mögen, hätte dem Schüler Daniel der begleitende Satz »Es ist normal, dass es manchmal schwer sein kann, etwas abzuziehen oder wegzunehmen« womöglich ausgereicht, um eine produktive innere Auseinandersetzung anzustoßen. Hoanzl (2008, S. 28) fügt dem in Kapitel 5.3.3 (▶ Kap. 5.3.3) vorgestellten bindungstheoretischen Gedanken des selbständigen Lernens unsicher-vermeidend gebundener Kinder und Jugendlicher dabei einen wichtigen Aspekt hinzu:

> »Es (das Lernen, D.Z.) verlangt die Gegenwart eines anderen Wesens, das nicht nur seinen inneren Zustand widerspiegelt, sondern diesen in modulierter und annehmbarer Weise ›zurückgibt‹.«

Es kann also auch bei (bindungstheoretisch gesprochen) unsicher-vermeidend gebundenen Kindern und Jugendlichen keinesfalls um bloße Autonomie im Lernen gehen – was ja dann in wesentlichen Teilen auch einem komplementären Bindungsangebot entsprechen würde. Vielmehr geht es aus einer psychoanalytisch-didaktischen Sicht stets um das (im Zitat von Hoanzl beschriebene) Containment und – darauf aufbauend – um die schon erwähnten Fördernden Dialoge. Der bindungstheoretische Gedanke des autonomen Lernens und der psychoanalytische Ansatz des Containments ergänzen sich hier also sinnvoll: Autonomie spricht nicht gegen das Vorhandensein von Halt und emotionaler Resonanz, sondern wird dadurch ermöglicht, da jene die sichere Basis für selbständiges Lernen erst schaffen. Noch einmal lässt sich dies am Fall Daniel festmachen: Die Fachkraft spürt die Angst vor Verlust und die potenzielle Überwältigung, sie lässt sich also verwickeln. Auf der Basis einer Reflexion gelingt es ihr nunmehr, den Jungen nicht zu demütigen (z. B. durch Lachen oder verächtliche Kommentare), und sie kann zugleich signalisieren, dass mindestens der schulische Raum ein möglichst sicherer Ort bleibt. Genau dies lässt sich als didaktische Übersetzung von Containment und haltendem Anteil im Fördernden Dialog konzeptualisieren.

Ein letzter Gedanke zur Didaktik aus psychoanalytischer Perspektive: Wie nur in wenigen anderen didaktischen Entwürfen ist die unmittelbare Unterrichtsgestaltung hier mit dem so genannten »Setting« verknüpft. Hirblinger (2003, S. 36) definiert u. a. die räumliche und zeitliche Ordnung, die Normen für die Beziehungen und die Ritualisierungen als Setting. Zum Setting gehört zweifelsohne auch der Gruppenprozess, der in den hier vorgetragenen didaktischen Überlegungen noch unterbeleuchtet bleibt. Es ist klar, dass die Übertragungsneigungen sich nicht nur in Richtung der Lehrkraft und des Unterrichtsgegenstands zeigen, sondern dass »ähnliche Sozialisationserfahrungen bei den Kindern ähnliche latente Grundmotive hervorgebracht haben, die durch Aktionen anderer Kinder aktualisiert werden« (Reiser, 1972, S. 74). Dies ist zunächst einmal eine deskriptive Annäherung an eine Gruppendynamik, die häufig herausfordernd ist. Da die meisten der hier zusammengefassten Ansätze ihren institutionellen Bezugspunkt in Förder- und Klinikschulen haben, in denen die Arbeit mit und in Gruppen nicht selten vernachlässigt wird, mag der Aspekt der gruppenbezogenen Interaktion auch in den didaktischen Entwürfen noch wenig ausgeleuchtet sein.

Zumindest anekdotische Evidenz deutet darauf hin, dass Schüler:innen in Gruppensituationen mitunter ein besseres Verständnis für die latenten Dynamiken hinter Störungen oder Lernverweigerung entwickeln als die Lehrkraft in diesem Moment. Ein besonders eindrückliches Beispiel eines solchen Vorgangs beschreibt Neidhardt (1985, S. 103–112): Gemeinsam mit seinen Schüler:innen schreibt der Lehrer (und Autor) eine Geschichte, die teilweise auch szenisch im Unterricht vorgestellt wird. Die lebensgeschichtlichen Konflikte der Schüler:innen fließen nicht nur in die Geschichte ein, sondern können interessanterweise auch gut von der Gruppe gehalten werden. Im Zusammenhang mit einem im gemeinsam verfassten Text beschriebenen Einschlafritual ereignet sich folgende Gruppendynamik:

> »Darauf konnten sich einige Jungen zu Wort melden und beschreiben, welches Schlaftier sie früher hatten, und ganz treuherzig meinten einige, sie würden jetzt wahrscheinlich wieder ihren Bären, Elefanten oder Pinguin mit zum Einschlafen mitnehmen. Paul sagte: ›Meinen Elefanten hab ich noch irgendwo liegen, den suche ich!‹. Keiner der zwölfjährigen Jungen lachte« (ebd., S. 106).

Diese gruppendynamische Erfahrung verbindet der Autor nunmehr mit der Frage der Bedeutung von Sprache im sozialen Kontext. Es gehe darum, dass sich »sprachlose Phantasie und phantasielose Sprache« (ebd., S. 112) gegenseitig annäherten, was zugleich einen Übergangsraum zwischen innerer und äußerer Realität darstelle. Über die gemeinsam geschriebene, fantasievolle Geschichte gelingt es demnach, dem sonst sprachlos Bleibenden, den inneren Nöten und Ängsten der Schüler:innen Worte zu verleihen. Und dies geschieht hier eben nicht als individueller Entwicklungs-, sondern als Gruppenprozess in einer Gemeinschaft hoch belasteter Zwölfjähriger. Und zugleich wird die häufig »phantasielose Sprache« des Unterrichts, der Unterrichtsgegenstände mit inneren Bildern gefüllt, die jungen Menschen können emotional an den Lerninhalt anknüpfen. Zusammenfassend bestehe die Aufgabe der Lehrkraft, so Reiser und Mitarbeiter:innen (1980, S. 321) im Hinblick auf die Gruppendynamik darin, »unter Beachtung der aktuellen Leistungsmöglichkeiten der Gruppe Aktivitäten einzuführen, die zunehmend von konfliktarmen zu konfliktverarbeitenden, von weniger sozialkooperativen zu sozial-komplexen Interaktionen fortschreiten.«

5.3.4 Institutionelle Pädagogik

Am Schluss dieser didaktischen Erkundungen soll ein kurzer Blick auf eine pädagogisch-didaktische Tradition geworfen werden, die im deutschen Sprachraum weitgehend aus dem fachlichen Diskurs ausgeschlossen ist. In Frankreich sowie einigen lateinamerikanischen Ländern prägt sie hingegen nicht nur die wissenschaftliche Diskussion mit, sondern taucht auch in mannigfaltigen institutionellen Programmatiken auf (Vasquez & Oury, 1971). Die Hauptidee der Institutionellen Pädagogik entstammt ursprünglich einem psychiatrischen Setting. So fiel Mediziner:innen in der Behandlung hoch belasteter Menschen auf, dass eine (auf innere Auseinandersetzung fokussierende) Einzeltherapie häufig nicht den gewünschten Erfolg mit sich bringt. Stattdessen müsse es darum gehen, zum einen menschliche Beziehungen, zum anderen das »Setting«, demnach Aufgaben, Abläufe und das »Material«, mithin die räumliche Ausstattung als Teil eines Genesungsprozesses zu verstehen (Tosquelles, 2003). Jene als Institutionelle Therapie bekannt gewordene Herangehensweise wurde später als pädagogisches Konzept re-formuliert. Letzteres integriert Aspekte der Freinet-Pädagogik und zugleich der Psychoanalyse. Es ist zwar nicht im engeren Sinne als didaktischer Entwurf zu verstehen, erfordert gleichwohl in einigen Aspekten eine didaktische Orientierung, die der oben als psychoanalytisch fundierte Didaktik vorgestellten Herangehensweise nicht unähnlich ist.

Laut Vasquez und Oury (1971, S. 689, Übers. D.Z.) steht die Institutionelle Pädagogik auf »mindestens drei Grundlagen: 1. die Materialistische: das Material, die Techniken [...], 2. die Soziologische: die Klasse, die Gruppe und die Gesamtheit der Gruppen [...], 3. die Psychoanalytische: ob anerkannt oder verleugnet, das Unbewusste ist in der Klasse und spricht«. Hierin zeigen sich also neben Fragen des Settings (u. a. das Material) die Anerkennung der Bedeutung einer Lerngruppe für pädagogische Prozesse und die oben bereits elaborierte Überzeugung, dass vor- und unbewusste Anteile mit Blick auf die Lerngegenstände und die Gruppe ernstgenommen werden müssen. Dubois und Geffard (2023, S. 163) sehen die Institutionelle Pädagogik deshalb in der Tradition der Psychoanalytischen Pädagogik, insbesondere in den Aspekten des Unterrichtens und der Klassenführung. Nachfolgende Kernaspekte der Institutionellen Pädagogik sind für einen gelingenden Klassen- und Lernprozess von übergeordneter Relevanz (Mouchet & Bénévent, 2015, S. 115 f.):

- Die Notwendigkeit, die eigene Person als Lehrkraft zu reflektieren und sich selbst besser zu verstehen, gilt als Voraussetzung für ein förderliches institutionelles Klima in der Klasse.
- Die Klasse selbst wird als »prophylaktisches Umfeld« (ebd., S. 115) gegen psychische Beeinträchtigungen definiert.
- Das Verhalten »schwieriger« Kinder wird ausgehend von den Beziehungen innerhalb der Gruppe reflektiert, nicht von einer vermeintlichen individuellen Pathologie her.

Für den vorliegenden Zusammenhang ist es interessant, dass es auch innerhalb der für die Weiterentwicklung der Institutionellen Pädagogik relevanten »Groupe Techniques Éducatives« eine Auseinandersetzung darüber gab, ob es zielführend sei, die praktische Umsetzung dieses pädagogischen Entwurfs zunächst in Förderklassen zu erproben. Einer der Begründer der Institutionellen Pädagogik, Fernand Oury, hatte sich aus der Arbeit in der Elementarschule zurückgezogen, weil er ein vermeintlich geeigneteres Arbeitsumfeld in Förderklassen fand. Ob die soziale Entwicklung der Schüler:innen in jenem Klassensetting allerdings eine Wirkung über das enge institutionelle Geschehen hinaus entfalte, blieb ein wesentlicher Streitpunkt innerhalb der »Groupe Techniques Éducatives« (ebd., S. 118). Neben den hoch aktuellen inklusionspädagogischen Fragestellungen (Stein & Ellinger, 2024) rücken damit auch zwei oben schon angedeutete kritische Anfragen an die Psychoanalytische Pädagogik und ihre didaktischen Zugriffe erneut in den Fokus: Ist deren Umsetzung in hoch heterogenen und durch zahlreiche personelle Wechsel geprägten inklusiven Settings denkbar? Wie steht es um den Transfer von psychosozialer Entwicklung aus einem sehr überschaubaren Setting (Klinik oder Förderschule) in die wesentlich komplexere Umwelt? Einfache Antworten kann es darauf naturgemäß nicht geben.

Für dieses didaktische Kapitel sollen nun aber drei wesentliche »Institutionen« dieser pädagogischen Ausrichtung abschließend in den Fokus gerückt werden. »Institution« ist dabei als recht weit gefasster Begriff von Strukturmerkmalen und Relationalität einer Klassengemeinschaft zu verstehen, deren Sinn sich jedoch nicht primär im formalen Ziel (z. B. einer Entscheidungsfindung oder der Verteilung von Aufgaben) erschließt, sondern im Wesentlichen psychische Funktion für die Gruppenmitglieder hat: »Die Institutionen wirken, weil sie die Kraft der Übertragungen aktivieren, öffnen und verbreiten« (Mouchet & Bénévent, 2015, S. 207). Das heißt: die Gruppenmitglieder haben Wünsche, Bedürfnisse, Nöte, Ängste aus früheren sozialen Kontexten und bringen diese in die Klassengruppe mit. Durch die »Institutionen« jedoch werden die Übertragungen an bestimmte Ordnungsprinzipien in der Klasse gebunden und zugleich wird das Bedürfnis der Befriedigung durch eine bestimmte Person (z. B. die Lehrkraft) abgemildert. Vielmehr gehen die Mitglieder der Groupe Techniques Éducatives davon aus, dass durch die Transparenz, die verbindlichen Regeln und vor allem das demokratische Miteinander ein korrigierendes Erleben von Kindern und Jugendlichen im Setting der Klassengruppe möglich wird.

Eine erste und womöglich die wichtigste Institution ist die »Was-gibt's-Neues-Runde«. Während dieser Institution dürfen Kinder oder Jugendliche mit der Gruppe teilen, was sie beschäftigt. Zugleich unterliegt das Sprechen den so genannten »Klassengesetzen«, es gibt demnach feste Regeln des sozialen Miteinanders. Schließlich, so das Ziel, gelingt es dem Kind oder Jugendlichen durch diese Institution, von der Rolle außerhalb der Schule in jene des/der Schüler:in zu wechseln. Ebenso definiert die Institutionelle Pädagogik die Was-gibt's-Neues-Runde als Möglichkeit, emotional an der Welt der anderen Gruppenmitglieder teilzuhaben (ebd., S. 214). Wie schwer dies selbst für Erwachsene sein kann, welche Herausforderung es ist, wirklich von sich zu sprechen und sich in der Gruppe auf den emotionalen Gehalt des Gesagten einzulassen, zeigen hochschulische Reflexionen von Zimmermann und Kratz (2025). Es geht genau deshalb um Kontinuität und Verlässlichkeit in der Durchführung der Institution, nicht um die Hoffnung auf schnelle Veränderungen.

Eine zweite Institution bildet der Klassenrat (Conseil). Die Vertreter:innen der Institutionellen Pädagogik beschreiben dessen vielfältige Funktionen; nicht alles muss an dieser Stelle wiedergegeben werden. Hervorzuheben aber ist die demokratische Funktion dieser Institution. Im Klassenrat werden – ebenfalls festen Klassengesetzen unterworfen – Entscheidungen getroffen, Ämter vergeben und Probleme des Miteinanders thematisiert. Die demokratische Bedeutung des Klassenrats wird besonders dann deutlich, wenn die begrenzende Funktion gegenüber dem Agieren der Lehrkraft in den Fokus gerückt wird:

> »Ein Instrument der kollektiven Analyse und Entscheidungen. Die meisten Vorfälle, die gewöhnlich von Seiten der Erzieher eine Beurteilung und eine Sanktion nach sich ziehen, erweisen sich bei näherem Hinsehen als Konsequenzen, nicht von Fehlern, sondern von Organisationsmängeln, von Mangel an Raum und Material« (Mouchet & Bénévent, 2015, S. 229).

5.3 Entwürfe einer subjektlogisch orientierten Didaktik

Er ist also der Ort, an dem das Hilfreiche und das Dysfunktionale der Institution zum Thema werden. Machtvolle Interventionen, die einzelne Kinder und Jugendliche disziplinieren, statt die Ursache von Problemen in der Struktur und in der Form des Miteinanders zu suchen, sollen so weitgehend vermieden werden.

Als letzte, etwas anders gelagerte Institution soll die »Monografie« vorgestellt werden. Jene Institution wurde zunächst als Form der Erinnerung und zugleich des Nachdenkens über pädagogische Praxis für die Professionellen konzipiert. Die Lehrkraft verfasst in regelmäßigen Abständen eine Reflexion über die Schüler:innen der Klasse, deren vermutetes und das eigene Erleben. Jene Monografien bilden die Basis für professionellen Austausch in supervisorisch angelegten Gruppen:

> »Der Wert liegt wahrscheinlich darin, dass sie Sprachanlässe sind, die subjektive Positionierungen in beruflichen Situationen, in denen die Entscheidung für eine kooperative Praxis Unerwartetes mit sich bringt, verbalisieren. [...] Wenn innerhalb einer Gruppe diese Erzählung geteilt wird, wenn sie ein Echo findet, wenn die verwendeten Worte durch das Zuhören und Sprechen des anderen moduliert werden [...] kann die monografische Schreibarbeit zu einer vermittelnden Verbindung zwischen dem/der Praktizierenden und seinem/ihrem Handeln, zwischen ihm selbst und der Gruppe und sogar zwischen seinen/ihren eigenen psychischen Instanzen werden« (Dubois & Geffard, 2023, S. 165)

Obwohl in der Institutionellen Pädagogik weniger genau ausformuliert, kann das Schreiben auch als Methode der Reflexion von Lernenden genutzt werden. Damit ist diese Institution anschlussfähig an Überlegungen zum gemeinsamen oder individuellen Schreiben im Unterricht als Möglichkeit, sonst kaum verbalisierbares Erleben zum Ausdruck zu bringen.

Was hat all dies nun mit Didaktik zu tun? Zweifelsohne ist das Gebäude der Institutionen keine didaktische Anleitung im engeren Sinn. Wie genau Unterrichtsgegenstände vermittelt werden, wie die Schüler:innen sie sich selbst erschließen, ist nicht Schwerpunkt der Institutionellen Pädagogik, wenngleich die hier anteilig zugrundeliegende Freinet-Pädagogik zahllose praktische Beispiele liefert. Gleichwohl: Das Gebäude der Institutionen, die Klassengesetze, der Klassenrat und die Was-gibt's-Neues-Runde setzen einen Rahmen, der die emotionale Relevanz des gesamten Lernprozesses in den Fokus rückt. Wie kaum eine andere didaktische Orientierung betont die Institutionelle Pädagogik die Bedeutung der Gruppe für Entwicklungs- und Lernprozesse. Mit dem Klassenrat ist ein Rahmen geschaffen, der es ermöglicht, Unterrichtsinhalte und Sozialformen an den Wünschen und Bedürfnissen der Klassengemeinschaft auszurichten. Die Institution der Monografien hilft, als belastend erlebtes Verhalten oder Lernstörungen im

Kontext eines Gruppengeschehens zu verstehen und entsprechend auch Lösungen auf Gruppenebene zu finden. Ob diese dann in einer didaktisch-sozialen Reduktion oder in der Betonung wechselseitiger Hilfe in der Gruppe liegen, obliegt den Reflexionen in der professionellen Gruppe und gleichsam den demokratischen Entscheidungen im Klassenrat.

In Ergänzung zum eher subjektorientierten Fokus der psychoanalytisch ausgerichteten Didaktik wird so ein Rahmen geschaffen, der den Blick stets aufs Neue auf die Institution Schule, die Klassengemeinschaft und zugleich die Entwicklung des/der Einzelnen in der Gruppe lenkt.

5.4 Schluss

Zwischen den hier vorgestellten didaktischen Entwürfen zeigen sich, bedingt durch verschiedene theoretische Orientierungen, durchaus erhebliche Unterschiede. So rücken die Lernleitern die Autonomie der Einzelnen am stärksten in den Fokus, wenngleich Partner:innen- und Gruppenarbeiten eine wichtige soziale Funktion eingeräumt wird. Die bindungstheoretisch-didaktischen Überlegungen sind am stärksten auf die generative Beziehung und dabei auf Vermeidung von komplementären Wiederholungen der Bindungserfahrungen ausgerichtet. Im Mittelpunkt der unterrichtsbezogenen Entwürfe stehen Lernarrangements, die Bindung in einem aushaltbaren Maß ermöglichen und zugleich die Ängste der Schüler:innen vor subjektiv übergriffiger Nähe ernst nehmen. Die hier vorgestellten psychoanalytisch-didaktischen Zugriffe sowie die Ansätze der Institutionellen Pädagogik betonen die emotionale (und weitgehend unbewusste) Bedeutung des Unterrichtsgegenstands, so wie dies in keinem anderen didaktischen Entwurf ausgearbeitet ist. In einem Miteinander aus individueller Orientierung (stärker in den genuin psychoanalytischen Zugriffen) und Bezügen zur Gruppendynamik (primär in der Institutionellen Pädagogik) finden sich Möglichkeiten, das lebensgeschichtlich und sozial geprägte Leid von hoch belasteten Kindern und Jugendlichen sprachfähig und somit partiell bearbeitbar zu machen. Das Übertragungsgeschehen wird durch den reflektierten Einsatz von Unterrichtsgegenständen, Sozialformen und »Institutionen« partiell auf diese verlagert und löst sich somit Stück für Stück von der dyadischen Lehrkraft-Schüler:in-Beziehung.

In der Arbeit an emotionalen Belastungen eröffnet sich dabei ein Zugang zu blockierten Lernprozessen – und umgekehrt: Die pädagogisch sensible

Anbahnung von Lernerfahrungen kann wiederum zur emotionalen Entlastung beitragen. Die Bearbeitung des einen eröffnet häufig neue Spielräume im jeweils anderen Bereich. Die strikte Aufteilung in Förderschwerpunkte ist und bleibt ein künstliches Hindernis für die Entwicklung einer angemessenen Didaktik.

Gemeinsam ist den hier vorgestellten Zugriffen, dass sie von einer Mischung aus Planbarkeit des Unterrichts und definitorischer Unsicherheit im selbigen ausgehen. Die Planbarkeit bezieht sich dabei nicht (oder zumindest nicht primär) auf einen erwartbaren kognitiven Lernzuwachs der Schüler:innen, sondern auf vermutete und durch professionelle Reflexion anzunehmende emotionale Bedeutung der Lerngegenstände und Sozialformen. Die Unsicherheiten ergeben sich aus situativen Übertragungen auf den Unterrichtsgegenstand und die Gruppendynamik, durch unhintergehbare eigene Verwicklungen der Professionellen und durch Merkmale des Settings, die permanenten Veränderungen unterworfen sind.

Diese Notwendigkeit der Unsicherheit in der Unterrichtsplanung und -gestaltung sowie die Gemeinsamkeit von emotionaler und kognitiver Entwicklung noch dezidierter auszuformulieren, bleiben zentrale Desiderata der Pädagogik bei psychosozialen Beeinträchtigungen.

Literaturverzeichnis

Ahnert, L. (2022): Bindung und Bonding: Konzepte früher Bindungsentwicklung. In L. Ahnert (Hrsg.), *Frühe Bindung. Entstehung und Entwicklung* (5. Aufl., S. 63–81). München: Ernst Reinhardt Verlag.

Ahrbeck, B. (2006): Das schwierige Kind. Innenwelt, äußere Realität, Verhaltensgestörtenpädagogik. In B. Ahrbeck & B. Rauh (Hrsg.), *Der Fall des schwierigen Kindes. Therapie, Diagnostik und schulische Förderung verhaltensgestörter Kinder und Jugendlicher* (S. 17–37). Weinheim: Beltz.

Ahrbeck, B. (2010): Innenwelt. Störung der Person und ihrer Beziehungen. In B. Ahrbeck & M. Willmann (Hrsg.), *Pädagogik bei Verhaltensstörungen. Ein Handbuch* (S. 138–147). Stuttgart: Kohlhammer-Verlag.

Ahrbeck, B. & Willmann, M. (2010): *Pädagogik bei Verhaltensstörungen. Ein Handbuch.* Stuttgart: Kohlhammer-Verlag.

Ahrbeck, B., Fickler-Stang, U., Lehmann, R. & Weiland, K. (2021): *Anfangserfahrungen mit der Entwicklung der inklusiven Schule in Berlin. Eine exploratorische Studie im Rahmen von Schulversuchen.* Münster: Waxmann.

Ainsworth, M. D. S. (2011): Mutter-Kind-Bindungsmuster: Vorausgegangene Ereignisse und ihre Auswirkungen auf die Entwicklung. In K. E. Grossmann & K. Grossmann (Hrsg.), *Bindung und menschliche Entwicklung. John Bowlby, Mary Ainsworth und die Grundlagen der Bindungstheorie* (3. Aufl., S. 317–340). Stuttgart: Klett-Cotta.

Akbaba, Y. & Buchner, T. (2019): Dis_ability und Migrationshintergrund. Differenzordnungen der Schule und ihre Analogien. *Sonderpädagogische Förderung heute, 64* (3), 240–252.

Atkinson, G. & Rowley, J. (2019): Pupils' views on mainstream reintegration from alternative provision: A Q methodological study. *Emotional and Behavioural Difficulties, 24*(4), 339–356.

Balke, S. (2003): *Die Spielregeln im Klassenzimmer. Das Handbuch zum Trainingsraum-Programm; ein Programm zur Lösung von Disziplinproblemen in der Schule* (2., verb. Aufl.). Bielefeld: Karoi-Verlag.

Bandura, A. (1976): *Lernen am Modell. Ansätze zu einer sozial-kognitiven Lerntheorie.* Stuttgart: Klett-Cotta.

Baulig, V. (1982): *Auffälliges Schülerverhalten. Pädagogische Maßnahmen auf ausagierendes Verhalten.* Weinheim: Beltz.

Baumann, M., Bolz, T. & Albers, V. (2017): *»Systemsprenger« in der Schule. Auf massiv störende Verhaltensweisen von Schülerinnen und Schülern reagieren.* Weinheim: Beltz.

Baumert, J. & Kunter, M. (2006): Stichwort: Professionelle Kompetenz von Lehrkräften. *Zeitschrift für Erziehungswissenschaft, 9* (4), 469–520.

Becker, D. (2006): *Die Erfindung des Traumas - verflochtene Geschichten.* Berlin: Ed. Freitag.

Becker, J. (2020): Spuren des Psychischen im Sozialen. Zur Relationierung von Individuellem und Sozialem im tiefenhermeneutischen Textbegriff. *Menschen, 43* (4/5), 31–35.

Becker, J. (2023): *Verletzbarkeit im Diskursraum Flucht. Eine subjektivationstheoretische Perspektive auf Erfahrungen zwangsmigrierter Menschen*. Dissertation, Goethe-Universität, Frankfurt am Main.

Becker, J., Gasterstädt, J., Helbig, J. & Urban, M. (2024): Diskursive und organisationale Konstruktionen von Verhaltensstörungen. Empirische Zugänge zur funktionalen Bedeutung der Pathologisierung und Normalisierung störenden Verhaltens. In R. Mayer, R. Parade, J. Sperschneider & S. Wittig (Hrsg.), *Schule und Pathologisierung* (S. 237–250). Weinheim: Beltz Juventa.

Becker, U. & Prengel, A. (2016): Pädagogische Beziehungen mit emotional-sozial beeinträchtigten Kindern und Jugendlichen – Ein Beitrag zur Inklusion bei Angst und Aggression. In D. Zimmermann, M. Meyer & J. Hoyer (Hrsg.), *Ausgrenzung und Teilhabe. Perspektiven einer kritischen Sonderpädagogik auf emotionale und soziale Entwicklung* (S. 94–104). Bad Heilbrunn: Klinkhardt.

Behringer, N. (2021): *Mentalisieren in der Heimerziehung: Eine qualitative Untersuchung zu reflexiven Prozessen bei pädagogischen Fachkräften*. Wiesbaden: Springer Fachmedien.

Behringer, N. (2023): Neue Autorität – Macht und Beschämung unter dem Deckmantel von Präsenz, Beharrlichkeit und Widerstand? Eine psychoanalytisch-pädagogische Einladung zur Reflexion. *ESE. Emotionale und Soziale Entwicklung in der Pädagogik der Erziehungshilfe und bei Verhaltensstörungen, 5*, 198–212.

Benner, D. (2015): *Allgemeine Pädagogik. Eine systematisch-problemgeschichtliche Einführung in die Grundstruktur pädagogischen Denkens und Handelns* (8., überarb. Aufl.). Weinheim: Beltz Juventa.

Berghold, J. (2022): Die Klimakrise im Irrgarten unserer »perversen Kultur«. In M. Scherer, J. Berghold & H. Hierdeis (Hrsg.), *Klimakrise und Gesundheit. Zu den Risiken einer menschengemachten Dynamik* (S. 193–208). Göttingen: Vandenhoeck & Ruprecht.

Bergsson, M. (1995): Ein entwicklungstherapeutisches Modell für Schüler mit Verhaltensstörungen. Essen: Progressus-Verlag f. Pädagogische Praxis.

Bernfeld, S. (1925/2013): Sisyphos oder die Grenzen der Erziehung. In S. Bernfeld (Hrsg.), *Theorie und Praxis der Erziehung – Pädagogik und Psychoanalyse* (Bd. 5, S. 11–130). Gießen: Psychosozial-Verlag.

Bernfeld, S. (2012a): Der soziale Ort und seine Bedeutung für Neurose, Verwahrlosung und Pädagogik. In S. Bernfeld (Hrsg.), *Sozialpädagogik* (Bd. 4, S. 255–272). Gießen: Psychosozial-Verlag.

Bettelheim, B. (1950): *Love is not enough: the treatment of emotionally disturbed children*. Glencoe, Ill.: Free Press.

Bion, W. R. (1963/2005): *Elemente der Psychoanalyse*. Frankfurt am Main: Suhrkamp.

Bion, W. R. (1990): *Erfahrungen in Gruppen und andere Schriften* (Fachbuch Klett-Cotta). Stuttgart: Klett-Cotta.

Bittner, G. (2019): Geleitwort. *ESE. Emotionale und Soziale Entwicklung in der Pädagogik der Erziehungshilfe und bei Verhaltensstörungen, 1*, 24–30.

Bittner, G. & Ertle, C. (Hrsg.) (1985): *Pädagogik und Psychoanalyse: Beiträge zur Geschichte, Theorie und Praxis einer interdisziplinären Kooperation*. Würzburg: Königshausen & Neumann.

Bleher, W. & Hoanzl, M. (2018): Schulische Erziehung – Aspekte, Herausforderungen und Probleme. In T. Müller & R. Stein (Hrsg.), *Erziehung als Herausforderung. Grundlagen für die Pädagogik bei Verhaltensstörungen* (S. 82–118). Bad Heilbrunn: Klinkhardt.

Boger, M.-A. (2019): *Theorien der Inklusion. Die Theorie der trilemmatischen Inklusion zum Mitdenken.* Münster: edition assemblage.

Bohleber, W. (2012): *Was Psychoanalyse heute leistet. Identität und Intersubjektivität, Trauma und Therapie, Gewalt und Gesellschaft.* Stuttgart: Klett-Cotta.

Bowlby, J. (2011a): Bindung (1987). In K. E. Grossmann & K. Grossmann (Hrsg.), *Bindung und menschliche Entwicklung. John Bowlby, Mary Ainsworth und die Grundlagen der Bindungstheorie* (3. Aufl., S. 22–28). Stuttgart: Klett-Cotta.

Bowlby, J. (2011b): Mit der Ethnologie heraus aus der Psychoanalyse: Ein Kreuzungsexperiment (1980). In K. E. Grossmann & K. Grossmann (Hrsg.), *Bindung und menschliche Entwicklung. John Bowlby, Mary Ainsworth und die Grundlagen der Bindungstheorie* (3. Aufl., S. 38–54). Stuttgart: Klett-Cotta.

Brisch, K. H. (2015): Bindungsstörungen und Trauma. In K. H. Brisch & T. Hellbrügge (Hrsg.), *Bindung und Trauma. Risiken und Schutzfaktoren für die Entwicklung von Kindern* (5. Aufl., S. 105–128). Stuttgart: Klett-Cotta.

Bröcher, J. (1997): *Lebenswelt und Didaktik. Unterricht mit verhaltensauffälligen Jugendlichen auf der Basis ihrer alltagsästhetischen Produktionen.* Heidelberg: Universitätsverlag Winter.

Bröcher, J. (2010): *Trainingsraum Kritik. Bedenken zu einem fragwürdigen Modell schulischer Disziplinierung.* Norderstedt: Books on Demand.

Brookfield, S. (2009): *The concept of critical reflection: promises and contradictions.* European Journal of Social Work, *12* (3), 293–304.

Bründel, H. & Simon, E. (2013): *Die Trainingsraum-Methode. Unterrichtsstörungen – klare Regeln, klare Konsequenzen* (3., erw. und akt. Aufl.). Weinheim: Beltz.

Butler, J. (1997): *The psychic life of power. Theories in subjection.* Stanford, California: Stanford University Press.

Campbell, C. & Allison, E. (2022): Mentalizing the modern world. *Psychoanalytic Psychotherapy, 36* (3), 206–217.

Casale, G., Hennemann, T. & Hövel, D. C. (2014): Systematischer Überblick über deutschsprachige schulbasierte Maßnahmen zur Prävention von Verhaltensstörungen in der Sekundarstufe I. *Empirische Sonderpädagogik, 1,* 33–58.

Clos, R. (1992): Wer braucht eine Monsterschule? In H. Reiser & H.-G. Trescher (Hrsg.), *Wer braucht Erziehung? Impulse der psychoanalytischen Pädagogik* (3. Aufl., S. 19–38). Mainz: Matthias-Grünewald-Verlag.

Cohen, Y. (2014): *Das traumatisierte Kind. Die zweite Geburt* (Schriften zur Psychotherapie und Psychoanalyse von Kindern und Jugendlichen, Bd. 26). Frankfurt am Main: Brandes & Apsel.

Combe, A. & Gebhard, U. (2019): Irritation, Erfahrung und Verstehen. In: I. Bähr, U. Gebhard, C. Krieger, B. Lübke, M. Pfeiffer, T. Regenbrecht et al. (Hrsg.), *Irritation als Chance. Bildung fachdidaktisch denken* (S. 133–158). Wiesbaden: Springer VS.

Combe, A., Paseka, A. & Keller-Schneider, M. (2018): Ungewissheitsdynamiken des Lehrerhandelns. Kontingenzzumutung – Kontingenzbelastung – Kontingenzfreude – Kontingenzbewusstsein. In: A. Paseka, M. Keller-Schneider & A. Combe (Hrsg.), *Ungewissheit als Herausforderung für pädagogisches Handeln* (S. 53–80). Wiesbaden: Springer VS.

Crepaldi, G. & Andreatta, P. (2021): M. Masud R. Khan (1963) Das kumulative Trauma. *Forum Psychoanalyse 37*, S. 79–85.

Dammasch, F. (2024): Interaktionsformen und Szenisches Verstehen: Theoretische Grundlagen und klinische Anwendung. In M. Kratz & U. Finger-Trescher (Hrsg.), *Szenisches Verstehen in der Pädagogik. Grundlagen, Potenziale, Reflexionen. Jahrbuch für Psychoanalytische Pädagogik 30* (S. 21–47). Gießen: Psychosozial-Verlag.

Datler, M. & Wininger, M. (2016): Kindheit und Schulalter. In G. Poscheschnik & B. Traxl (Hrsg.), *Handbuch Psychoanalytische Entwicklungswissenschaft. Theoretische Grundlagen und praktische Anwendungen* (Psychodynamische Therapie, S. 287–310). Gießen: Psychosozial-Verlag.

Datler, W. & Datler, M. (2023): Im Schatten der Emphase. Organisationsdynamische Bemerkungen über Delegationsprozesse in einer Schule in Zeiten einer Migrations- und Flüchtlingskrise. In D. Zimmermann, L. Dietrich, J. Hofman & J. Hokema (Hrsg.), *Soziale Krisen und ihre Auswirkungen auf Familien, pädagogische Professionalität und Organisationen* (Schriftenreihe der DGfE-Kommission Psychoanalytische Pädagogik, Bd. 16, S. 105–120). Leverkusen: Barbara Budrich.

Datler, W. & Wininger, M. (2018): Zur Entwicklung von Emotionen unter besonderer Berücksichtigung psychoanalytischer Perspektiven. In: M. Huber & S. Krause (Hrsg.), *Bildung und Emotion* (S. 313–333). Wiesbaden: Springer VS.

Datler, W. & Schedl, A. (2016): Binnendifferenzierung und der Anspruch inklusiver Pädagogik. Zur »Optimalstrukturierung« des schulischen Feldes im Dienst der Förderung von Kindern mit erheblichen emotionalen und sozialen Problemen am Beispiel der Oskar Spiel Schule in Wien. In R. Göppel & B. Rauh (Hrsg.), *Inklusion. Idealistische Forderung, individuelle Förderung, institutionelle Herausforderung* (S. 148–164). Stuttgart: Kohlhammer-Verlag.

Datler, W., Fürstaller, M. & Wininger, M. (2015): Zum Selbstverständnis Psychoanalytischer Pädagogik und zur Geschichte ihrer Institutionalisierung. Eine Einführung in den Band. In M. Fürstaller, W. Datler & W. Wininger Michael (Hrsg.), *Psychoanalytische Pädagogik: Selbstverständnis und Geschichte* (Schriftenreihe der DGfE-Kommission Psychoanalytische Pädagogik, S. 9–32). Leverkusen: Barbara Budrich.

Davids, F. M. (2020): Ethnic purity, otherness and anxiety: the model of internal racism. In K. White & I. Klingenberg (Hrsg.), *Migration and Intercultural Psychoanalysis* (S. 11–29). London: Routledge.

Decker, O., Kiess, J., Heller, A., Brähler, E. (Hrsg.) (2022): *Autoritäre Dynamiken in unsicheren Zeiten. Neue Herausforderungen – alte Reaktionen? Leipziger Autoritarismus Studie 2022* (Forschung psychosozial). Gießen: Psychosozial-Verlag.

Désbien, N. & Gagné, M.-H. (2007): Profiles in the development of behavior disorders among youth with family maltreatment histories. *Emotional and Behavioural Difficulties, 12*, 215–240.

Deutscher Ethikrat (2022). Pandemie und psychische Gesundheit: Aufmerksamkeit, Beistand und Unterstützung für Kinder, Jugendliche und junge Erwachsene in und nach gesellschaftlichen Krisen. Online verfügbar unter: https://www.fachportal-paedagogik.de/literatur/vollanzeige.html?FId=3433679, Zugriff am 03.07.2023.

Diem-Wille, G. (2013): *Die frühen Lebensjahre. Psychoanalytische Entwicklungstheorie nach Freud, Klein und Bion* (2., überarb. und erw. Aufl.). Stuttgart: Kohlhammer-Verlag.

Dietrich, L., Hofman, J. & Zimmermann, D. (2024): Effektive Didaktik trotz problematischer Beziehungsdynamiken im Unterricht: eine tiefenhermeneutische Fallanalyse. *Psychosozial 47* (2), 101–113.

Dlugosch, A. (2010): Bindung und Exploration im Kontext des Selbst – Eine Perspektivenerweiterung (nicht nur) für die Pädagogik bei Verhaltensstörung. *Zeitschrift für Heilpädagogik 61* (9), 324–330.

Dlugosch, A. & Kratz, M. (2022): Ein reflexiver Habitus als Fluchtpunkt der universitären Lehrerbildung? Transformationspotenziale im Dienst pädagogischer Professionalisierungsprozesse. *Pädagogische Rundschau, 76* (5), 501–513.

Dornes, M. (1999): Das Verschwinden der Vergangenheit. *Psyche, 53* (6), 530–571.

Dornes, M. (2015): *Der kompetente Säugling. Die präverbale Entwicklung des Menschen* (14. Aufl.). Frankfurt am Main: Fischer Taschenbuch.

Dörr, M. (2010): Über die Verhüllung der Scham in der spätmodernen Gesellschaft und Auswirkungen auf die pädagogische Praxis. In: M. Dörr & B. Herz (Hrsg.), *»Unkulturen« in Bildung und Erziehung* (S. 191–207). Wiesbaden: VS Verlag für Sozialwissenschaften.

Dörr, M. (2014): Stationäre Einrichtungen als Orte zur (Wieder-)Herstellung des Wohlergehens von Kindern und Jugendlichen? Eine psychoanalytisch-pädagogische Perspektive. In U. Finger-Trescher, A. Eggert-Schmid Noerr, B. Ahrbeck & A. Funder (Hrsg.), *Kindeswohl und Kindeswohlgefährdung* (Jahrbuch für psychoanalytische Pädagogik, Bd. 22, S. 137–153). Gießen: Psychosozial-Verlag.

Dörr, M. (2016): Scham und Schamgefühle – am Beispiel der Leitung von pädagogischen Gruppen. In D. Zimmermann, M. Meyer & J. Hoyer (Hrsg.), *Ausgrenzung und Teilhabe. Perspektiven einer kritischen Sonderpädagogik auf emotionale und soziale Entwicklung* (S. 19–32). Bad Heilbrunn: Klinkhardt.

Dörr, M. (2017): Verwickelte Abstinenz. In: B. Rauh (Hrsg.), *Abstinenz und Verwicklung. Schriftenreihe der DGfE-Kommission Psychoanalytische Pädagogik 7* (S. 25–42). Leverkusen: Barbara Budrich.

Dörr, M. (2019): Soziale Orte im Spannungsfeld von Professionalisierungsanforderungen und organisationaler Rahmung. In: D. Zimmermann, B. Rauh, K. Trunkenpolz & M. Wininger (Hrsg.), *Sozialer Ort und Professionalisierung – Geschichte und Aktualität psychoanalytisch-pädagogischer Konzeptualisierungen.* (Schriftenreihe der DGfE-Kommission Psychoanalytische Pädagogik, Bd. 9, S. 77–89). Leverkusen: Barbara Budrich.

Dörr, M. (2022): Psychoanalytisch orientierte Soziale Arbeit / Sozialpädagogik. In H. Hierdeis & A. Würker (Hrsg.), *Praxisfelder der Psychoanalytischen Pädagogik – Pädagogische Interaktionen verstehen und förderlich gestalten* (S. 171–190). Gießen: Psychosozial-Verlag.

Dreßing, H. & Foerster, K. (2021): Traumafolgestörungen in ICD-10, ICD-11 und DSM-5. Diagnosekriterien und ihre Bedeutung für die gutachtliche Praxis Diagnosekriterien und ihre Bedeutung für die gutachtliche Praxis. *Forens Psychiatr Psychol Kriminol, 15,* 47–53.

Dubois, A. & Geffard, P. (2023): Die institutionelle Online-Pädagogik während der Covid-Krise. In D. Zimmermann, L. Dietrich, J. Hofman & J. Hokema (Hrsg.), *Soziale Krisen und ihre Auswirkungen auf Familien, pädagogische Professionalität und Organisationen* (Schriftenreihe der DGfE-Kommission Psychoanalytische Pädagogik, S. 161–176). Leverkusen: Barbara Budrich.

Dziak-Mahler, M., Hennemann, T., Jaster, S., Leidig, T. & Springob, J. (Hrsg.) (2018): *(Fach-) Unterricht inklusiv gestalten – Theoretische Annäherungen und praktische Umsetzungen.* LehrerInnenbildung gestalten: Bd. 10. Münster; New York: Waxmann.

Ellinger, S. & Stein, R. (2012): Effekte inklusiver Beschulung: Forschungsstand im Förderschwerpunkt emotionale und soziale Entwicklung. *Empirische Sonderpädagogik* 4 2, 85–109.

Erikson, E. H. (1973): *Identität und Lebenszyklus. Drei Aufsätze* (Suhrkamp-Taschenbuch Wissenschaft, Bd. 16). Frankfurt am Main: Suhrkamp.

Ertle, C. (1994): Konflikt und Situation – Anmerkungen zum Lehrerhandeln. In C. Ertle & W. Neidhardt (Hrsg.), *Unterricht mit Kindern in Not. Lehrer helfen ihren schwierigen Kindern* (S. 98–113). Bad Heilbrunn: Klinkhardt.

Ferenczi, S. (1939): Sprachverwirrung zwischen den Erwachsenen und dem Kind (Die Sprache der Zärtlichkeit und der Leidenschaft). In: S. Ferenczi (Hrsg.), *Bausteine zur Psychoanalyse, III. Band. Arbeiten aus den Jahren 1908-1933* (S. 511–525). Bern: Hans Huber.

Ferenczi, S. (2019): *Bausteine zur Psychoanalyse. 3. Band – Arbeiten aus den Jahren 1908-1933.* Dinkelscherben: Literaricon.

Fickler-Stang, U. (2019): *Dissoziale Kinder und Jugendliche – unverstanden und unverstehbar? Frühe Beiträge der psychoanalytischen Pädagogik und ihre aktuelle Bedeutung.* Gießen: Psychosozial-Verlag.

Figdor, H. (2012): Wie werden aus Pädagogen »Psychoanalytische Pädagogen«? In: W. Datler, U. Finger-Trescher & J. Gstach (Hrsg.), *Psychoanalytisch-pädagogisches Können. Vermitteln – Aneignen – Anwenden* (Jahrbuch für psychoanalytische Pädagogik, Bd. 20, S. 121–156). Gießen: Psychosozial-Verlag.

Finger-Trescher, U. (1992): Trauma, Wiederholungszwang und projektive Identifizierung. Was wirkt heilend in der Psychoanalytischen Pädagogik? In H. Reiser & H.-G. Trescher (Hrsg.), *Wer braucht Erziehung? Impulse der psychoanalytischen Pädagogik* (3. Aufl., S. 130–145). Mainz: Matthias-Grünewald-Verlag.

Fleury, C. (2023): *Hier liegt Bitterkeit begraben. Über Ressentiments und ihre Heilung.* Berlin: Suhrkamp.

Föger, B. & Taschwer, K. (2001): *Die andere Seite des Spiegels. Konrad Lorenz und der Nationalsozialismus.* Wien: Czernin-Verlag.

Fonagy, P. (2005): Die Bedeutung der Entwicklung metakognitiver Kontrolle der mentalen Repräsentanzen für die Betreuung und das Wachstum des Kindes. In P. Fonagy & M. Target (Hrsg.), *Frühe Bindung und psychische Entwicklung. Beiträge aus Psychoanalyse und Bindungsforschung* (2. Aufl., S. 49–70). Gießen: Psychosozial-Verlag.

Fonagy, P., Gergely, G., Jurist, E. L. & Target, M. (2002): *Affect regulation, mentalization, and the development of the self.* New York: Other Press.

Ford, E. E. (1997): *Discipline for home and school.* Scottsdale, AZ: Brandt Pub.

Freyberg, T. v. & Wolff, A. (Hrsg.) (2005): Störer und Gestörte. Bd. 1: *Konfliktgeschichten nicht beschulbarer Jugendlicher.* Frankfurt am Main: Brandes & Apsel.

Freyberg, T. v. & Wolff, A. (2006): Trauma, Angst und Destruktivität in Konfliktgeschichten nicht beschulbarer Jugendlicher. In: M. Leuzinger-Bohleber, R. Haubl & M. Brumlik (Hrsg.), *Bindung, Trauma und soziale Gewalt. Psychoanalyse, Sozial- und Neurowissenschaften im Dialog* (S. 164–185). Göttingen: Vandenhoeck & Ruprecht.

Frühauf, M. (2023). Adolescence in times of social-ecological crisis. Perspectives for social pedagogical analysis and research. *Social Work and Society, 21* (2).

Gable, S. L. & Haidt, J. (2005): What (and Why) is Positive Psychology? *Review of General Psychology, 9* (2), 103–110.

Gahleitner, S., Kamptner, C. & Ziegenhain, U. (2016): Bindungstheorie und ihre Bedeutung für die Traumapädagogik. In W. Weiß, S. B. Gahleitner, T. Kessler & J. Koch (Hrsg.), *Handbuch Traumapädagogik* (S. 115–122). Weinheim: Beltz Juventa.

Geddes, H. (2003): Attachment and the child in school. Part I. *Emotional and Behavioural Difficulties, 8*(3), 231–242.

Geddes, H. (2005): Attachment and learning: Part II: The learning profile of the avoident and disorganized attachment pattern. *Emotional and Behavioural Difficulties, 10*(2), 79–93.

Geddes, H. (2006): *Attachment in the classroom: The links between children's early experience, emotional well-being and performance in school* (reprinted). London: Worth Pub.

Gerspach, M. (2009): *Psychoanalytische Heilpädagogik. Ein systematischer Überblick* (Heil- und Sonderpädagogik). Stuttgart: Kohlhammer-Verlag.

Gerspach, M. (2018): *Psychodynamisches Verstehen in der Sonderpädagogik*. Stuttgart: Kohlhammer-Verlag.

Gerspach, M. (2021): *Verstehen, was der Fall ist. Vom Nutzen der Psychoanalyse für die Pädagogik*. Stuttgart: Kohlhammer-Verlag.

Gerspach, M. (2022): *Die Bedeutung der Psychoanalytischen Pädagogik für die Sonderpädagogik*. Enzyklopädie Erziehungswissenschaften Online. Beltz Juventa.

Gerspach, M. (2024): Der »Brillenglotzer« und die Angst. Alfred Lorenzer und das Szenische Verstehen in der Pädagogik. In: M. Kratz & U. Finger-Trescher (Hrsg.), *Szenisches Verstehen in der Pädagogik. Grundlagen, Potenziale, Reflexionen. Jahrbuch für Psychoanalytische Pädagogik 30* (S. 61–93). Gießen: Psychosozial-Verlag.

Gingelmaier, S. (2018): Nähe zulassen, die Balance halten, Distanz wahren. In: T. Müller & R. Stein (Hrsg.), *Erziehung als Herausforderung. Grundlagen für die Pädagogik bei Verhaltensstörungen* (S. 178–189). Bad Heilbrunn: Klinkhardt.

Gingelmaier, S., Schwarzer, N., Nolte, T. & Fonagy, P. (2021): Epistemisches Vertrauen – Eine wichtige Ergänzung für die mentalisierungsbasierte (Sonder-)Pädagogik. *Menschen, 5*, 29–36.

Gödde, G. & Buchholz, M. B. (2012): *Unbewusstes* (Analyse der Psyche und Psychotherapie 2) Gießen: Psychosozial-Verlag.

Gomolla, M. & Radtke, F.-O. (2002): *Institutionelle Diskriminierung. Die Herstellung Ethnischer Differenz in der Schule*. Wiesbaden: VS Verlag für Sozialwissenschaften.

Göppel, R. (2003): Was macht die Schule mit den »schwierigen Schülern«? – Was machen »schwierige Schüler« mit der ihnen zugeschriebenen »Eigenverantwortung«? Evaluation und Diskussion eines aktuellen Konzepts zum Konfliktmanagement an Schulen. In V. Fröhlich & R. Göppel (Hrsg.), *Was macht die Schule mit den Kindern? – Was machen die Kinder mit der Schule? Psychoanalytisch-pädagogische Blicke auf die Institution Schule* (Psychoanalytische Pädagogik, Bd. 15, S. 60–76). Gießen: Psychosozial-Verlag.

Göppel, R. (2010): Von der »sittlichen Verwilderung« zu »Verhaltensstörungen« – Zur Begriffs- und Ideengeschichte der pädagogischen Reflexion über »schwierige« Kinder. In B. Ahrbeck & M. Willmann (Hrsg.), *Pädagogik bei Verhaltensstörungen. Ein Handbuch* (Heil- und Sonderpädagogik, S. 11–20). Stuttgart: Kohlhammer-Verlag.

Göppel, R. (2023): Warum eilen wir einfach immer weiter...? Versuch eines intergenerationellen Dialogs mit mir selbst als jungem Mann. In: R. Göppel, J. Gstach, M. Wininger, B. Ahrbeck, W. Datler & U. Finger-Trescher (Hrsg.), *Aufwachsen zwischen Pandemie und Klimakrise. Pädagogische Arbeit in Zeiten großer Verunsicherung. Jahrbuch für Psychoanalytische Pädagogik 29*, S. 275–286). Gießen: Psychosozial-Verlag.

Gratz, W. (2020): Jugendstrafvollzug als dynamisches Organisieren – ein realisierbares Konzept? *Sonderpädagogische Förderung heute, 65* (3), 234–245.

Grosche, M., Köning, J., Huber, C., Hennemann, T., Fussangel, K., Gräsel, C. & Kaspar, K. (2019): Das Forschungsprojekt PARTI: Evaluation einer Fortbildungsreihe zur kokonstruktiven Umsetzung eines um Partizipation ergänzten Response-To-Intervention-Modells im Förderschwerpunkt Emotional-soziale Entwicklung. In: G. Ricken & S. Degenhardt (Hrsg.), *Vernetzung, Kooperation, Sozialer Raum. Inklusion als Querschnittaufgabe* (S. 116–121). Bad Heilbrunn: Klinkhardt.

Grossmann, K. E. (2022): Theoretische und historische Perspektiven der Bindungsforschung. In: Lieselotte Ahnert (Hrsg.), *Frühe Bindung. Entstehung und Entwicklung*. (5. Aufl., S. 21–41). München: Ernst Reinhardt Verlag.

Grossmann, K. E. & Grossmann, K. (2011): Bindung: Von der Psychoanalyse zur Evolutionären Psychologie. In K. E. Grossmann & K. Grossmann (Hrsg.), *Bindung und menschliche Entwicklung. John Bowlby, Mary Ainsworth und die Grundlagen der Bindungstheorie* (3. Aufl., S. 29–37). Stuttgart: Klett-Cotta.

Grüner, T. & Hilt, F. (2016): *Bei Stopp ist Schluss! Werte und Regeln vermitteln: Klasse 1-10* (13. Aufl.). Hamburg: AOL Verlag.

Grund, J., Singer-Brodowski, M. & Büssing, A. (2024): Emotions and transformative learning for sustainability: a systematic review. *Sustain Sci* 19 (1), 307–324.

Habibi-Kohlen, D. (2023): »Für uns ist die Zerstörung des Planeten etwas Persönliches«. Kinder und Jugendliche in der Klimakrise. In: R. Göppel, J. Gstach, M. Wininger, B. Ahrbeck, W. Datler & U. Finger-Trescher (Hrsg.), *Aufwachsen zwischen Pandemie und Klimakrise. Pädagogische Arbeit in Zeiten großer Verunsicherung. Jahrbuch für Psychoanalytische Pädagogik 29* (S. 171–190). Gießen: Psychosozial-Verlag.

Hagen, T., Hennemann, T., Hillenbrand, C., Rietz, C. & Hövel, D. C. (2020): TEACH-WELL – Psychische Gesundheit und Wohlbefinden im Klassenraum durch das Good Behavior Game. *ESE. Emotionale und Soziale Entwicklung in der Pädagogik der Erziehungshilfe und bei Verhaltensstörungen, 2,* 160–171.

Hagen, T., Nitz, J., Brack, F., Hövel, D. C. & Hennemann, T. (2023): Effekte des Good Behavior Game bei Grundschüler_innen mit externalisierenden Verhaltensproblemen. *Lernen und Lernstörungen, 12* (4), 215–228. https://doi.org/10.1024/2235-0977/a000410

Hartke, B. & Vrban, R. (2014): *Schwierige Schüler – 49 Handlungsmöglichkeiten bei Verhaltensauffälligkeiten* (Bergedorfer Grundsteine Schulalltag, 9. Aufl.). Hamburg: Persen.

Hartke, B., Diehl, K. & Vrban, R. (2008): Planungshilfen zur schulischen Prävention – Früherkennung und Intervention bei Lern- und Verhaltensproblemen. In J. Borchert, B. Hartke & P. Jogschies (Hrsg.), *Frühe Förderung entwicklungsauffälliger Kinder und Jugendlicher* (S. 218–234). Stuttgart: Kohlhammer-Verlag.

Hechler, O. (2016): Warum kommt es auf den Lehrer an? Sonderpädagogische Persönlichkeit und Beziehungsgestaltung im Fokus der Lehrerbildung. In: C. Einhellinger, S.

Ellinger, J. Fertsch-Röber, O. Hechler, E. Ullmann & J. Tully (Hrsg.), *Studienbuch Lernbeeinträchtigungen. Bd. 3: Diskurse.* Oberhausen: Athena.

Hechler, O. (2018a): *Feinfühlig Unterrichten. Lehrerpersönlichkeit – Beziehungsgestaltung – Lernerfolg.* Stuttgart: Kohlhammer-Verlag.

Hechler, O. (2018b): Mentalisierungsförderlicher Unterricht. Bindungstheoretische Grundlagen und didaktische Ansäzte. In S. Gingelmaier, S. Taubner & A. Ramberg (Hrsg.), *Handbuch mentalisierungsbasierte Pädagogik* (S. 173–187). Göttingen: Vandenhoeck & Ruprecht.

Hecker, T. & Maercker, A. (2015): Komplexe posttraumatische Belastungsstörung nach ICD-11. *Psychotherapeut, 60* (6), 547–562.

Heinemann, E., Grüttner, T. & Rauchfleisch, U. (2003): *Gewalttätige Kinder. Psychoanalyse und Pädagogik in Schule, Heim und Therapie.* Düsseldorf: Walter.

Helmke, A. (2022): *Unterrichtsqualität und Professionalisierung. Diagnostik von Lehr-Lern-Prozessen und evidenzbasierte Unterrichtsentwicklung.* Hannover: Klett Kallmeyer.

Helsper, W. (2002): Lehrerprofessionalität und antinomische Handlungsstruktur. In: M. Kraul, W. Marotzki & C. Schweppe (Hrsg.): Biographie und Profession (S. 64–102). Bad Heilbrunn: Klinkhardt.

Hennemann, T. & Hillenbrand, C. (2010): Klassenführung. In B. Hartke, K. Koch & K. Diehl (Hrsg.), *Förderung in der schulischen Eingangsstufe* (S. 255–279). Stuttgart: Kohlhammer-Verlag.

Hennemann, T., Ricking, H. & Huber, C. (2024): Organisationsformen inklusiver Förderung im Bereich emotional-sozialer Entwicklung. In: R. Stein & T. Müller (Hrsg.), *Inklusion im Förderschwerpunkt emotionale und soziale Entwicklung* (Inklusion in Schule und Gesellschaft, Bd. 5, 3. Aufl., S. 110–143). Stuttgart: Kohlhammer-Verlag.

Herz, B. (2011): Traumatisation and long-time stress cascades: case report: Jan M. *Emotional and Behavioural Difficulties, 11,* 401–417.

Herz, B. (2013): Aggression – Macht – Angst. In B. Herz (Hrsg.), *Schulische und ausserschulische Erziehungshilfe. Ein Werkbuch zu Arbeitsfeldern und Lösungsansätzen* (S. 55–66). Bad Heilbrunn: Klinkhardt.

Herz, B. (2016): Deprofessionalisierungsprozesse in der schulischen Erziehungshilfe durch »Para-Professionelle«? *Behindertenpädagogik, 55,* 187–196.

Herz, B. (2018): Außerschulische Erziehung – Aspekte, Herausforderungen und Probleme. In T. Müller & R. Stein (Hrsg.), *Erziehung als Herausforderung. Grundlagen für die Pädagogik bei Verhaltensstörungen* (S. 119–141). Bad Heilbrunn: Klinkhardt.

Herz, B. (2021): Professionalität in pädagogischen Zwangskontexten. Eine Annäherung aus der Perspektive der Pädagogik bei Verhaltensstörungen. *ESE. Emotionale und Soziale Entwicklung in der Pädagogik der Erziehungshilfe und bei Verhaltensstörungen, 3,* 78–87.

Herz, B. (2023): Armut – die Vernachlässigung der Präkarisierungsdynamiken. In: B. Herz & S. N. Hoffmann (Hrsg.), *Kinder in Not. Pädagogik bei Verhaltensstörungen zwischen Kindeswohl, Inklusion und Kinder- und Jugendstärkungsgesetz und Umweltzerstörung, Armut und Krieg* (Dialog Erziehungshilfe, S. 41–52). Bad Heilbrunn: Klinkhardt.

Herz, B. & Zimmermann, D. (2024): Beziehung statt Erziehung? Psychoanalytische Perspektiven auf pädagogische Herausforderungen in der Praxis mit emotional-sozial belasteten Heranwachsenden. In: R. Stein & T. Müller (Hrsg.), *Inklusion im Förder-*

schwerpunkt emotionale und soziale Entwicklung (Inklusion in Schule und Gesellschaft, Bd. 5, 3. Aufl., i.D.). Stuttgart: Kohlhammer-Verlag.

Heuer, S. (2021): *Strafe als pädagogisches Prinzip. Kritik einer sozialen Praxis* (Dialog Erziehungshilfe). Bad Heilbrunn: Klinkhardt.

Heuer, S. & Kessl, F. (2014): Von der funktionalistischen Umformatierung von Erziehung auf Menschentraining. *Sozial Extra, 38,* 46–49.

Hierdeis, H. (2016): *Psychoanalytische Pädagogik – Psychoanalyse in der Pädagogik.* Stuttgart: Kohlhammer-Verlag.

Hierdeis, H. & Würker, A. (2022): Psychoanalytische Pädagogik in der Schule. In H. Hierdeis & A. Würker (Hrsg.), *Praxisfelder der Psychoanalytischen Pädagogik – Pädagogische Interaktionen verstehen und förderlich gestalten* (S. 65–82). Gießen: Psychosozial-Verlag.

Hillenbrand, C. (2011): *Didaktik bei Unterrichts- und Verhaltensstörungen.* (3., akt. Aufl.). München: E. Reinhardt.

Hillenbrand, C. (2024): Evidenzbasierte Praxis im Förderschwerpunkt emotional-soziale Entwicklung. In: R. Stein & T. Müller (Hrsg.), *Inklusion im Förderschwerpunkt emotionale und soziale Entwicklung* (Inklusion in Schule und Gesellschaft, Bd. 5, 3. Aufl., S. 170–215). Stuttgart: Kohlhammer-Verlag.

Hillenbrand, C. & Pütz, K. (2008): *KlasseKinderSpiel. Spielerisch Verhaltensregeln lernen.* Hamburg: Körber-Stiftung.

Hirblinger, H. (2003): Unterricht als Setting, Rahmen und Prozess. In V. Fröhlich & R. Göppel (Hrsg.), *Was macht die Schule mit den Kindern? – Was machen die Kinder mit der Schule? Psychoanalytisch-pädagogische Blicke auf die Institution Schule* (»Psychoanalytische Pädagogik«, S. 33–45). Gießen: Psychosozial-Verlag.

Hirblinger, H. (2006): »Stoffe, in denen das Ich sich selbst wieder findet…«: Ein psychoanalytisch-pädagogischer Beitrag zur Unterrichtsgestaltung. In A. Eggert-Schmid Noerr (Hrsg.), *Lernen, Lernstörungen und die pädagogische Beziehung* (Psychoanalytische Pädagogik, S. 198–224). Gießen: Psychosozial-Verlag.

Hirblinger, H. (2007): Übertragung und Gegenübertragung in therapeutischen und pädagogischen Beziehungen. Über die Reinszenierung früherer Beziehungserfahrungen in therapeutischen und pädagogischen Kontexten. In H. Hierdeis & H. Walter (Hrsg.), *Bildung, Beziehung, Psychoanalyse. Beiträge zu einem psychoanalytischen Bildungsverständnis* (S. 165–189). Bad Heilbrunn: Klinkhardt.

Hirsch, M. (2004): *Psychoanalytische Traumatologie – das Trauma in der Familie. Psychoanalytische Theorie und Therapie schwerer Persönlichkeitsstörungen.* Stuttgart: Schattauer.

Hoanzl, M. (2002): Ambivalenz als Herausforderung in der schulischen Arbeit mit schwierigen Kindern und Jugendlichen – Paradigmenwechsel im pädagogischen Denken: Vom »entweder – oder« zum »und«. In C. Ertle & M. Hoanzl (Hrsg.), *Entdeckende Schulpraxis mit Problemkindern. Die Außenwelt der Innenwelt in Unterricht und Berufsvorbereitung mit schwierigen Schülern und jungen Erwachsenen* (S. 25–49). Bad Heilbrunn: Klinkhardt.

Hoanzl, M. (2008): Befremdliches, Erstaunliches und Rätselhaftes. Schulische Lernprozesse bei »Problemkindern«. In M. Datler, H.-G. Trescher, J. Gstach & K. Steinhardt (Hrsg.), *Annäherungen an das Fremde. Ethnographisches Forschen und Arbeiten im psychoanalytisch-pädagogischen Kontext. Jahrbuch für Psychoanalytische Pädagogik 16* (S. 16–35). Gießen: Psychosozial-Verlag.

Hofman, J. (2021): Optimierung durch Classroom Management. Kritische Einwände auf der Grundlage eines Einzelfalls. *Psychosozial, 44* (1), 36–46.

Hofman, J. (2025): Krisenerfahrung und Krisenvermeidung als Momente des emotionalen und moralischen Lernens im Geschichtsunterricht der Sekundarstufe, *Psychosozial, 48 (2)*, 21-32.

Holderegger, H. (2012): Trauma und Übertragung. *Psyche, 66*, 1102–1117.

Hövel, D., Hennemann, T. & Rietz, C. (2019): Meta-Analyse programmatischer-präventiver Förderung der emotionalen und sozialen Entwicklung in der Primarstufe. *ESE. Emotionale und Soziale Entwicklung in der Pädagogik der Erziehungshilfe und bei Verhaltensstörungen, 1*, 38–55.

Hövel, D., Zimmermann, D., Meyer, B. & Gingelmaier, S. (2020): »Und bist du nicht willig, so brauch ich Gewalt«. Der Trainingsraum: Empirische Befunde, theoretische Perspektiven, pädagogische Alternativen. *Sonderpädagogische Förderung heute, 65* (3), 291–305.

Hoyer, J. (2024): Erfolgskriterien in komplexen Hilfesystemen. *ESE. Emotionale und Soziale Entwicklung in der Pädagogik der Erziehungshilfe und bei Verhaltensstörungen, 6*, 110–121.

Hurvich, M. (2004): Psychic Trauma and Fears of Annihalation. In D. Knafo (Hrsg.), *Living with terror, working with trauma. A clinician's handbook* (S. 51–66). Lanham, Md.: Jason Aronson.

Husslein, E. (1983): *Schule und Unterricht für Kinder und Jugendliche mit Verhaltensstörungen*. Würzburg: Königshausen und Neumann.

Hüther, G., Korittko, A., Wolfrum, G. & Besser, L. (2012): Neurobiologische Erkenntnisse zur Herausbildung psychotraumabedingter Symptomatiken und ihre Bedeutung für die Traumapädagogik. *Trauma und Gewalt, 6* (3), 182–189.

Imlau, N. (2020). *Falsche Freunde.* Online verfügbar unter: https://www.nora-imlau.de/falsche-freunde/, Zugriff am 26.04.2024.

IPCC (2023). *Synthesis Report of the IPCC Sixth Assessment Report. Summary for Policymakers*. Online verfügbar unter: https://www.ipcc.ch/report/sixth-assessment-report-cycle/, Zugriff am 27.03.2023.

Jalali, R. & Morgan, G. (2018): ›They won't let me back.‹ Comparing student perceptions across primary and secondary Pupil Referral Units (PRUs). *Emotional and Behavioural Difficulties, 23* (1), 55–68.

Jensen, A. (2024): *Die »Duldung' als Irritation der Fluchtforschung. Psychoanalytisch-sozialpsychologische Beiträge zu einer Theorie der »Duldung'*. Dissertation. Universität Innsbruck. Innsbruck, Zugriff am 09.08.2024.

Jopling, M. & Zimmermann, D. (2023): Exploring vulnerability from teachers' and young people's perspectives in school contexts in England and Germany. *Research Papers in Education, 38* (5), 828–845. https://doi.org/10.1080/02671522.2023.2179656

Julius, H., Uvnäs-Moberg, K. & Ragnarsson, S. (2020): *Am Du zum Ich. Bindungsgeleitete Pädagogik: das Care®-Programm*. Island?: Amazon Fullfillment.

Jull, S. (2008). Emotional and behavioural difficulties (EBD): The special educational need justifying exclusion. *Journal of Research in Special Educational Needs, 8* (1), 13–18.

Jungmann, T. & Reichenbach, C. (2013): *Bindungstheorie und pädagogisches Handeln: Ein Praxisleitfaden* (3. Aufl.). Dortmund: Borgmann Media.

Kahlenberg, E. (2016): Objektbeziehung, Intersubjektivität, Selbst. In G. Poscheschnik & B. Traxl (Hrsg.), *Handbuch Psychoanalytische Entwicklungswissenschaft. Theoretische Grund-*

lagen und praktische Anwendungen (Psychodynamische Therapie S. 99–124). Gießen: Psychosozial-Verlag.

Khan, M. (1963): The concept of cumulative trauma. *The Psychoanalytic Study of the Child 18*, 286–306.

Katzenbach, D. (2006): »Es schnackelt nicht ...« Kontinuierliche und diskontinuierliche Prozesse beim Lernen und ihre emotionale Bedeutung. In A. Eggert-Schmid Noerr (Hrsg.), *Lernen, Lernstörungen und die pädagogische Beziehung* (Psychoanalytische Pädagogik, S. 85–107). Gießen: Psychosozial-Verlag.

Katzenbach, D. & Ruth, J. (2008): Lernen – Lernstörung – Triangulierung: Zum Zusammenspiel von Emotion und Kognition bei Lernprozessen. In F. Dammasch, D. Katzenbach & J. Ruth (Hrsg.), *Triangulierung. Lernen, Denken und Handeln aus psychoanalytischer und pädagogischer Sicht* (S. 59–81). Frankfurt am Main: Brandes & Apsel.

Keilson, H. (1979): *Sequentielle Traumatisierung bei Kindern : deskriptiv-klinische und quantifizierend-statistische follow-up Untersuchung zum Schicksal der jüdischen Kriegswaisen in den Niederlanden.* Stuttgart: Enke.

Keller, H. (2022): Kultur und Bindung. In L. Ahnert (Hrsg.), *Frühe Bindung. Entstehung und Entwicklung* (5. Aufl., S. 110–124). München: Ernst Reinhardt Verlag.

Kessl, F. (2024): Von der symbolischen Umkehrung des Generationenverhältnisses: Fridays for Future als gesellschaftliche, pädagogische und wissenschaftliche Herausforderung. In: M. Brinkmann, G. Weiss & M. Rieger-Ladich (Hrsg.), *Generation und Weitergabe. Erziehung und Bildung zwischen Erbe und Zukunft* (Schriftenreihe der DGfE-Kommission Bildungs- und Erziehungsphilosophie, S. 156–169). Weinheim: Beltz Juventa.

Kiess, J., Schuler, J., Decker, O. & Brähler, E. (2021): Comeback des Autoritarismus-Konzepts: autoritäres Syndrom und autoritäre Dynamik zur Erklärung rechtsextremer Einstellung. In Institut für Demokratie und Zivilgesellschaft (Hrsg.): *Schwerpunkt: Ursachen von Ungleichwertigkeitsideologien und Rechtsextremismus (S. 14-25).* Berlin, Jena: Amadeu Antonio Stiftung.

King, V. (2012): Pädagogische Generativität: Nähe, Distanz und Ambivalenz in professionellen Generationenbeziehungen. In M. Dörr & B. Müller (Hrsg.), *Nähe und Distanz. Ein Spannungsfeld pädagogischer Professionalität* (3., akt. Aufl., S. 62–75). Weinheim: Beltz Juventa.

King, V. (2022): Weitergabe und Anverwandlung in Generationenbeziehungen. Adoleszente Neugestaltungen im Lichte der Sozialisationstheorie Alfred Lorenzers. In M. Dörr, G. Schmid Noerr & A. Würker (Hrsg.), *Zwang und Utopie – das Potenzial des Unbewussten. Zum 100. Geburtstag von Alfred Lorenzer* (S. 94–107). Weinheim: Beltz Verlagsgruppe.

Koch, E. J. & Gingelmaier, S. (2018): Epistemisches Vertrauen und Mentalisieren in der Schulpraxis. In S. Gingelmaier, S. Taubner & A. Ramberg (Hrsg.), *Handbuch mentalisierungsbasierte Pädagogik* (S. 200–207). Göttingen: Vandenhoeck & Ruprecht.

Kollinger, B. (2023): *Traumasensible Professionalisierung in der Grundschule. Eine qualitative Studie zum Rollenverständnis von Lehramtsstudierenden.* Gießen: Psychosozial-Verlag.

Kogel, D. (2020). Instagram-Communities. Rechte Inhalte in der Eltern-Bubble. *Deutschlandfunk,* 21.10.2020. Online verfügbar unter: https://www.deutschlandfunk.de/instagram-communities-rechte-inhalte-in-der-eltern-bubble-100.html, Zugriff am 26.04.2024.

Korpershoek, H., Harms, T., Boer, H. de, van Kuijk, M. & Doolaard, S. (2016): A Meta-Analysis of the Effects of Classroom Management Strategies and Classroom Management Programs on Students' Academic, Behavioral, Emotional, and Motivational Outcomes. *Review of Educational Research, 86* (3), 643–680. https://doi.org/10.3102/0034654315626799

Kratz, M. (2022): Sprachsymbolisierung als transformativer Bildungsprozess. Alfred Lorenzers Angebot an den erziehungswissenschaftlichen Professionalisierungsdiskurs. In M. Dörr, G. Schmidt Noerr & A. Würker (Hrsg.), *Zwang und Utopie – das Potenzial des Unbewussten. Zum 100. Geburtstag von Alfred Lorenzer* (S. 184–196). Weinheim: Beltz.

Kratz, M. & Zimmermann, D. (2024): Reflexionsräume als soziale Gebilde. In M. Kratz & U. Finger-Trescher (Hrsg.), *Szenisches Verstehen in der Pädagogik. Grundlagen, Potenziale, Reflexionen. Jahrbuch für Psychoanalytische Pädagogik 30* (S. 119–140). Gießen: Psychosozial-Verlag.

Krebs, H. (2002): Emotionales Lernen in der Schule – Aspekte der Professionalisierung von Lehrerinnen und Lehrern. In U. Finger-Trescher, H. Krebs, B. Müller & J. Gstach (Hrsg.), *Professionalisierung in sozialen und pädagogischen Feldern. Impulse der psychoanalytischen Pädagogik* (Jahrbuch für psychoanalytische Pädagogik, Bd. 13, S. 47–69). Gießen: Psychosozial-Verlag.

Krebs, H. & Eggert-Schmid Noerr, A. (2012): Professionalisierung von Pädagogik und Sozialer Arbeit im Frankfurter Arbeitskreis für Psychoanalytische Pädagogik. In W. Datler, U. Finger-Trescher & J. Gstach (Hrsg.), *Psychoanalytisch-pädagogisches Können. Vermitteln – Aneignen – Anwenden* (Jahrbuch für psychoanalytische Pädagogik, Bd. 20, S. 106–120). Gießen: Psychosozial-Verlag.

Kreiling, N. & Peterschmidt, M. (2017): Verena – eine Jugendliche unterwegs. In Verein für Psychoanalytische Sozialarbeit (Hrsg.), *Traumatisierung und Verwahrlosung. Wie kann Psychoanalytische Sozialarbeit helfen?* (S. 78–93). Frankfurt am Main: Brandes & Apsel.

Kultusministerkonferenz (2024): Empfehlungen zur schulischen Bildung, Beratung und Unterstützung von Kindern und Jugendlichen im sonderpädagogischen Schwerpunkt emotionale und soziale Entwicklung. Online verfügbar unter: https://www.kmk.org/fileadmin/Dateien/veroeffentlichungen_beschluesse/2024/2024_12_13-Empfehlung-EmSoz-Entwicklung.pdf (Zugriff am 22.05.2025).

Kunter, M., Kleickmann, T., Klusmann, U. & Richter, D. (2011): Die Entwicklung professioneller Kompetenz von Lehrkräften. In M. Kunter, J. Baumert, W. Blum, U. Klusmann, S. Krauss & M. Neubrand (Hrsg.), *Professionelle Kompetenz von Lehrkräften. Ergebnisse des Forschungsprogramms COACTIV* (S. 55–68) Münster: Waxmann.

Kuorelahti, M., Virtanen, T. & Chilla, S. (2015): Auch Lehrkräfte benötigen Unterstützung im Inklusiven Unterricht! Professional Agency und die Professionalisierung von Lehrkräften in der Inklusion. *Vierteljahrsschrift für Heilpädagogik und ihre Nachbargebiete, 85* (1), 25–35.

Kupfer, B. (2019): Ein sozialer Ort, im sozialen Ort, in sozialen Orten. Über einen Versuch des (Fall-)Verstehens im Rahmen einer Tagung. In D. Zimmermann, B. Rauh, K. Trunkenpolz & M. Wininger (Hrsg.), *Sozialer Ort und Professionalisierung – Geschichte und Aktualität psychoanalytisch-pädagogischer Konzeptualisierungen.* (Schriftenreihe der DGfE-Kommission Psychoanalytische Pädagogik, Bd. 9, S. 259–270). Leverkusen: Barbara Budrich.

Langer, J. (2019): *Bindung in der Schule: Psychologische und physiologische Mechanismen bei der Transmission von Bindung. Perspektiven sonderpädagogischer Forschung.* Bad Heilbrunn: Klinkhardt.
Laplanche, J. & Pontalis, J. B. (2016): *Das Vokabular der Psychoanalyse* (20. Aufl.). Berlin: Suhrkamp.
Lauth-Lebens, M., Lauth, G. W. & Rietz, C. (2018): Subjektive Theorien von Lehrpersonen über schwierige Unterrichtssituationen. *Lernen und Lernstörungen, 7* (4), 253–262. https://doi.org/10.1024/2235-0977/a000228
Lazar, R. A. (1994): Einige Hauptaspekte von W. R. Bions Modell der Gruppe und ihre Anwendung in der Supervision und Beratung sozialer Institutionen. In: Verein für Psychoanalytische Sozialarbeit (Hrsg.), *Supervision in der psychoanalytischen Sozialarbeit* (S. 86–120). Tübingen: diskord.
Leber, A. (1972): Psychoanalytische Reflexion – ein Weg zur Selbstbestimmung in Pädagogik und Sozialer Arbeit. In A. Leber & H. Reiser (Hrsg.), *Sozialpädagogik, Psychoanalyse und Sozialkritik. Perspektiven sozialer Berufe* (S. 13–51). Neuwied: Luchterhand.
Leber, A. (1985): Wie wird man »Psychoanalytischer Pädagoge«. In G. Bittner & C. Ertle (Hrsg.), *Pädagogik und Psychoanalyse. Beiträge zur Geschichte, Theorie und Praxis einer interdisziplinären Kooperation* (S. 151–165). Würzburg: Königshausen & Neumann.
Leber, A. (1988): Zur Begründung eines fördernden Dialogs in der psychoanalytischen Heilpädagogik. In G. Iben (Hrsg.), *Das Dialogische in der Heilpädagogik. Beiträge der 24. Arbeitstagung der Dozenten für Sonderpädagogik in deutschsprachigen Ländern und der Kommission »Sonderpädagogik« der Deutschen Gesellschaft für Erziehungswissenschaft, in Frankfurt/Main vom 1. – 3. Oktober 1987* (Edition Psychologie und Pädagogik, S. 41–61). Mainz: Matthias-Grünewald-Verlag.
Leidig, T., Hanisch, C., Vögele, U., Niemeier, É., Gerlach, S. & Hennemann, T. (2021): Professionalisierung im Kontext externalisierender Verhaltensprobleme – Entwicklung eines Qualifizierungs- und Begleitkonzepts für Lehrkräfte an Förderschulen mit dem Förderschwerpunkt Emotionale und Soziale Entwicklung. *ESE. Emotionale und Soziale Entwicklung in der Pädagogik der Erziehungshilfe und bei Verhaltensstörungen, 3,* 88–98.
Leidig, T., Hennemann, T. & Hillenbrand, C. (2020): Integration sozial-emotionalen Lernens im (Fach-) Unterricht. *Zeitschrift für Heilpädagogik, 71,* 148–159.
Leidig, T., Hennemann, T., Casale, G., König, J., Melzer, C. & Hillenbrand, C. (2016): Wirksamkeit von Lehrerfortbildungen zur inklusiven Beschulung im Förderschwerpunkt Emotionale und soziale Entwicklung. Ein systematisches Review empirischer Studien. *Heilpädagogische Forschung, 42* (2), 54–70.
Leitner, S. (2022): Rassismuskritisches und verAnderungssensibles Denken als notwendiges Paradigma für Pädagogik im Förderschwerpunkt Emotionale und Soziale Entwicklung. *Sonderpädagogische Förderung heute, 67*(3), 310–323.
Leuzinger-Bohleber, M., Tahiri, M. & Hettich, N. (2017): STEP-BY-STEP. Pilotprojekt zur Unterstützung von Geflüchteten in der Erstaufnahmeeinrichtung »Michaelisdorf« in Darmstadt. *Psychotherapeut, 62* (4), 341–347. https://doi.org/10.1007/s00278-017-0208-6
Lindmeier, B. (2017): Sonderpädagogische Professionalität und Inklusion. *Sonderpädagogische Förderung heute, 1. Beiheft,* 51–77.
Lindner, A. (2024): Perspektiven: Schulentwicklung in unsicheren Zeiten. *Trauma – Kultur – Gesellschaft, 2*(4), 73–88.

Lorenzer, A. (1972): *Zur Begründung der materialistischen Sozialisationstheorie.* Frankfurt am Main: Suhrkamp.
Lorenzer, A. (1984): *Intimität und soziales Leid.* Frankfurt am Main: Suhrkamp.
Lorenzer, A. (1994): Die Sozialität der Natur und die Natürlichkeit des Sozialen. Zur Interpretation der psychoanalytischen Erfahrung jenseits von Biologismus und Soziologismus. In B. Görlich & A. Lorenzer (Hrsg.), *Der Stachel Freud. Beiträge zur Kulturismus-Kritik* (Veränderte Neuausg., S. 297–394). Lüneburg: Zu Klampen.
Lutz, T. (2019): Autoritäre Stufenmodelle zur Verhaltensanpassung in der Kinder- und Jugendhilfe. *Widersprüche 154*, 69–81.
Mertens, W. M. (2018): *Psychoanalytische Schulen im Gespräch über die Konzepte Wilfred R. Bions* (Bibliothek der Psychoanalyse). Gießen: Psychosozial-Verlag.
Mouchet, C. & Bénévent, R. (2015): *Von Freinet zu Freud: Die institutionelle Pädagogik von Fernand Oury.* Frankfurt am Main: Peter Lang Edition.
Müller-Pozzi, H. (2009): *Psychoanalytisches Denken. Eine Einführung* (1. Nachdr. der 3., erw. Aufl.). Bern: Huber.
Müller, B. (2012): Nähe, Distanz, Professionalität. Zur Handlungslogik von Heimerziehung als Arbeitsfeld. In: M. Dörr & B. Müller (Hrsg.), *Nähe und Distanz. Ein Spannungsfeld pädagogischer Professionalität* (3., akt. Aufl., S. 145–162). Weinheim: Beltz Juventa.
Müller, T. (2017): *»Ich kann Niemandem mehr vertrauen.« Konzepte von Vertrauen und ihre Relevanz für die Pädagogik bei Verhaltensstörungen* (Perspektiven sonderpädagogischer Forschung). Bad Heilbrunn: Klinkhardt.
Müller, T. (2021): *Basiswissen Pädagogik bei Verhaltensstörungen.* München: UTB; Ernst Reinhardt Verlag.
Müller, T. (2023): Kinder und Jugendliche in Not. Pädagogik bei Verhaltensstörungen vor den Herausforderungen des 21. Jahrhunderts. In: B. Herz & S. N. Hoffmann (Hrsg.), *Kinder in Not. Pädagogik bei Verhaltensstörungen zwischen Kindeswohl, Inklusion und Kinder- und Jugendstärkungsgesetz und Umweltzerstörung, Armut und Krieg* (Dialog Erziehungshilfe, S. 107–116). Bad Heilbrunn: Klinkhardt.
Müller, T. & Langer, J. (2019): Verlässlichkeit – ein handlungsleitendes Prinzip für die Schülerschaft mit emotional-sozialem Förderbedarf. Einsichten aus bindungs- und vertrauenstheoretischer Sicht. *Sonderpädagogische Förderung heute* (4), 392–403.
Müller, T., Grieser, A., Roos, S. & Schmalenbach, C. (2022) *Sozial-emotionale Entwicklung mit Lernleitern (SeELe): Ein Programm für die Sekundarstufe I.* München: Ernst Reinhardt Verlag.
Müller, T., Schaller, T. & Würzle, R. (2024): *Lernleitern – Wege in die Praxis.* München: Ernst Reinhardt Verlag.
Myschker, N. & Stein, R. (2014): *Verhaltensstörungen bei Kindern und Jugendlichen. Erscheinungsformen, Ursachen, hilfreiche Maßnahmen* (7., überarb. und erw. Aufl.). Stuttgart: Kohlhammer-Verlag.
Neidhardt, W. (1977): *Kinder, Lehrer und Konflikte: Vom psychoanalytischen Verstehen zum pädagogischen Handeln.* Weinheim: Juventa.
Neidhardt, W. (1985): Psychoanalytische Didaktik? In G. Bittner & C. Ertle (Hrsg.), *Pädagogik und Psychoanalyse. Beiträge zur Geschichte, Theorie und Praxis einer interdisziplinären Kooperation* (S. 95–116). Würzburg: Königshausen & Neumann.

Neudecker, B. (2019): Das Konzept der Korrigierenden Emotionalen Erfahrung und seine Bedeutung für Traumapädagogik und Psychoanalytische Pädagogik. In: D. Zimmermann, B. Rauh, K. Trunkenpolz & M. Wininger (Hrsg.), *Sozialer Ort und Professionalisierung – Geschichte und Aktualität psychoanalytisch-pädagogischer Konzeptualisierungen.* (Schriftenreihe der DGfE-Kommission Psychoanalytische Pädagogik, Bd. 9, S. 211-226). Leverkusen: Barbara Budrich.

Neufeld, G. & Maté, G. (2019): *Hold on to your kids. Why parents need to matter more than peers* (Updated edition). London: Ebury Digital.

Neumann, J. & Katzenbach, D. (2024): (Nicht) Wissen, was ich (nicht) tun werde – Szenisches Verstehen in der Pädagogik. Überlegungen mit und ohne Anschluss an Lacan. In M. Kratz & U. Finger-Trescher (Hrsg.), *Szenisches Verstehen in der Pädagogik. Grundlagen, Potenziale, Reflexionen. Jahrbuch für Psychoanalytische Pädagogik 30* (S. 95-115). Gießen: Psychosozial-Verlag.

Niedecken, D. (1998): *Namenlos. Geistig Behinderte verstehen* (Beiträge zur Integration, 3., überarb. Aufl.). Neuwied: Luchterhand.

Niessen, P. & Peter, F. (2022): Emotionale Unterstützung junger Menschen in der Klimakrise. Zur Bedeutung von Gefühlen für die Bildungsarbeit mit Kindern und Jugendlichen. In: T. Pfaff, B. Schramkowski & R. Lutz (Hrsg.), *Klimakrise, sozialökologischer Kollaps und Klimagerechtigkeit. Spannungsfelder für Soziale Arbeit* (S. 133-148). Weinheim: Beltz Juventa.

Nye, E., Gardner, F., Hansford, L., Edwards, V., Hayes, R. & Ford, T. (2016): Classroom behaviour management strategies in response to problematic behaviours of primary school children with special educational needs: views of special educational needs coordinators. *Emotional and Behavioural Difficulties, 21* (1), 43-60. https://doi.org/10.1080/13632752.2015.1120048

Obens, K. (2023): Psychoanalytisch-pädagogische Zugänge zur Reflexion von Deutsch als Zweitsprache-Unterricht mit geflüchteten Menschen mit Lernschwierigkeiten. In D. Zimmermann, L. Dietrich, J. Hofman & J. Hokema (Hrsg.), *Soziale Krisen und ihre Auswirkungen auf Familien, pädagogische Professionalität und Organisationen* (Schriftenreihe der DGfE-Kommission Psychoanalytische Pädagogik, Bd. 16, S. 43-68). Leverkusen: Barbara Budrich.

Oevermann, U. (1996): Theoretische Skizze einer revidierten Theorie professionellen Handelns. In A. Combe & W. Helsper (Hrsg.), *Pädagogische Professionalität. Untersuchungen zum Typus pädagogischen Handelns* (S. 70-182). Frankfurt am Main: Suhrkamp.

Ogden, T. H. (1985): On potential space. *International Journal of Psychoanalysis, 66* (2), 129-141.

Omer, H. & Haller, R. (2020): *Raus aus der Ohnmacht. Das Konzept Neue Autorität für die schulische Praxis* (2., durchgesehene Aufl.). Göttingen: Vandenhoeck & Ruprecht.

Omer, H. & Schlippe, A. von. (2016): *Stärke statt Macht. Neue Autorität in Familie, Schule und Gemeinde* (3., unveränderte Aufl.). Göttingen: Vandenhoeck & Ruprecht.

Ophardt, D. & Thiel, F. (2013): *Klassenmanagement. Ein Handbuch für Studium und Praxis.* Stuttgart: Kohlhammer-Verlag.

Ophardt, D., Thiel, F. & Piwowar, V. (2016): Wie können Referendare ihr Klassenmanagement verbessern? Multikriteriale Evaluation eines Trainings im Rahmen der Referendarausbildung. *Unterrichtswissenschaft, 44* (1), 89-104.

Pausch, M. J. & Matten, S. J. (2018): *Trauma und Traumafolgestörung. In Medien, Management und Öffentlichkeit.* Wiesbaden: Springer Fachmedien.

Pav, U. (2016): *»... und wenn der Faden reißt, will ich nur noch zuschlagen!«. Pädagogischer Umgang mit Gewalt in der stationären psychotherapeutischen Behandlung Jugendlicher.* Gießen: Psychosozial-Verlag.

Pfennig, S. (2022): *(Zwischen-)Stopp Lesbos – Aspekte eines bewältigungsfördernden pädagogisch-therapeutischen Milieus in der Arbeit mit traumatisierten geflüchteten Kindern und Jugendlichen.* Schriften aus dem Institut für Rehabilitationswissenschaften 5. Online verfügbar unter: https://edoc.hu-berlin.de/bitstreams/1d9f6af9-aabd-4eb9-8c64-44af4000d777/download (Zugriff: 22.05.2025).

Piegsda, F. & Jurkowski, S. (2022): Die Bedeutung sozial-emotionalen Lernens für die Entwicklung von Kindern und Jugendlichen – Perspektiven auf unterrichtliche Förderansätze für Pädagog:innenkompetenzen. *ESE. Emotionale und Soziale Entwicklung in der Pädagogik der Erziehungshilfe und bei Verhaltensstörungen, 4,* 44–56.

Piwowar, V. (2013): Multidimensionale Erfassung von Kompetenzen im Klassenmanagement: Konstruktion und Validierung eines Beobachter- und eines Schülerfragebogens für die Sekundarstufe 1. *Zeitschrift für Pädagogische Psychologie 27,* 215–228.

Pongratz, L. A. (2010): *Sackgassen der Bildung. Pädagogik anders denken.* Paderborn: Verlag Ferdinand Schöningh. https://doi.org/10.30965/9783657769063

Prengel, A. (2013): *Pädagogische Beziehungen zwischen Anerkennung, Verletzung und Ambivalenz.* Opladen: Barbara Budrich.

Ramberg, A. & Nolte, T. (2020): Einführung in das Konzept der Mentalisierung. In S. Gingelmaier & H. Kirsch (Hrsg.), *Praxisbuch mentalisierungsbasierte Pädagogik* (S. 25–52). Göttingen: Vandenhoeck & Ruprecht.

Rauer, W. & Schuck, K.-D. (2004): *Fragebogen zur Erfassung emotionaler und sozialer Schulerfahrungen von Grundschulkindern erster und zweiter Klassen.* Göttingen: Hogrefe.

Rauh, B. (2003): Die Gruppe – eine Ressource schulischer Bildung. In V. Fröhlich und R. Göppel (Hrsg.): Was macht die Schule mit den Kindern? – Was machen die Kinder mit der Schule? Psychoanalytisch-pädagogische Blicke auf die Institution Schule (S. 77–91). Gießen: Psychosozial-Verlag.

Rauh, B. (2022): Szenisches Verstehen. In M. Günther, J. Heilmann & A. Kerschgens (Hrsg.), *Psychoanalytische Pädagogik und Soziale Arbeit. Verstehensorientierte Beziehungsarbeit als Voraussetzung für professionelles Handeln* (Psychoanalytische Pädagogik, S. 211–230). Gießen: Psychosozial-Verlag.

Redl, F. (1971/1987): *Erziehung schwieriger Kinder. Beiträge zu einer psychotherapeutisch orientierten Pädagogik.* München: Piper.

Reich, K. (2008): *Konstruktivistische Didaktik: Lehr- und Studienbuch mit Methodenpool* (4., durchgesehene Aufl.). Weinheim; Basel: Beltz.

Reiser, H. (1972): Zur Praxis der psychoanalytischen Erziehung in der Sonderschule. In A. Leber & H. Reiser (Hrsg.), *Sozialpädagogik, Psychoanalyse und Sozialkritik. Perspektiven sozialer Berufe* (S. 53–86). Neuwied: Luchterhand.

Reiser, H. (2016): Psychodynamische Aspekte von Leistungsstörungen im Schulfach Mathematik. In D. Zimmermann, M. Meyer & J. Hoyer (Hrsg.), *Ausgrenzung und Teilhabe. Perspektiven einer kritischen Sonderpädagogik auf emotionale und soziale Entwicklung* (S. 79–93). Bad Heilbrunn: Klinkhardt.

Reiser, H. und Mitarbeiter (1980): Heilpädagogischer Unterricht als integrierte Förderung. In R. Schindele (Hrsg.): Unterricht und Erziehung Behinderter in Regelschulen (2. Aufl., S. 313–329). Rheinstetten: Schindele-Verlag.

Ricci, D. (2021): Kunstunterricht im Kontext von Unterrichts- und Verhaltensstörungen – Zur Konzeption eines didaktischen Planungsmodells für Kunst- und Sonderpädagoginnen und -pädagogen. *ESE, Emotionale und Soziale Entwicklung in der Pädagogik der Erziehungshilfe und bei Verhaltensstörungen 3*, 100–112.

Richter, H.-E. (1998): *Lernziel Solidarität*. Gießen: Psychosozial-Verlag.

Robert-Bosch-Stiftung (2024) (Hrsg.): Deutsches Schulbarometer. Befragung Schüler:innen. https://www.bosch-stiftung.de/de/publikation/deutsches-schulbarometer-befragung-von-schuelerinnen (31.03.2025).

Roeser, R. W., Eccles, J. S. & Sameroff, A. J. (2000): School as a Context of Early Adolescents' Academic and Social-Emotional Development: A Summary of Research Findings. *The Elementary School Journal, 100* (5), 443–471.

Rogers, C. R. (1982): *Entwicklung der Persönlichkeit. Psychotheraphie aus der Sicht eines Therapeuten* (Konzepte der Humanwissenschaften, 4. Aufl.). Stuttgart: Klett-Cotta.

Rosa, H. (2023): *Resonanz. Eine Soziologie der Weltbeziehung* (7. Aufl.). Berlin: Suhrkamp.

Rothland, M. & Klusmann, U. (2016): Belastung und Beanspruchung im Lehrerberuf. In M. Rothland (Hrsg.), *Beruf Lehrer/Lehrerin. Ein Studienbuch* (S. 351–370). Stuttgart: utb GmbH; Münster: Waxmann.

Rousseau, C. (2015): Ein Schritt nach vorne? Die Berücksichtigung des Kindes- und Jugendalters bei der Überarbeitung der trauma- und belastungsbezogenen Störungen in DSM-5 und ICD-11. *Kindheit und Entwicklung, 24*(3), 137–145.

Sander, T. (2014): Soziale Ungleichheit und Habitus als Bezugsgrößen professionellen Handelns: Berufliches Wissen, Inszenierung und Rezeption von Professionalität. In T. Sander (Hrsg.), *Habitussensibilität. Eine neue Anforderung an professionelles Handeln* (S. 9–36). Wiesbaden: Springer VS.

Sandler, J., Dare, C., Holder, A. & Dreher, A.-U. (2015): *Die Grundbegriffe der psychoanalytischen Therapie* (11. Aufl.). Stuttgart: Klett-Cotta.

Sandner, D. (2013): Psychodynamik in Arbeitsgruppen – Grundprobleme und Fragestellungen. In: derselbe (Hrsg.): Die Gruppe und das Unbewusste. Berlin: Springer-Verlag Berlin Heidelberg (S. 117–128).

Schäfers, B. (2006): Die soziale Gruppe. In: H. Korte & B. Schäfers (Hrsg.), *Einführung in die Hauptbegriffe der Soziologie* (6. Aufl., S. 127–142). Wiesbaden: VS Verlag für Sozialwissenschaften.

Scheithauer, H., Hess, M., Zarra-Nezhad, M., Peter, C. & Wölfer, R. (2023): Developmentally Appropriate Prevention of Behavioral and Emotional Problems, Social-Emotional Learning, and Developmentally Appropriate Practice for Early Childhood Education and Care: The Papilio-3to6 Program. *International Journal of Developmental Science, 16* (3–4), 81–97. https://doi.org/10.3233/DEV-220331

Schlachzig, L. (2022): *Integrationsarbeit unbegleiteter minderjähriger Geflüchteter*. Wiesbaden: Springer Fachmedien Wiesbaden. https://doi.org/10.1007/978-3-658-36599-8

Schlippe, A. von, Omer, H. & Behringer, N. (2024): Neue Autorität – Antwort auf eine Einladung zur Reflexion, *ESE Emotionale und Soziale Entwicklung in der Pädagogik der Erziehungshilfe und bei Verhaltensstörungen*, Bd. 6 (S. 164–181). Bad Heilbrunn: Klinkhardt.

Schmalenbach, C., Ross, S., Müller, T. & Grieser, A. (2019): SeELe – Sozial-emotionale Entwicklung mit Lernleitern. *ESE. Emotionale und Soziale Entwicklung in der Pädagogik der Erziehungshilfe und bei Verhaltensstörungen, 1,* 174–185.

Schmid, M., Fegert, J. M. & Petermann, F. (2010): Aktuelle Kontroverse: Traumaentwicklungsstörung. Pro und Contra. *Kindheit und Entwicklung,* 19(1), 47–63.

Schneider, L., Schlachzig, L. & Metzner, F. (2022): Zwangsmigration, Trauma, Intersektionalität und Verletzbarkeit – Hinführung und theoretische Rahmung. *neue praxis* (Sonderheft 17), 11–21.

Schroeder, R. (2022): Ungestört bei der Sache? Eine Befragung von Lehrkräften an Grund- und Förderschulen zur Sachunterrichtspraxis unter Bedingungen des Förderschwerpunktes emotionale und soziale Entwicklung. Bad Heilbrunn: Klinkhardt.

Schultz-Venrath, U. & Felsberger, H. (2016): *Mentalisieren in Gruppen.* Stuttgart: Klett-Cotta.

Schwarzer, R. & Jerusalem, M. (2002): Das Konzept der Selbstwirksamkeit. *Zeitschrift für Pädagogik,* 44 (Beiheft), 28–53.

Seefeldt, C. (2019): Neue Autorität in der Schule. In B. Körner, M. Lemme, S. Ofner, T. von der Recke, C. Seefeldt & H. Thelen (Hrsg.), *Neue Autorität – Das Handbuch* (S. 233–264). Göttingen: Vandenhoeck & Ruprecht. https://doi.org/10.13109/9783666404900.233

Shearman, S. (2003): What is the reality of ›inclusion‹ for children with emotional and behavioral difficulties in the primary classroom? *Emotional and Behavioural Difficulties* 8, 53–76.

Skiba, R., Ormiston, H., Martinez, S. & Cummings, J. (2016): Teaching the Social Curriculum: Classroom Management as Behavioral Instruction. *Theory Into Practice,* 55 (2), 120–128.

Spiegler, L., Beeck, F. & Dörr, M. (2023): Phänomene der Entgrenzung und ihre Bedeutung für professionelle Beziehungen. *Psychosozial,* 46(2), 10–21.

Stein, R. (2010): Psychologie. In B. Ahrbeck & M. Willmann (Hrsg.), *Pädagogik bei Verhaltensstörungen. Ein Handbuch* (S. 77–85). Stuttgart: Kohlhammer-Verlag.

Stein, R. (2017): *Grundwissen Verhaltensstörungen* (5., neu überarb. Aufl.). Baltmannsweiler: Schneider Verlag Hohengehren.

Stein, R. & Ellinger, S. (2024): Zwischen Separation und Inklusion: zum Forschungsstand im Förderschwerpunkt emotionale und soziale Entwicklung. In R. Stein & T. Müller (Hrsg.), *Inklusion im Förderschwerpunkt emotionale und soziale Entwicklung* (Inklusion in Schule und Gesellschaft (3. Aufl., S. 76–109). Stuttgart: Kohlhammer-Verlag.

Stein, R. & Müller, T. (2024): Verhaltensstörungen und emotional-soziale Entwicklung: zum Gegenstand. In R. Stein & T. Müller (Hrsg.), *Inklusion im Förderschwerpunkt emotionale und soziale Entwicklung* (Inklusion in Schule und Gesellschaft, Bd. 5, 3. Aufl., S. 19–45). Stuttgart: Kohlhammer-Verlag.

Stein, R. & Stein, A. (2020): *Unterricht bei Verhaltensstörungen. Ein integratives didaktisches Modell* (3., überarb. und akt. Aufl.). Stuttgart: UTB.

Stein, R., Müller, T. & Hascher, P. (2023): Bildung als Herausforderung: Grundlagen für die Pädagogik bei Verhaltensstörungen. In: R. Stein, T. Müller & P. Hascher (Hrsg.): Bildung als Herausforderung. Grundlagen für die Pädagogik bei Verhaltensstörungen (S. 15–32). Bad Heilbrunn: Klinkhardt.

Steiner, M. (2020): *Das Unbewusste im Klassenzimmer. Aggressive Gegenübertragungsreaktionen von Fachkräften in pädagogischen Handlungsfeldern.* Gießen: Psychosozial-Verlag.

Streeck-Fischer, A. (2016): Jugend, Pubertät, Adoleszenz. In G. Poscheschnik & B. Traxl (Hrsg.), *Handbuch Psychoanalytische Entwicklungswissenschaft. Theoretische Grundlagen und praktische Anwendungen* (S. 311–343). Gießen: Psychosozial-Verlag.

Streeck-Fischer, A. & van der Kolk, B. A. (2000): Down will come baby, cradle and all: Diagnostic and therapeutic implications of chronic trauma on child development. *The Australian and New Zealand Journal of Psychiatry, 34*(6), 903–918. https://doi.org/10.1080/000486700265

Stürmer, S. & Siem, B. (2020): *Sozialpsychologie der Gruppe* (2. aktual. und erw. Aufl.). München: UTB.

Taubner, S. (2015): Konzept Mentalisieren. *Eine Einführung in Forschung und Praxis.* Gießen: Psychosozial-Verlag.

Terhardt, E. (2011): Lehrerberuf und Professionalität: Gewandeltes Begriffsverständnis – neue Herausforderungen. *Zeitschrift für Pädagogik, 57* (Beiheft), 202–224.

Thümmler, R. (2020): Die traumapädagogische Interaktionsanalyse als möglicher methodischer Zugang zur Selbstreflexion. *ESE. Emotionale und Soziale Entwicklung in der Pädagogik der Erziehungshilfe und bei Verhaltensstörungen, 2,* 184–193.

Tißberger, M. (2022): »Not quite/not white«. Eine Critical Whiteness-Perspektive auf die Rehabilitationspädagogik. In S. Leitner & R. Thümmler (Hrsg.), *Die Macht der Ordnung. Perspektiven auf Veränderung in der Pädagogik* (S. 24–43). Weinheim: Juventa Verlag.

Tosquelles, F. (2003): *De la personne au groupe : À propos des équipes de soins. Préface de Pierre Delion.* Collection »Des travaux et des jours«. Ramonville Saint-Agne Érès.

Ulmann, G. (2014): Reflexionen zu Bindungstheorie und Bindungsforschung. *Forum Kritische Psychologie, 58,* 7–25.

Van der Kolk, B. (2009): Entwicklungstrauma-Störung: Auf dem Weg zu einer sinnvollen Diagnostik für chronisch traumatisierte Kinder. *Praxis der Kinderpsychologie und Kinderpsychiatrie, 58,* 572–586.

Van der Kolk, B. (2016): *Verkörperter Schrecken: Traumaspuren in Gehirn, Geist und Körper und wie man sie heilen kann.* Lichtenau: Probst.

Van Essen, F. (2013): *Soziale Ungleichheit, Bildung und Habitus. Möglichkeitsräume ehemaliger Förderschüler.* Wiesbaden: Springer VS.

Vanoncini, M., Boll-Avetisyan, N., Elsner, B., Hoehl, S. & Kayhan, E. (2022): The role of mother-infant emotional synchrony in speech processing in 9-month-old infants. *Infant Behavior & Development, 69,* 101772.

Vasquez, A., & Oury, F. (1971): *De la classe coopérative à la pédagogie institutionnelle. Aïda Vasquez, Fernand Oury.* Paris: F. Maspero.

Verein Programm Klasse 2000 e.V. (2017): *KLAROs KlasseKinderSpiel.* Nürnberg: Verein Programm Klasse 2000 e.V.

Vernooij, M. A. (1994): Unterricht in der Schule für Erziehungshilfe nach dem Prinzip TOS (Therapeutisch orientierter Sonderunterricht). *Die Sonderschule, 39*(1), 38–49.

Vösgen, M., Bolz, T., Casale, G., Hennemann, T. & Leidig, T. (2023): Diskrepanzen in der Lehrkraft- und Schüler:innenwahrnehmung der dyadischen Beziehung und damit verbundenen Unterschiede der psychosozialen Probleme an Förderschulen für Emotionale und soziale Entwicklung – eine Mehrebenenanalyse. *ESE. Emotionale und Soziale Entwicklung in der Pädagogik der Erziehungshilfe und bei Verhaltensstörungen, 5,* 104–123.

Von der Recke, T. (2019): Systemische Grundlagen. In: B. Körner, M. Lemme, S. Ofner, T. von der Recke, C. Seefeldt & H. Thelen (Hrsg.), *Neue Autorität – Das Handbuch* (S. 45–85). Göttingen: Vandenhoeck & Ruprecht.

Voß, S., Blumenthal, Y., Mahlau, K., Diehl, K., Sikora, S. & Hartke, B. (2013). Evaluationsergebnisse des Projekts »Rügener Inklusionsmodell (RIM) – Präventive und Integrative Schule auf Rügen (PISaR)« nach vier Schuljahren. Rostock: Universität Rostock. Online verfügbar unter: https://rosdok.uni-rostock.de/resolve/id/rosdok_document_0000017032?_search=0f0b2824-acd2-4a8b-950d-5aec07a7e24f&_hit=1, Zugriff am 26.10.2016.

Vrban, R. & Hartke, B. (2009): »Schwierige Schüler – 49 Handlungsmöglichkeiten bei Verhaltensauffälligkeiten«. Ergebnisse eines Forschungsvorhabens zur Entwicklung und Evaluation von Planungshilfen zur Unterstützung des Lehrerhandelns. *Zeitschrift für Heilpädagogik 60* (2), 54–63.

Walgenbach, K. (2017): *Heterogenität – Intersektionalität – Diversity in der Erziehungswissenschaft* (2., durchgesehene Aufl.). Leverkusen: Barbara Budrich.

Wang, M.-T., Brinkworth, M. & Eccles, J. (2013): Moderating effects of teacher-student relationship in adolescent trajectories of emotional and behavioral adjustment. *Developmental Psychology, 49* (4), 690–705.

Weidner, J. (2013): Konfrontative Pädagogik (KP). Ein Plädoyer für eine gerade Linie mit Herz – auch im schulischen Alltag. In R. Kilb, J. Weidner & R. Gall (Hrsg.), *Konfrontative Pädagogik in der Schule. Anti-Aggressivitäts- und Coolnesstraining* (Pädagogisches Training, 3. Aufl., S. 29–43). Weinheim: Beltz.

Wentzel, K. R. (2010): Students' Relationships with teachers. In: J. L. Meece & J. S. Eccles (Hrsg.), *Handbook of research on schools, schooling, and human development* (S. 75–91). New York: Routledge.

Werning, R., & Reiser, H. (2002): Störungsbegriff und Klassifikation von Lernbeeinträchtigungen und Verhaltensstörungen aus konstruktivistischer Sicht. In U. Schröder & M. Wittrock (Hrsg.), *Lernbeeinträchtigung und Verhaltensstörung. Konvergenzen in Theorie und Praxis* (S. 19–52). Stuttgart; Berlin; Köln: Kohlhammer-Verlag.

Weselek, J. & Wohnig, A. (2021): Befähigung zu gesellschaftlicher und politischer Verantwortungsübernahme als Teil Globalen Lernens – Was heißt hier Neutralität? *ZEP - Zeitschrift für internationale Bildungsforschung und Entwicklungspädagogik, 2021* (2), 4–10.

Willmann, M. (2012): *De-Psychologisierung und Professionalisierung der Sonderpädagogik. Kritik und Perspektiven einer Pädagogik für »schwierige« Kinder* (Reinhardt Sonderpädagogik). München: Reinhardt.

Willmann, M. (2019): 50 Jahre »Pädagogik bei Verhaltensstörungen« – eine Geburtstagslaudatio mit kritischem Blick auf das Selbstverständnis der Disziplin. *ESE. Emotionale und Soziale Entwicklung in der Pädagogik der Erziehungshilfe und bei Verhaltensstörungen, 1*, 74–91.

Winkel, R. (2016): Die kritisch-kommunikative Didaktik. In R. Porsch (Hrsg.), *Einführung in die Allgemeine Didaktik. Ein Lehr- und Arbeitsbuch für Lehramtsstudierende* (S. 156–175). Stuttgart: utb.

Winkler, M. (2024): Bildung im Generationenverhältnis. Die doppelte Prozessualität der Pädagogik. In M. Brinkmann, G. Weiss & M. Rieger-Ladich (Hrsg.), *Generation und Weitergabe. Erziehung und Bildung zwischen Erbe und Zukunft* (S. 22–41). Weinheim: Beltz Juventa.

Winnicott, D. W. (1968): *The Family and Individual Development*. London: Routledge.
Winnicott, D. W. (1987): *The Child, the Family, and the Outside World*. Cambridge, MA: Perseus Publishing.
Winnicott, D. W. (2006): *Reifungsprozesse und fördernde Umwelt*. Gießen: Psychosozial-Verlag.
Winterhoff, M. (2009): Warum unsere Kinder Tyrannen werden oder: die Abschaffung der Kindheit. 27. Aufl. Gütersloh: Gütersloher Verlagshaus.
Wubbels, T. (2011): An international perspective on classroom management: what should prospective teachers learn? *Teaching Education, 22* (2), 113–131.
Würker, A. (2012): »Wenn sich die Szenen gleichen...«: Ausbalancierung von Nähe und Distanz als Aufgabe der Lehrerbildung und das Konzept psychoanalytisch orientierter Selbstreflexion. In M. Dörr & B. Müller (Hrsg.), *Nähe und Distanz. Ein Spannungsfeld pädagogischer Professionalität* (3., akt. Aufl.) (S. 128–144). Weinheim; Basel: Beltz Juventa.
Zepf, S. & Seel, D. (2024): *Von der Gesellschaft im Subjekt*. Historischer Materialismus und Psychoanalyse. Gießen: Psychosozial-Verlag.
Zimmermann, D. (2016): *Traumapädagogik in der Schule. Pädagogische Beziehungen mit schwer belasteten Kindern und Jugendlichen*. Gießen: Psychosozial-Verlag.
Zimmermann, D. (2017a): Die innere und äußere Beziehungsstörung – eine (psychoanalytisch-)pädagogische Perspektive auf das Phänomen Trauma. In M. Jäckle, B. Wuttig & C. Fuchs (Hrsg.), *Handbuch Trauma – Pädagogik – Schule* (S. 87–107). Bielefeld: Transcript.
Zimmermann, D. (2017b): Pädagogische Diagnostik in der Arbeit mit Kindern und Jugendlichen in schwer belastenden Lebenssituationen. In A. Eggert-Schmid Noerr, U. Finger-Trescher, J. Gstach & D. Katzenbach (Hrsg.), *Zwischen Kategorisieren und Verstehen. Diagnostik in der psychoanalytischen Pädagogik* (S. 124–141). Gießen: Psychosozial-Verlag.
Zimmermann, D. (2018): Ein erzieherisches Setting? Das therapeutische Milieu gestern und heute. In T. Müller & R. Stein (Hrsg.), *Erziehung als Herausforderung. Grundlagen für die Pädagogik bei Verhaltensstörungen* (S. 234–251). Bad Heilbrunn: Klinkhardt.
Zimmermann, D. (2019a): Professionalisierung für Unterricht und Beziehungsarbeit mit psychosozial beeinträchtigten Kindern und Jugendlichen – eine Einführung. In D. Zimmermann, U. Fickler-Stang, L. Dietrich & K. Weiland (Hrsg.), *Professionalisierung für Unterricht und Beziehungsarbeit mit psychosozial beeinträchtigten Kindern und Jugendlichen* (S. 12–22). Bad Heilbrunn: Klinkhardt.
Zimmermann, D. (2019b): Die Verschränkung von Behinderung, ihrer Diagnosen und Traumatisierung. *Sonderpädagogische Förderung heute, 64* (4), 345–357.
Zimmermann, D. (2022): *Pädagogische Beziehungen im Jugendstrafvollzug. Tiefenhermeneutische Perspektiven*. Bad Heilbrunn: Klinkhardt.
Zimmermann, D. (2023): Die Beschulung psychosozial erheblich beeinträchtigter Kinder und Jugendlicher in Kleinklassen. Praxeologische Desiderata und empirische Antworten aus dem englischen Diskurs. *Vierteljahresschrift für Heilpädagogik und ihre Nachbargebiete, 92* (4), 281–293.
Zimmermann, D. (2024): Psychoanalytische Pädagogik im Kontext von Traumapädagogik. *Enzyklopädie Erziehungswissenschaft Online*. Beltz Verlag.
Zimmermann, D. (2025a): *Traumatisierte Kinder und Jugendliche im Unterricht. Ein Praxisleitfaden für Lehrkräfte* (2. Aufl.). Weinheim, Beltz.

Zimmermann, D. (2025b): Gastkommentar: Die neue Dominanz von organischen Verursachungstheorien unter dem Gewand der Neurodiversität – pädagogische Einwände. *Zeitschrift für Heilpädagogik, 76* (1), 30–32.

Zimmermann, D. & Kratz, M. (2025): Reflexion in Krisen: Überlegungen zu psychoanalytisch-pädagogischer Professionalisierung im 21. Jahrhundert. *Psychosozial, 48*(2), im Druck.

Zimmermann, D. & Langbehn, L. (2023): Pädagogische Haltung und Reflexivität als Alternative zu psychiatrischer Diagnoselogik und Ableismuskritik. *Sonderpädagogische Förderung heute* (4), 365–379.

Zimmermann, D. & Lindner, A. (2022): Fluchterfahrungen, Traumatisierungen und die Bedeutung des Fallverstehens als pädagogische Diagnostik. In F. Piegsda, K. Bianchy, P.-C. Link, C. Steinert & S. Jurkowski (Hrsg.), *Diagnostik und pädagogisches Handeln zusammendenken. Beispiele aus den Bereichen Emotionale und soziale Entwicklung, Sprache und Kommunikation* (S. 57–76). Baltmannsweiler: Schneider Hohengehren.

Zimmermann, D., Becker, C. & Friedrich, S. (2024): Pädagogik im Kontext von Flucht, Trauma und Behinderung. Subjektive Perspektiven von schulischen Fachkräften auf strukturelle Rahmenbedingungen, praktisches Handeln und Beziehung. *Vierteljahresschrift für Heilpädagogik und ihre Nachbargebiete plus*, 1–20.

Zulauf-Logoz, M. (2012): Bindung, Vertrauen und Selbstvertrauen. *Zeitschrift für Pädagogik, 58*(6), 784–798.